安徽六十年

（1949—2009）

安徽省历史学会　编

合肥工业大学出版社

谨以此书献给>

中华人民共和国成立六十周年

安徽解放六十周年

图书在版编目(CIP)数据

安徽六十年:1949—2009/安徽省历史学会编.—合肥:合肥工业大学出版社,2009.9

ISBN 978-7-5650-0059-1

Ⅰ.安… Ⅱ.安… Ⅲ.社会主义建设—成就—安徽省—1949—2009 Ⅳ.D619.54

中国版本图书馆 CIP 数据核字(2009)第 150453 号

安徽六十年(1949—2009)

安徽省历史学会 编　　责任编辑 方立松

出 版	合肥工业大学出版社	版 次	2009 年 9 月第 1 版
地 址	合肥市屯溪路 193 号	印 次	2009 年 9 月第 1 次印刷
邮 编	230009	开 本	710 毫米×1000 毫米 1/16
电 话	总编室:0551-2903038	印 张	18.25
	发行部:0551-2903198	字 数	289 千字
网 址	www.hfutpress.com.cn	印 刷	安徽江淮印务有限责任公司
E-mail	press@hfutpress.com.cn	发 行	全国新华书店

ISBN 978-7-5650-0059-1　　定价:38.00 元

如果有影响阅读的印装质量问题,请与出版社发行部联系调换。

前　言

1949年至2009年，新中国筚路蓝缕，以启国强，走过了60年的道路。60年间，新中国在探索中前行，在封闭中突破，在改革中跨越，在开放中发展，一个昔日一穷二白的国家逐步走向繁荣富强，创造着当代人类社会发展的奇迹。

1949年至2009年，在新中国的土地上，新安徽经历了60年探求、曲折、振兴与发展的进程。今天的安徽与60年前的安徽相比，经济蒸蒸日上，社会和谐安康，文教繁荣昌盛，城乡活力倍增，人民幸福小康。在安徽建省340多年的历史上，新安徽60年的历史是最为自豪和值得颂扬的时期。

安徽省历史学会是新安徽成立最早的社会科学民间学术团体，成立50多年来，始终关注和参与当代安徽史的调查和研究。为迎接即将到来的新中国60周年大典和安徽解放60周年，2008年11月，安徽省历史学会在池州学院召开会长办公会议，决定以本会名义组织编写系统反映安徽历史文化的书籍，一本介绍1949年前安徽历史文化的书籍，取名《魅力安徽》，具体由历史学会会长王世华同志负责组织；一本介绍1949年以来新安徽发展历程的书籍，取名《安徽六十年》，具体由历史学会副会长沈葵同志负责组织。安徽历史学会谨以这两本书作为献给新中国60年华诞和安徽解放60年的礼物。

《安徽六十年》共有八个部分，分门别类地介绍了安徽60年来在制度变革、经济发展、文化教育、城镇建设、人民生活和社会进步等方面的历史变化过程。参与编写的人员来自安徽省内的高校和社科研究机构。其中，安徽省社会科学院沈葵研究员、中国人民解放军炮兵学院田屹教授编写“综述”；安徽大学贾艳梅教授编写“制度变革”；安徽省社会科学院程惠英副研究员编写“经济发展”；安徽大学徐国利教授编写“文教昌盛”；安徽省社会科学院张亨明副研究员编写“城镇变迁”；安徽省社会科学院何平副研究员编写“民生改善”和“展望”；安徽省社会科学院方金友副研究员编写“社会进步”。全书由沈葵修改和统稿。

《安徽六十年》的编写参考了安徽地方志及当代安徽研究方面的有关资料和书籍，谨向其编写者致以诚挚的谢意！

《安徽六十年》的编写得到了合肥工业大学出版社总编辑钟玉海教授的指导，合肥工业大学出版社副总编辑方立松对本书的出版给予大力支持，还得到了安徽省历史学会诸多专家学者和同仁的帮助。特此向他们表示衷心的感谢！

书中如有谬误之处，请各位专家和读者指正！

安徽省历史学会副会长：沈　葵

2009 年 8 月

目录

ANHUI

综 述

2009年，是中华人民共和国成立60周年庆典。60年来，新中国披荆斩棘，奋斗前行，取得了令世人瞩目的伟大成就。一个占世界22%人口的民族，由贫穷积弱走向基本实现小康；由一个半封建半殖民地的国家走向社会主义大国。中国、乃至世界的历史都因此而发生巨大的变化。

2009年，亦是安徽解放60周年。60年来，安徽人民在中国共产党领导下，用勤劳和智慧，造就出一个崭新的安徽，前进动力不断加强，发展环境日趋优化，社会面貌焕然一新，各项建设事业突飞猛进，人民生活水平不断提高，成为安徽有史以来最为辉煌的一个时期。

一 恢复发展的八年

安徽位于华东腹地，地跨淮河、长江、新安江三大流域，分为淮北、江淮、皖南三大地理区域。全省国土面积13.96万平方公里，人口6676万人（2007年年末数），分别占全国的1.5%和5.0%，是中国近海内陆地区一个自然资源丰富、历史文化悠久、人口密度较高的省份。

1949年4月，在中国人民解放军发起渡江战役后，安徽全境获得解放。安徽以长江为界，分别设置皖北、皖南两个省级行政区。两区总人口2787万，其中农村人口占90%以上；工农业总产值20.68亿元（按1950年不变价统计），其中工业产值3.4亿元，占16.4%。全省除淮南、芜湖有几家较大的工矿企业外，大多为手工工场，工人2.2万人，固定资产不足1亿元。广大农村更是民生凋敝，满目疮痍，农民生活极为艰难。皖北及淮河流域地区“大雨大灾，小雨小灾，无雨旱灾”的状况恒久未变。沿江及皖南地区，长江大堤千疮百孔，夏汛期间时常溃决，全省社会经济依然处在极端落后的农业社会之中。在政治上，各种敌对势力不甘心自己的失败，仍然通过各种形式，企图颠覆中国共产党建立的新生人民政权，其中各类土匪武装尤为猖狂。他们约有5万余众，主要盘踞在皖西大别山区、皖南山区及皖北平原地区，或组织暴乱，袭击基层人民政权；或杀人放火，抢劫财物；或截击交通，破坏通讯；或造谣蛊惑，绑票勒索，严重危害社会治安和人民政权的稳定。

面对极为严峻的局面，中国共产党和各级人民政权带领皖北、皖南人民群众，在政治和经济两个方面全面出击，争取用3年时间在旧安徽基础上建立一个崭新的安徽。史称3年恢复时期。

经济方面的恢复首先从开展生产救灾、安定人民生活着手。

1949年夏秋之际，淮河发生洪灾，受灾人口800万，占皖北区总人口的三分之一强，受灾农田2800万亩，占皖北区农田总面积的近二分之一。长江发生洪水，沿江堤防溃决，致使皖南区受灾面积154万亩，受灾人口70余万。1950年夏，淮河发生百年未遇的特大洪灾，皖北沿淮27个县、2个市被淹，受灾人口1000余万，受灾农田3100万亩，灾情更为严重。许多农村地区，一眼望去，水浪无边，泽国汪洋，沿淮灾民攀树登屋，呼号求救，哭声震野，其状惨不忍睹。严重的自然灾害，给安徽经济的恢复带来了极大困难。

面对灾情，皖北皖南各级党组织和人民政府立即行动，成立各级生产救灾指挥部，掌握灾情，制定救灾措施，组织抢救、转移安置灾民，发放救济粮、款，安排灾民生活，开展防病治病，组织社会募捐等等。1949年，皖北区为沿淮地区灾民发放各类救灾粮2.3亿斤，救灾煤、救灾盐不计其数。1950年，在洪灾发生的1个月时间内，皖北区为受灾地区发放各类救灾粮1亿斤，救灾款350万元；皖南区发放救济粮0.51亿斤。与此同时，中央人民政府及时拨付救灾粮共7亿斤，救灾款上千万元，以及大量的煤、盐等灾民生活必需品。

为减除淮河洪涝威胁，1950年，经毛泽东主席批准，中央人民政府决定成立治淮委员会，并作出《关于治理淮河的决定》，中共皖北区委和区行政公署发出《治淮动员令》，从此拉开新中国治淮的序幕。从1950年至20世纪末，皖北沿淮地区每年都动员数十万以上民工参与修筑淮河堤坝、整治河道、开挖新渠、建设水库等治淮工程，谱写出无数惊天动地的感人篇章。新中国的治淮事业堪称人类与自然共生互动的典范。

实行土地改革是新中国建立之初发生的重大事件，也是新安徽区别于旧安徽的翻天覆地的事件。1950年秋至1952年秋，皖北皖南两区分别开展了大规模的土地改革运动。1600 万无地少地的农民，分得了 3000 万亩的土地，实现了千百年来的梦想。安徽农村从此消灭了封建土地所有制，实现了农民土地所有制，“千年铁树开了花，农民土地还了家”。

没收官僚资本、建立国营企业、扶助私营工商业以及整顿金融制度，是 3 年恢复时期经济领域的又一项重大举措。解放伊始，安徽接管、没收了 79 个大大小小官僚资本企业，在此基础上改建、扩建为国营企业，同时尽其财力创办一批新的国营企业，如淮南电厂、铜官山铜矿、芜湖造船厂等。对大量小型的私营工商业，主要采取收购其产品、扩大加工订货量的办法，给予支持。同时，将商业零售业交给私营商业经营，以促进私营商业的发展。在抑制通货膨涨、整顿货币制度方面，主要采取用法定的人民币统一流通货币、取缔金银及其他货币流通的办法，迅速有效地稳定了市场和金融制度，1946 年以来物价飞涨的势头被彻底消除。

到 1952 年，全省工业总产值 6.32 亿元，比 1949 年增长 85.8%；私营企业生产总值比 1949 年增长 40%，从业人数增加 50%，经济总量恢复到抗日战争前 1936 年的水平。

政治方面的建设任务主要是彻底推倒旧政权、建立和巩固新政权，亦即建立中国共产党领导的各级人民民主政权。

新安徽与旧安徽在政治上最大的区别就是政权的人民性。而围绕着各级人民政权的建立，被推翻的敌对势力仍然作最后挣扎。从 1949 年秋开始，人民解放军剿匪部队在皖北皖南各人民武装的配合下，向大别山区、皖北平原和皖南山区的土匪武装发起多次大规模清剿战斗。至 1949 年底，皖北区共清剿土匪 2.2 万余人，皖南山区土匪基本被清剿。1950 年，皖北皖南两区继续加大对残余土匪的清剿，至年底，共歼灭土匪 300 余股、5 万余人。土匪，这个历史上屡除不尽的黑恶势力，终于在中国共产党及人民武装的强力打击下，退出历史舞台。

在清剿土匪武装的同时，皖北皖南两区开展了反对地主恶霸、镇压反革命的运动。反霸斗争主要在农村地区展开。在党的领导下，广大农民对那些横行乡里、欺压农民的地主恶霸进行斗争，打掉他们的嚣张气势、剥夺他们的政治经济特权，并对罪大恶极者逮捕法办。镇压反革命运动主要在城镇展开，打击的重点是反革命党团骨干、反动会道门首领等。镇反运动主要采取发动群众、积极揭发、搜捕斗争、审查法办的办法。到 1952 年底，安徽全省反霸、镇反运动基本结束，共斗争恶霸6万余人，逮捕恶霸2.7万余人；逮捕各类反革命分子11万余人，其中3.2万余人被判处死刑。经过反霸和镇反运动，安徽各级人民政权得以巩固，中国共产党的政治制度在安徽城乡得以确立，社会治安趋于稳定。

新安徽不仅体现在政治、经济方面，社会层面的变革也是新安徽区别于旧安徽的重要内容。为清除旧社会的封建流毒，安徽解放伊始就大力开展禁绝娼妓、禁绝烟毒和禁止赌博的斗争。采取的措施包括：查封妓院、解救妓女；取缔烟馆，打击毒贩；公告禁赌，逮捕赌头等。妓女被改造，自食其力；毒贩被逮捕，吸毒成瘾被强制戒毒；赌头赌棍被送劳动改造。到1952年底，这些旧社会遗留下来的污泥浊水被彻底扫除，净化了社会风气。

3年恢复时期的安徽，在社会方面的变革还反映在人民群众积极参与爱国卫生运动和抗美援朝运动。1952年，皖北皖南人民响应人民政府的号召，“动员起来，讲究卫生，减少疾病，提高健康水平”，两区先后有2200余万人参与到除“四害”、讲卫生、消灭疾病为中心的大规模爱国卫生运动中，初步改变了城乡卫生落后的面貌。在抗美援朝运动中，人民群众响应国家号召，掀起“推行爱国公约、增产捐献飞机大炮、青年踊跃参军”的热潮，涌现出李家发、许家朋、韩德彩等一大批抗美援朝特等功臣和英雄模范。

经过3年恢复时期，新安徽的经济社会发生了明显的变化。1952年，安徽工农业总产值28.67亿元，其中农业产值22.35亿元，比1949年增长25.6%；建立了一批机械工业企业，能够制造挖泥机、车床、抽水机等80多种机械产品；城市职工工资比1949年增长60%，农民购买力增长50%以上，人民生活水平有所提高。

1952年1月，中共中央批准成立中共安徽省委员会。8月，中央人民政府批准成立安徽省人民政府，皖北、皖南行署同时撤销，省会设于合肥，新的安徽省在行政区划上正式得到确立。

1953年至1957年，是安徽执行发展国民经济第一个五年计划时期。“一五”时期的主要任务就是发展经济，尤其是发展工业经济。为此，安徽集中必要的物力、财力，按计划地进行重点建设。“一五”时期，全省用于基本建设的资金13.1亿元，其中主要用于建设工业企业。新建、扩建的重点企业有：扩建淮南煤矿，建成新煤矿5座，可新增煤炭产量236万吨；扩建铜官山铜矿，使生产能力达到双万吨/年（铜料、粗铜），占全国铜产量的47.5%，成为全国第二大铜工业企业；扩建马鞍山铁厂，建成6座71m^3高炉，成为华东地区最大的炼铁厂；兴建安徽第一纺织印染厂、安徽造纸厂、蚌埠玻璃厂、蚌埠肉联厂、合肥无线电厂、芜湖天河羽绒厂等。一批重点国营企业的建立，为安徽工业发展奠定了基础。

"一五"期间，安徽发展工业的另一个重大举措是"引进"沿海企业。是时，国家鼓励和动员沿海地区企业尤其是上海企业迁移内陆省份。安徽沿江近海，又靠近工业城市上海，具有吸引上海企业内迁的优势条件。中共安徽省委和省人民政府不失时机地积极争取上海等沿海城市企业内迁入皖，甚至派出省级干部和各部门负责人到上海驻点，登门拜访上海市相关部门负责人，同时规划、落实内迁企业的选址、建设、生产及职工生活安排等一系列工作。1955年和1956年，上海市分两批向安徽迁移企业。到1958年，安徽共引进上海企业108家。这些企业主要是私营企业，且以轻工业为主，但对安徽工业发展而言，获益匪浅，一方面安徽无偿获得了这些企业的固定资产，另一方面还引进一大批随厂来皖的企业管理人才、工程技术人才和技术熟练的工人，极大地提高了安徽工业技术尤其是轻工、机械制造技术水平，更为安徽技术人才培养提供了长期、持久的基础条件。108家内迁来皖企业经过公私合营，技术更新，扩建改造，生产能力得到增强，在搭建安徽轻工、纺织、食品、化学等行业架构过程中，起到了十分重要的作用，为尔后安徽工业发展作出了积极贡献。

"一五"期间，安徽还把治理淮河与大力发展工业结合起来，在淮河支流上游兴建佛子岭、响洪甸、磨子潭和梅山水库，建设水电站。佛子岭水库于1952年兴建，同年底建成发电，以后又连续增添多台水轮机组，是为新中国兴建的第一座连拱坝水库电站。梅山水库时称"亚洲第一坝"，1954年开工，至1958年建成。响洪甸水电站1956年开工，1959年投产发电。四大水电站的建成，结束了安徽没有水电的历史，并在防洪、灌溉、航运、养殖等方面发挥了显著效益，还是治理淮河、扼制洪水的重大工程。

对农业实行社会主义改造，是安徽"一五"时期发展农业的重大措施和努力方向，其实质就是引导、推动农民摆脱一家一户的生产方式，走互助合作的道路。从1953年开始，安徽在上年选择试办初级农业生产合作社（简称初级社）的基础上，在全省农村开展农业合作化运动。按照自愿、以土地入股、统一经营的方式，组建初级社；以按劳分配为主，土地分红为次的原则，分配经济收入。1954 年，安徽农业合作化运动进入高潮，到 4 月底，共有初级社 7054 个。到 1955 年夏季，全省初级社总数达 4.7 万个，加入初级社的农户占全省农户总数的 15%。

1955 年夏季以后，全国和安徽的农业合作化运动急速冒进。安徽农村普遍出现违反自愿原则、一哄而起兴办合作社的现象。其中有些农村还出现了一步跨过初级社阶段而直接创办高级农业生产合作社（简称高级社）的情况。高级社采取的是取消土地分红、把农户自有的耕畜和大型农具作价归公、按劳动工分统一分配收入的办法，是更高形式的集体所有制生产合作组织。到 1956 年底，全省加入农业合作社的农户占总农户的 95.6%，其中高级社达 1.28 万个，入社农户 553.9 万户，占总农户的 80.7%。至此，安徽农业合作化运动基本完成，农业的社会主义改造运动宣告结束。

农业是安徽的经济基础。“一五”期间，为改变农业生产落后面貌特别是淮河流域地区农作物长期低产的状况，中共安徽省委在深入调查研究基础上，针对淮河流域地区农业生产条件和生产习惯，制定并实施综合改革措施：在经常遭受洪涝灾害的淮河流域地区，改变夏秋作物种植比重，使夏季作物多于秋季作物；改种高产作物和耐水作物；改变过去广种薄收的习惯。这三项改革措施简称为农业“三改”。从 1954 年开始，安徽淮河流域地区实施“三改”，到 1957 年“一五”计划完成及以后的几十年间，农业“三改”在避灾、保收、增产方面起着明显的作用，有利于农业生产的发展。

“一五”期间，安徽还对手工业、资本主义工商业进行了社会主义改造，并与农业的社会主义改造一起，合称为“三大改造”。手工业的社会主义改造之目的是“引导他们走互助合作、共同富裕的道路”，实行“自愿互利、积极引导、逐步发展”的方针，采取的措施是把手工业者组织起来，成立生产合作组织。至 1956 年，原来的 5 万多户手工业作坊组建为 3385 个合作社或生产组，参加人数 16.7 万人，全省手工业基本实现合作化，手工业的社会主义改造运动落幕，为新安徽的集体工业奠定了基础。

对资本主义工商业实行社会主义改造采取的形式主要是实行公私合营。安徽从 1954 年起，首先对一批规模较大、较重要的私营企业实行合营，安庆胡玉美酱园、蚌埠信丰面粉厂、芜湖明远电厂等先后实现了公私合营。

到1956年初，全省7万户私营工业企业实现公私合营，资本主义工业的社会主义改造基本完成。同时，对私营商业实行的社会主义改造也基本完成，全省14.3万户私营商业加入到公私合营商店或合作商店、合作小组中，约占全省私营商业总户数的80%。

到1957年底，安徽胜利完成“一五”计划确立的各项任务。工农业总产值43.19亿元（1950年不变价），比1952年增长51.6%。其中农业总产值28.19亿元，增长28.9%，年均增长5.2%；工业总产值15亿元，增长110%，年均增长16.8%。国民收入39.1亿元，年均增长6.6%。全省农民人均年纯收入74.56元，高于全国平均水平2.1%；城镇职工人均年工资528元。一个长期贫穷落后的农业省份走上了摆脱贫困、发展工业化的征途。

二　探索曲折的二十二年

1958年，安徽开始执行发展国民经济第二个五年计划。但是，受“大跃进”运动的影响，“二五”计划在制订之初就不停修改、不断加码。1958年1月，安徽制订的发展计划是：到1962年，工业总产值达到73.6亿元，农业总产值达到71亿元；2月重新修订的计划是：1958年全省工业总产值比上年提高50%以上，实现当年超过农业总产值的预定目标。到了6月，安徽再一次修改计划，要求全省工业总产值全年实现30至35亿元，粮食总产量超过400亿斤。8月，安徽将工业发展的指标性产业钢铁产量从年初制定的钢0.3万吨、铁20万吨，经不断修改、提高，最终确定为当年要分别达到35万吨和120万吨。

上述缺乏理性制定的高指标，不仅违背了经济发展客观规律，脱离了安徽经济发展实际，更是政治领域“左”的表现。事实上，在1957年的全国反右派斗争中，“左”的错误已经明显存在。安徽有3万余人（主要是知识分子和专业人士）被错划为“右派分子”，给全省社会和思想文化领域造成长达几十年的负面影响。“大跃进”运动则是“左”的错误在经济社会方面的爆发。

在制订高指标发展计划之后，“大跃进”运动在各行各业全面展开。农业上有“积肥大跃进”、粮食产量“浮夸风”，工业上有“钢铁大跃进”、

"全国大办钢铁"，文化教育上有"高校大跃进"、"文化大跃进"等。至全省农村大办"公共食堂"和"人民公社化"运动时，"大跃进"运动达至最高潮。其中，"钢铁大跃进"持续进行3年，至1960年才被迫停止，而作为"大跃进"运动的产物——人民公社，不仅被称为"一大二公"，更被赋予组织和发展农村社会政治、经济、文化等所有职能，延续长达20多年，直至20世纪80年代才被乡村组织取代。

"大跃进"运动给安徽经济社会发展带来严重的后果，不仅工业生产计划未能实现，反而造成人力、物力和财力上的极大浪费。在农业生产上更是陷入困境，粮食产量大幅下降，城乡人口的粮食供应骤减，饥荒在全省农村迅速蔓延，一度出现"饿、病、逃、荒、死"现象。从1959年至1961年的3年间，全省人口不增反降，总数从3426万人减至2987万人，粮食总产从1957年的1027万吨减至1962年的670.7万吨。"二五"计划被迫中断，经济发展陷入停顿。历史上称之为"三年困难时期"。

从1962年开始到1965年的3年间，安徽着手调整国民经济，即所谓"三年调整时期"。在农业上的重要举措是推行"责任田"，即在农业生产上实行"包产到队、定产到田、责任到人"责任制，以此调动农民生产积极性和主动性。责任田从1961年开始推广，到1962年被迫停止，短短两年时间内，不仅扼制住粮食产量急速下滑的势头，缓解了粮食危机加剧的严峻局面，而且对恢复农村经济、稳定人心，起着正面的作用。在工业上，主要是针对钢铁、重工企业，关、停、并、转一批企业。3年间，全省共关、停企业500余家。同时，大力精简企业职工、压缩城镇人口。3年间，全省精简职工60余万，减少城镇人口100余万。到1965年底，全省工农业总产值56亿元（1957年不变价），其中，工业产值27.39亿元，比1957年增加12亿元；农业产值28.75亿元，扭转了"大跃进"运动以来连年下滑的局面，恢复到1957年的水平。

如果把"大跃进"运动以来的失误归结于探索和发展中的偏差，那么从1966年至1976年长达10年的"文化大革命"则是典型的经济倒退和社会动乱。"文革"使中国耽误了10多年发展时机，国民经济滑入崩溃的边缘，淆乱了人们的思想文化，社会主义制度危机四伏。

1966年至1975年的10年是安徽执行发展国民经济第三、第四个五年计划的10年。其中，"三五"计划的重点是：大力发展农业，增加粮食产量；大力发展原材料、燃料、机电和支农工业，力争把安徽建成农业工业并进、以农业为基础的农业大省。“三五”计划是在汲取了“二五”计划及“大跃进”运动的教训，吸收“三年调整时期”经验的基础上，结合安徽实际作出的目标要求。但是，1966年“三五”计划刚刚起步，“文革”突然降临，且比“反右”、“大跃进”更加猛烈。各类“造反”组织纷纷成立，“造反”形式五花八门，“造反”对象遍及各行各业，“夺权”斗争迅即蔓延扩大。包括中共安徽省委在内的全省党政机关被“砸烂”，各级干部被关押、批斗。全省社会动荡不安，“三五”计划被搁置一边，经济陷入瘫痪。1967年3月，中共中央决定对安徽实行军事管制，成立军管会。1968年4月，安徽省革命委员会成立，取代中共安徽省委和省人民委员会。但是，全省社会经济仍然混乱不堪，“全面夺权”、“全面内乱”持续不断。直到1969年，人们对“造反”、“斗争”感到厌倦，一批被“打倒”的干部逐步“解放”出来，“抓革命、促生产”的“最高指示”得到贯彻落实，全省经济混乱局面有所控制。1970年，全省工农业总产值达81.83亿元（1957年不变价），其中，工业产值44.4亿元，农业产值37.43亿元，均比1965年有所增长；粮食总产量126.4亿公斤。

1971年至1975年本是“四五”计划时期，由于“文革”仍然在深入开展，“派性斗争”、“政治挂帅”、“大批判”、“割资本主义尾巴”等“左”的思想和做法继续占据经济社会的主导地位，使经济发展严重受阻，工农业生产毫无起色，甚至连明确的“四五”计划都未能制订，只得用全国“工业学大庆”、“农业学大寨”的安徽翻版“工业学大通”、“农业学郭庄”来指导工农业生产。到1975年，由于邓小平的复出，发展经济再次提上日程，安徽也从整顿铁路运输秩序入手，大力整顿经济秩序、社会秩序和工作秩序。当年，全省完成工农业总产值145.22亿元（1970年不变价），其中，工业产值83.94亿元，是1971年以来工业产值忽上忽下变化过程中的最高值。

1976年的“反击右倾翻案风”和邓小平再度被“打倒”，使安徽经济社会秩序再度陷入混乱，许多企业停工停产，农村农民缺乏积极性，经济发展再次受阻。

“文化大革命”10年给安徽经济社会造成极其严重的破坏。在政治思想领域，它破坏了社会主义的政治制度和思想文化基础，使得“以阶级斗争为纲”的“左”的思想和做法泛滥成灾。在经济社会领域，它阻碍了生产力的发展，丧失了发展经济的大好时机。在人民生活方面，10 年间，全省人民生活未见改善，短缺经济凸显，不仅粮食、衣、布凭票供应，甚至连鞋、袜、火柴等人民生活必需品都凭票证购买。国有企业职工人均年工资仅增加 7 元，农民人均年分配收入始终徘徊在 60 元左右。与 1957 年相比，在人均收入与消费支出比例上，还有所下降。

在“文革”10 年间，安徽经济建设上也取得一些进展，主要是新建汽车、拖拉机企业，建成安庆石油化工厂、开发淮北煤矿、修建阜淮铁路、皖赣铁路，以及兴建驷马山引江灌溉工程、陈村和花凉亭灌溉工程，续建淠史杭灌溉工程，开挖淮河流域地区的新汴河、茨淮新河等。这些经济成效是在高度计划、高度集中又排斥其他经济形式的条件下取得的，既非“政治挂帅”、“阶级斗争”在经济上的成效，更不应归功于“文革”成就。

1976 年 10 月，长达 10 年的“文化大革命”终于结束。此后的两年间，安徽和全国一样，在“左”与“右”、肯定“文革”与否定“文革”的争论中徘徊、前行。但是，发展国民经济，改善人民生活，走现代化的道路，已经成为全省人民的共识。1977 年 6 月，改组后的中共安徽省委提出“以生产为中心”的工作目标，大力整顿政治秩序、经济秩序和社会秩序，拨乱反正，平反冤假错案，稳定社会人心。1978 年，全省工农业总产值 165.39 亿元，其中，工业产值首次突破 100 亿元，达到 106.81 亿元，比 1975 年增加 23 亿元。全省社会经济终于走出崩溃的边缘，摆脱徘徊，重新步入发展的轨道。

三　改革开放的三十年

1978 年 12 月召开的中共十一届三中全会是新中国发展史上具有里程碑意义的重大事件。全会确立了全党工作的重心转移到经济建设上来，改革开放成为中国经济社会发展的中心任务，实现重大的历史转折。从此，中国的发展挣脱各种形式的“左”的束缚，进入了一个全新的历史时期。

新中国的改革开放从农村开始，农村的改革又是从安徽率先推行农业生产责任制为源头。安徽是个农业大省，农村人口占全省总人口的 80%，农村经济的状况直接关系着全省经济的发展。从农业合作化特别是农村人民公社化以来，农村经济受僵化的“左”的管理体制的制约，增长极其缓慢。1978 年，全省农民实际生活水平比 1955 年下降 30% 左右，人均占有粮食仅比 1957 年增加 6.5 公斤。许多农村地区长期得不到发展，农民生活处于贫困状态。1978 年，全省出现百年未遇的特大旱灾，更加重了农村的贫困状态。为了战胜旱灾，中共安徽省委果断作出“借地度荒”的决定，鼓励农民借种集体无法耕作的土地，谁种谁收谁有。这个决定不仅极大调动了农民抗旱保种的积极性，而且成为农村经济体制改革的直接起因。当年秋季，来安、肥西、凤阳等县的农民分别实行“包产到组”、“包产到户”、“包干到户”的责任制形式，其中以“包干到户”的形式最为出名。1978 年 11 月 24 日，凤阳县梨园公社小岗生产队的 18 户农民秘密开会，决定将生产队的土地划分到每家每户，并将生产队上交公粮包干到户，统称“包干到户”。1979 年秋，小岗生产队粮食大丰收，第一次向国家交公粮、还贷款，昔日的“讨饭村”一年变为“丰收村”。

1979 年，以“包干到户”、“包产到户”为主要形式的农业生产责任制很快在安徽农村推广开来。全省 37.98 万个生产队中，实行各种形式农业生产责任制的占 61.1%，1980 年上升到 66.8%。到 1982 年，全省已有 98.8% 的生产队实行“包干到户”和“包产到户”。与此同时，农业生产责任制成效显著，全省粮食产量由 1978 年的 148.52 亿公斤增加到 1982 年的 193.3 亿公斤，农业产值由 86.4 亿元增长到 124.62 亿元，农民人均年纯收入 157.70 元，比 1977 年增加 97.70 元。人均占有粮食比 1978 年增加 35.5 公斤。

农业生产责任制是对人民公社旧体制的突破和颠覆，是使农民获得劳动和经营自主权、调动生产积极性、解放生产力的最佳形式，是对农村经济体制的重大改革。1980 年 5 月，在邓小平充分肯定和支持安徽农村实行的“包干到户”、“包产到户”后，全国农村迅速掀起改革旧的经济体制的热潮，到 1983 年，有 93% 的生产队实行“双包制”。由此，发端于安徽的农村改革成为引领全国改革开放的领头雁。

建立和发展乡镇企业是改革初期安徽农村经济发展的又一个重要措施。1984 年，全省农村改革人民公社体制、设立乡镇人民政府的工作顺利完成后，发展乡镇企业、以工促农、加快农村经济增长，成为推动农村改革的主要方向。各地乡镇因地制宜，结合自身自然、历史和地域等条件，建立资源开发、土特产品加工、建材生产、机械五金等一大批乡镇企业；又以乡镇为中心，建立批发零售市场。1984 年底，全省乡镇企业数 42.28 万家，从业人员 226 万多人，占农村总劳动力的 12.6%，乡镇企业实现总收入 46.9 亿元，平均每个农业人口 98.8 元。此后的几年，乡镇企业更是异军突起，规模不断扩大，速度不断加快。到 1988 年底，全省乡镇企业总数已发展到 103 万家，从业人员 474 万余人，实现产值 215 亿元。天长、桐城、当涂、怀远等 9 个县的乡镇企业产值都超过 5 亿元，当涂县新博乡工业产值超过 1 亿元。还有 500 多家乡镇企业发展成为外向型企业，出口创汇总额达 1.9 亿元。

在乡镇企业的快速发展的同时，由于农村生产力的解放和农业生产效率的提高，全省农村涌现出一批专门从事农副土特产品生产、加工、运输、建筑和销售的农民，时称“专业户”。专业户一般以家庭为单位，发挥自身特长，在粮食生产、林业承包经营、养殖及服务等行业拓展市场。到 1988 年，全省农村专业户总数达 47.53 万户，从业人员 78.67 万人。其中，专业户创办的工业企业有 4.5 万个，从业人员 9.3 万人，年产值 4.13 亿元。

乡镇企业的建立和农村专业户的兴起又带动了小城镇建设。1982 年和 1984 年，中共安徽省委、省人民政府两次提出大力推进小城镇建设的政策措施，并将小城镇建设作为发展农村经济、缩小城乡差别的重要内容。1988 年，全省小城镇数达 3449 个，其中建制镇 453 个，建制镇人口达 850 万人。

安徽的城市经济体制改革从 1979 年开始，以改革企业经营体制为主要方向，是在农村改革的基本做法上，结合当时企业经营状况展开的。1979 年初，安徽在全省国营企业中挑选 87 家作为扩大企业自主权的试点，扩大企业在人、财、物和产、供、销方面的自主决定权，调动企业和职工的积极性。当年底，87 家试点企业完成产值比上年增长 10.7%，比当年全省工业平均增幅高 1.69%；实现利润 4.5 亿元，比上年增长 17.6%，比当年全省工业平均利润增幅高 3.8%。试点取得了明显的成效。以后，安徽将扩放试点企业取得的经验向全省推开，并且进一步提升企业扩权的范围和深度，逐步减少、压缩国家向企业下达的指令性计划，培育企业自主经营、参与市场竞争的能力。

在企业实行经济责任制是农村经济体制改革的企业“克隆”。这一改革办法最初以经营状况较差的企业和商业为主，将农村“包产到户”直接移植到企业生产经营过程中，实行计划工资、超额奖励、联产联利计奖等形式，调动职工的生产积极性。1979 年，经济责任制首先在企业内部试行，而后逐步向全省推开。1982 年，这一改革扩大到企业与上级管理部门之间，即企业负责人向管理部门承包经营企业并签订合同。

1987 年以后，企业改革进一步深化，租赁成为企业新的经营方式。厂长（经理）招聘录用，职工可以选择岗位，利润、税收按租赁合同执行。这个办法阻断了政府与企业的行政关系，使企业真正成为独立的经营者。租赁经营主要在小型国营企业和国营商业企业中推行，取得了较好的改革成果。

创办和发展城市集体经济，是改革开放初期中共安徽省委、省人民政府根据当时实际采取的一项重要措施。“文革”结束后，大批“上山下乡”知识青年返回城市，急盼国家安排工作。1978 年，全省城市需要安置的待业青年 44 万余人，加上其他无业人员，全省城镇待业人口达 70 余万人。为尽快、妥善地解决待业人员的工作，安徽举全省之力、动员全社会的力量，先后出台《关于城镇新办集体经济的若干问题的暂行规定》等一系列改革措施，鼓励、扶持创办城市集体经济和个体经济。到 1985 年，全省共创办城市集体经济企业 1. 63 万个，吸纳就业人员 53 万人，经营总额 27. 5 亿元。此外，数十万城市个体经营户应运而生，为城市商业、服务业发展做出了积极贡献，也为尔后民营、私营经济的兴起奠定了基础。

改革开放初期的安徽，在引进国（境）外技术和资金、发展对外贸易方面，获得前所未有的长足发展。1978 年以前，由于受计划经济的束缚，安徽不具有独立对外贸易的权利，仅是上海等外贸口岸的货源基地。从 1979 年开始，这一状况得到迅速改变，当年即开展自营出口，次年又建立芜湖海关。1984 年开始，安徽每年都在香港举办外贸展销会，并不定期的在国（境）外举办出口商品展览会。到 1988 年，安徽已与世界 100 多个国家和地区开展直接贸易和经济技术合作，直接出口商品达 700 多种，出口额 5. 5 亿美元，比 1978 年的 0. 1062 亿美元增长 50 多倍。1978 年以前，安徽没有直接利用过外资。从 1979 年开始，安徽以加工业为首批目标，引进境外资金，参与加工贸易和商品生产。此后，全省引进外资金额逐年增加。1984 年引进外资 329 万美元，1988 年达到 9362 万美元。安徽引进国（境）

外技术也是开始于1979年。引进的技术设备主要来自香港、日本等。1980年至1985年，全省引进技术设备215项，年成交额6000万美元左右。引进方式也从最初的单机和设备进口发展到技术许可贸易、技贸结合等形式。在引进技术设备同时，从1981年起，安徽首次向国际市场出口技术项目，当年实现成交额73万美元，1988年达到964万美元。

经过10多年的改革开放，安徽经济彻底摆脱20多年徘徊不前的局面，走上工业化的道路。1990年，安徽“七五”计划完成时，国民生产总值达658亿元，比1978年增加492亿元，其中，工业产值251.48亿元，农业产值246.17亿元，第三产业产值160.37亿元。工业产值首次超过农业产值，标志着安徽开始由传统农业省向新兴工业省的转变。安徽社会彻底扭转了“阶级斗争为纲”的局面，社会开放度大大增加，解放思想，改革发展成为推动社会进步的动力，人民群众的经济权利和社会参与能力都大大提高。一个散发春天般芬芳、充满活力的安徽已经展现。

从1991年至2000年的10年间，安徽在改革开放的征途上继续大步前进。在经济建设领域：加快工业经济的发展，包括继续深化企业改革、建立开发区、扩大对外开放等；全面推进农村改革，包括开展农业产业化试点和推广，农民进城务工经商、加大小城镇建设力度等。在社会发展领域：开展综合配套改革，包括工商企业管理体制，外贸体制，价格、投资、金融体制改革等；对教育、文化、卫生等行业实行进一步改革措施，大力开展社会主义精神文明建设等。

1991年是安徽执行国民经济和社会发展第八个五年计划的开局之年，但是，天公不作美，当年5月至7月，安徽长江、淮河流域相继发生洪涝灾害，淮河的特大洪水更是百年未遇。全省受灾人口4314万，受灾农田面积8008万亩，经济损失275亿元。但是，在党中央、国务院的坚强领导下，在人民解放军指战员、全国人民和国际社会的大力支援下，安徽人民发扬勇于牺牲、顽强拼搏、顾全大局、团结协作、自力更生、艰苦奋斗、风雨同舟、无私奉献的抗洪精神，展开了前所未有的抗洪斗争，涌现出许多可歌可泣的英雄事迹，彰显着安徽人民积极探索、改革进取的时代风貌，最终赢得了新时期抗洪救灾、重建家园的伟大胜利。当年，安徽实现国民生产总值653亿元，比上年还增加5亿元。其中，农业因灾减产50亿元，工业增长28亿元，第三产业增长27亿多元。

1992 年，邓小平南方谈话发表后，中国的改革开放进入到一个新阶段。围绕加快建立社会主义市场经济体制这个目标，安徽继续深化农村和城市改革，积极推行与之配套的改革。在农村改革方面，以稳定家庭联产承包责任制为基础，有序推进农业社会化服务体系建设和农业产业化建设，以及大力发展县域经济等，以促进全省农户尽快基本实现小康生活标准。到 2000 年底，全省有约 80% 的农户在人均年纯收入、住房、消费等指标上达到或超过了设定的目标。在城市改革方面，企业改革以建立现代企业制度为方向，通过兼并、合资、股份合作、改制上市、承包租赁等形式，抓大放小，深入改革，改制和组建了一批符合现代企业制度的公司、集团。对经济管理与行政等部门的改革也是以有利于建立社会主义市场经济体制为目标，在价格调控、计划投资、财政管理、金融职能转换等方面积极探索，不断改革。到 2000 年，安徽全省建立现代企业制度的工作基本完成，综合配套改革也顺利地推进。

1990 年初，党中央、国务院作出开发开放浦东的重大决策，给整个长江流域地区加快开发开放的步伐，带来了新的机遇。长江安徽段全长 400 余公里，俗称“八百里皖江”。当年 7 月，中共安徽省委、省人民政府作出“抓住机遇、开发皖江、强化自身、呼应浦东、迎接辐射、带动全省”的重大战略决策。要求皖江地区的芜湖、马鞍山、铜陵、安庆 4 市以及合肥、黄山两市，加快开发开放的步伐，加强改革力度，迅速提高经济社会发展水平。为此，安徽制定了一系列优惠政策，提高皖江地区的开发开放水平。例如，规划芜湖市以发展新型工业和外贸、外运港口城市为中心；针对黄山市的特色，大力发展旅游业等。到 2000 年，开发开放皖江取得了阶段性的成果，皖江地区以占全省 36.5% 的人口创造出占全省 43% 的生产总值，其中工业产值更占全省的 46%，人均产值为全省平均水平的 1 倍。

建设开发区是安徽九十年代深入改革开放的重要措施。1990 年，合肥开工建设国家级高新技术开发区，1992 年又动工建设经济技术开发区。此后，芜湖、安庆、蚌埠、淮南等市都相继建设经济开发区。到 2002 年底，全省共建设省级开发区 32 个，其中国家级开发区 3 个，累计完成基础设施投资 90 亿元，开发土地面积 131 平方公里。2002 年，全省开发区共引进项目 760 个，实现国内生产总值 290 亿元，完成工业产值 640 亿元，企业经营收入 810 亿元。开发区已成为全省改革开放、招商引资、集约资源、优化环境、促进企业技术改造和加快经济发展的重要基地。

改革开放取得的重要进展还体现在社会精神文明方面。在上世纪七十年代后期，长期灌输并影响人们思想的所谓“政治挂帅”、“阶级斗争”逐渐淡出精神领域，解放思想、实事求是深入人心，占据着社会价值观的主导地位。人们的精神生活发生转变。八十年代初期，安徽城乡广泛开展“五讲四美三热爱”活动、“全民文明礼貌月”活动，以提高人民群众的文明程度。1985 年起，安徽学习兄弟省市的先进经验，大力开展“创建文明城镇”活动，并逐步将这一活动向纵深发展，提出创建“文明街道”、“文明单位”、“文明村庄”、“文明家庭”等，有效地推动了社会主义精神文明建设的开展。面对由于社会转型带来的人们思想和价值观的变化，在整个九十年代，安徽不失时机地针对不同人群的不同诉求，在农村开展“创文明、奔小康”活动，对青年学生开展思想政治和道德教育活动，在行政机关开展廉政建设，在服务行业开展“窗口”行业职业道德建设，对群众文化扶持、倡导，鼓励文明健康的娱乐活动，坚持不懈地开展“打黄扫非”斗争。持久开展上述活动，不仅丰富了社会主义精神文明的内容，还对树立良好的社会风气和人们健康向上的精神面貌，起着正面引导作用。

到 2000 年，安徽顺利完成“九五”计划规定的各项指标。当年国内生产总值 3037 亿元，位居全国第 14 位。其中，第一产业实现产值 732 亿元，第二产业产值 1296 亿元，第三产业产值 1009 亿元；粮食产量 2472 万吨，肉类产量 309 万吨；全省城镇居民人均可支配收入 5294 元，农民人均纯收入 1934 元；科教文卫等社会各项事业快速发展，完成了基本普及九年义务教育和基本扫除青壮年文盲的任务。安徽历史性地实现了由落后农业省向工业—农业省的转变。

新世纪以来，安徽坚持走扩大改革开放的道路，明确了全面建设小康社会的预期指标，即：到 2020 年，全省国内生产总值比 2000 年翻两番半，达到 17500 亿元，人均 3000 美元以上；城镇居民人均可支配收入 1.8 万元，农民人均纯收入 7300 元；全省总人口控制在 7100 万以内，城镇化率 50%以上；基本普及高中阶段教育；人人享有卫生保健服务，森林覆盖率达 30%以上。全面建设小康社会分三步走。2001 年至 2007 年为起步阶段，全省国内生产总值年均增长 9.5%左右，到 2007 年人均达到 1000 美元以上。2008 年至 2015 年为第二步，人均国内生产总值超过 2000 美元。2016 年至

2020年为第三步，人均国内生产总值达到或超过3000美元，全面建成小康社会，基本实现工业化。

东向发展战略是新世纪初期安徽为扩大改革开放而作出的重大决策，是对“大开放”和“融入长三角”发展战略的有力呼应。东向发展战略的核心是以扩大开放促改革、促发展，在融入长三角的过程中加快推进安徽的工业化。从2005年起，安徽连续采取一系列的改革措施，全面落实东向发展战略，在经济运行机制上与长三角地区接轨；在交通运输、电力等基础设施方面加大与长三角的对接；在市场体系建设上加强与长三角的对接，还在软硬件环境上加强实力，以承接长三角产业转移和产业互补发展。到2008年底，苏浙沪地区有2000多亿元资金流入安徽，成为安徽省外资最主要的来源地；全省1000万外出务工者中有600多万流向长三角地区，占外出务工人员总数的65%左右。沿江地区及黄山的经济年增长率都高于全省平均水平，也是实施东向发展战略的重要成果。

安徽加快工业化和建设全面小康社会的又一举措，是结合安徽经济发展现状制订出台了“861”行动计划，即建设八大重点产业基地（加工制造业基地，原材料产业基地，化工产业基地，能源产业基地，高新技术产业基地，农产品生产、加工和供应基地，全国著名旅游目的地和重要的文化大省），构筑六大基础工程（防洪保安工程、通达工程、信息工程、生态工程、信用工程和人才工程），实现2007年全省人均生产总值达1000美元以上。在全省人民通力合作下，“861”行动计划很快得以实施。建设了一大批电力、煤炭、汽车制造、盐化、工程机械、公路铁路、农产品加工等项目，大大提升了安徽的工业化水平。到2007年，全省第二产业实现产值3289亿元，工业化率达45%。全省人均生产总值继2005年突破1000美元、达1049美元，和2006年首次突破万元达10044元后，2007年上升到12015元折合1580美元，大大超过了预期目标。2008年以来，“861”行动计划仍在持续深化和实施中。

实现经济与社会的全面发展是新世纪以来安徽改革开放的重要方面，全省科学技术、文化教育、卫生体育等各项社会事业在改革开放的进程中获得迅速发展。到2008年底，全省适龄儿童入学率为99.84%，适龄初中人口入学率为99.02%，高中阶段教育毛入学率达61.4%，高等教育毛入学率为21.2%；全省建有高等院校93所，并全面实施免费义务教育。到

2008年底，全省建有科研机构1100个，拥有各类专业技术人员134.7万人，每年获省部级以上科研成果数百项。全省卫生机构达8576个，医疗卫生技术从业人员18.1万人，有4523.9万农业人口参加新型农村合作医疗。此外，在体育运动和全民健身活动方面取得的进步，也都达到了预期的成效。

为使改革开放取得的经济发展成就更多更广泛地惠及人民群众，新世纪伊始特别是从2002年中共十六大以来，安徽将实施民生工程、促进社会和谐作为推动社会进步的主要任务。先后开展了建立健全城乡居民最低生活保障制度、养老保险制度和医疗卫生保障制度，以及推进就业、教育公平和加强农村公共设施建设等项工作。全省各级财政投入资金逐年增加，2008年，全省仅在城乡居民基本生活保障方面的财政支付就有40多亿元。此外，村村通公路、电话和电视等项目建设，农村饮水安全工程，城镇居民危房改造等等，都比之前有明显的进展。2008年，全省城镇居民人均可支配收入12990元，人均住房建筑面积29.9平方米，人均消费支出9524元；农村居民人均纯收入4202元，人均住房面积29.9平方米，人均消费支出3284元。各项数据指标与30年前的1978年比较，增长了数十倍，比60年前的1949年更是增长百倍以上。

新世纪以来，为加快现代化发展步伐，安徽以大幅提升城镇化率为目标，大力推进城市建设。其中，合肥以工业立市为奋斗目标，着手构筑现代化滨湖大城市。到2008年，合肥全市人口487万，其中市区人口204万；市区面积838平方公里，其中建成区面积224平方公里；实现生产总值1665亿元，其中工业增加值655亿元；人均生产总值34482元。合肥正在加快建设现代化大城市的步伐。

2008年是改革开放30年，当年，安徽经济社会持续发展，生产总值8873亿元，其中，第一产业增加值1418亿元，第二产业增加值4137亿元，第三产业增加值3318亿元，人均生产总值14485元，折合2085美元，提前7年实现全面建设小康社会的第二步预期目标。同时，全省社会稳定，人民受教育程度大幅提高、精神文明深入开展。安徽的经济成长已经进入起飞阶段，安徽的社会转型与现代化正在朝着预期的方向发展。

四　当代安徽省情特征

新安徽走过了60年的历程，发生着翻天覆地的巨大变化。全省人口从2800万发展到6700万，其中，城乡人口比例从6∶94转变为40.5∶59.5；经济总量从20.68亿元增长到8873亿元，其中，第二产业增加值从3.4亿元增加到4137亿元。在交通运输、邮电通信、科学技术、教育、卫生，乃至人民的日常生活等方面发生的变化，更是60年前的人们无法想象的。

但是，在用数据或景物表达60年来安徽经济社会巨大变化的同时，还有一些内在的、难以直观表达其变化的要素。正是这些要素的存在，构成了与其他省不同的安徽特征。60年来，安徽特征发生了怎样的变化？变化的趋势如何？把握当代安徽省情特征，这对我们认清安徽经济社会未来发展十分有益。

第一，安徽区域上的南北差异十分明显，即淮河流域及以北地区与沿江流域及皖南地区，在经济、文化教育和社会发展方面都大不相同。在经济领域，60年前，农业经济是国民经济的主体，拥有众多农村人口和广阔土地的沿淮及淮北地区经济总量高于沿江及皖南地区两倍以上，而少地多山的沿江及皖南地区农业经济相对落后。60年后，工业超过农业，成为经济发展的主体，沿江及皖南地区工业经济的年均增长率在改革开放30年间，比沿淮和淮北地区高出1个百分点以上，经济总量占全省的三分之二以上（包括合肥、滁州、六安），人均生产总值也高于全省平均水平。占全省44.56%人口的沿淮及淮北地区创造的生产总值仅占全省的30.76%，明显落后于沿江及皖南地区。此外，由于自然气候相对欠佳和淮河治理难度日趋加大，沿淮及淮北地区的农业经济发展也相对缓慢于沿江及皖南地区，亩产和总量的增长不及后者。在文化教育领域，60年前，安徽全省成年人中的80%以上是文盲，适龄儿童入学率也很低，沿淮及淮北地区与沿江及皖南地区青少年受教育水平都很低。60年后，沿江及皖南地区高中阶段教育水平普遍比沿淮及淮北地区高出5~7个百分点，大学毛入学率甚至高出10个百分点左右。形成这种落差，既有历史传统上的原因，也与60年来经济增长的方式和速度有关。在思想观念上，由于其经济基础及结构转变的步频不同，沿淮及淮北地区人们的思想观念更多地承继着农业社会的因素，沿江及皖南地区的人们相对更加开放一些。在社会发展领域，60年前的安徽城镇化水平极低。经过60年特别是改革开放30年的发展，安徽城镇化率从不足10%提高到超过40%，其中，沿江及皖南地区城镇化率高于全省平均水平的2个百分点，而急需加快城镇化的、人口众多的沿淮及淮北地区城镇化率反而低于全省平均水平。改革开放以来，安徽外出务工的人员以沿淮及淮北地区为多，沿江及皖南地区外出务工人员则以拥有相对较高的知识能力，成为潜在的外出定居者、创业者。大批原籍沿江的皖南地区的大学生及以上学历者在外省工作、创业，与沿淮及淮北地区外出务工者的未来预期比较，形成较大的反差。

安徽区域上的南北差异在未来的经济社会发展中仍会存在，充分认识这个省情特征，有针对性地制定相应的发展战略，才能推动全省经济社会更好更快的发展。

第二，安徽历史上就是农业社会，农业经济及小农意识根深蒂固，经过60年的发展变迁，安徽已经转变成为工业—农业省，工业经济及其工业社会中的规则、制度、运行机制等等已经深入人心，流行于世。但是，长期的农业社会中形成的观念意识很难在60年间完全消失，仍然或多或少地存在于人们的思维认识中，并且潜意识地支配、影响着人们的判断和行为。即使是对长期生活、工作在城市的人群而言，软环境方面的非现代社会属性无时不在影响他们的观念认识，甚至制约着现代社会规则、观念及思维的确立和成长。

60年来，安徽工业化水平提高很快，并极大地提高了城镇化水平。但是与兄弟省份相比，增长速度上还有差距。2008年，全国城镇化率已达45.7%，而安徽才刚过40%，比全国平均水平低5个百分点。提高城镇化水平的路径只有一条，就是加快工业化尤其是新型工业化进程，加快发展工业和第三产业，同时加快农业现代化。这是安徽未来发展的方向，是促使安徽扫除落后的农业社会遗存、走上现代社会的唯一选择。

上述当代安徽省情特征，有些是历史原因形成的，有些则是在60年发展历程中变化促成的；有些变化不易被察觉，有些变化则是显而易见的。认清当代安徽省情特征并预判其变化趋向，对加快安徽经济社会未来发展有积极意义。

经过60年的发展，崭新的安徽已经显现在国人面前。展望未来，安徽人民必将在新的时代创造新的发展奇迹，呈现更加灿烂的辉煌。历史已经证明，未来更会证明，安徽人民无愧为伟大的中华民族的组成部分，安徽无愧为新中国的组成部分。

第一章 制度变革

新中国的成立，标志着半封建半殖民地社会的终结和社会主义社会的确立。60 年来，安徽的政治、经济、文化等各项制度都发生了深刻的变革。从中国共产党领导的多党合作、政治协商制度的发展，到各级人民代表大会制度的确立；从探索建立计划经济体制，到社会主义市场经济体制的建立和逐步完善，以及教育、文化、科学技术等制度的变化和发展历程，安徽的各项制度正在向着符合现代社会发展的目标迈进，并有力地推动着全省各项事业继续向前发展。

一 党政机构的设立及演变

1. 中共安徽省委机构的演变

解放初，中共安徽省委机构变化较大。1949 年 2 月，中共安徽省委成立，隶属中共中央华东局，省委机关驻合肥市。中心任务是集中全力在皖北地区开展支前工作，同时筹建省委工作机构。

4 月 3 日，华东局决定，安徽以长江为界分设皖北行政区和皖南行政区；成立中共皖北区委和皖南区委。中共安徽省委结束工作。4 月 6 日，中共皖北区委成立。中共皖北区委成立后，全力组织了大规模的支前工作。解放军胜利渡江后，区党委在继续完成剿匪反霸任务的同时，在农村实行减租减息，领导群众生产救灾，恢复和发展生产，并积极做好解放军渡江南进后人力物力的支援工作。5 月 13 日，中共皖南区委成立。区党委针对新区特点，加强了农村工作。在干部缺乏的情况下，动员和组织大批干部下乡，在剿匪反霸、生产救灾、减租减息等运动中，教育、发动和组织群众，并对基层政权进行了初步改造。中共皖北、皖南区委还先后开展了土地改革、镇压反革命、抗美援朝等工作。5 月 12 日，中共芜湖市委成立，8 月划归中共皖南区委领导。1951 年 12 月，中共皖南区委与皖北区委合署办公。

1952 年 1 月 2 日，中共中央批准成立中共安徽省委员会，皖北和皖南区党委结束工作。省委成立之初，即着手拟定 1952 年工作大纲，在全省范围内开展各项工作。同时，加强党的组织、思想建设，培训、提拔干部，抓紧调整和配备各级党政领导班子，为经济建设的全面展开做准备。国民经济恢复后，对农业、手工业、资本主义工商业进行了社会主义改造。

从 1952 年底到 1955 年底，中共安徽省委先后召开了 3 次代表会议。1956 年 7 月，中共安徽省委第一次代表大会召开，选举产生中共安徽省委第一届委员会。成立由 7 人组成的省委书记处，曾希圣任省委第一书记。第一届省委从 1956 年 7 月至 1963 年 7 月共举行 15 次全体会议。1962 年 2 月，在扩大的中央工作会议后期，中共中央决定对安徽省委领导班子进行调整，将曾希圣调离安徽，派李葆华任中共安徽省委第一书记。

1963 年 7 月，中共安徽省第二次代表大会召开，选举产生中共安徽省第二届委员会、中共安徽省第二届监察委员会。李葆华任中共安徽省委第一书记。根据中共中央指示，开展了社会主义教育运动（后期称“四清”运动）。至 1965 年底，中共安徽省第二届委员会共召开 6 次全体会议。

“文化大革命”时期，中共安徽省各级组织受到严重破坏。在上海“一月革命”风暴的影响下，1967 年 1 月 26 日，合肥地区 28 个群众造反组织联合夺了中共安徽省委和安徽省人民委员会的权，罢了党政主要领导人的“官”，成立了“安徽省革命造反派总指挥部”。随后，县以上各级党委均被“夺权”，党的各级组织陷于瘫痪。后经安徽省军区党委和安徽省革命造反派总指挥部研究同意，3 月 1 日成立安徽省革命生产领导小组，由省军区副司令员程业棠任组长，临时负责全省的工农业生产。4 月 1 日，中国人民解放军安徽省军事管制委员会成立，南京军区副司令员钱钧任主任。8 月上旬，中国人民解放军第十二军奉命进驻安徽，参加“三支两军”。10 月 26 日，中共中央改组安徽省军管会，李德生任主任。1968 年 4 月 18 日，安徽省革命委员会成立，主任为李德生，省军管会结束工作。至 8 月 25 日为止，全省 15 个地市、75 个县和 14 所大专院校以及其他县级以上单位，全部建立了革命委员会。1969 年 11 月 15 日，中共安徽省革命委员会核心小组成立，组长李德生，副组长张文碧、李任之、宋佩璋。1970 年底，全省各地、市、县革命委员会均建立了党的核心小组。

1971 年 1 月，中共安徽省第三次代表大会召开，选举产生中共安徽省第三届委员会，省委第一书记为李德生。中共安徽省委成立后，与省革委会合署办公，省革委会党的核心小组结束工作。1975 年 5 月，宋佩璋任中共安徽省委第一书记。

1976 年 10 月，粉碎“四人帮”，“文化大革命”结束。安徽省开始揭批“四人帮”运动，由于省委主要领导人捂盖子，安徽的揭批清查工作进展不够顺利。这种状况持续了 8 个月。1977 年 6 月，中共中央决定解决安徽省委领导问题，将宋佩璋调离安徽，由万里任中共安徽省委第一书记，派顾卓新、赵守一参加省委的领导工作。揭批清查工作很快形成高潮。1978 年 1 月，中共安徽省委与安徽省革命委员会分开办公。1980 年 3 月，张劲夫任省委第一书记。1982 年 4 月，周子健代理省委第一书记。1983 年 3 月中共中央批准调整安徽省委领导班子，黄璜为省委书记。

1984 年 12 月，中共安徽省第四次代表大会召开，选举产生中共安徽省第四届委员会、中共安徽省顾问委员会、中共安徽省纪律检查委员会，省委书记黄璜。1986 年 4 月，中共中央决定，由李贵鲜任中共安徽省委书记。1988 年 4 月，卢荣景任中共安徽省委书记。在进入社会主义现代化建设新时期以后，党的政治生活逐步转入正常轨道，党的领导体制也逐步健全和完善。

1990 年 2 月 25 至 3 月 3 日的中共安徽省委第五次代表大会上，选举产生了新一届省委，卢荣景当选为中共安徽省委书记。1995 年 1 月 16 日至 20 日，中国共产党安徽省第六次代表大会上，卢荣景再次当选为中共安徽省委书记。2000 年 1 月 3 日，全省领导干部会议上，中央决定王太华任中共安徽省委书记。2001 年 10 月 21 日，省委七届一次全会上，王太华当选为中共安徽省委书记。2004 年 12 月 16 日，省委领导干部会议，传达中央关于安徽省委主要领导调整决定，决定郭金龙任中共安徽省委书记。2006 年 10 月 26 日至 30 日，中国共产党安徽省第八次代表大会第一次会议上，郭金龙当选为中共安徽省委书记。2007 年 11 月，王金山任安徽省委书记。

90 年代以来，省委继续坚持以经济建设为中心，不断推进全省改革开放和现代化建设事业。

进入 21 世纪，在党中央的正确领导下，省委始终坚持以邓小平理论和“三个代表”重要思想为指导，认真落实科学发展观，团结全省人民，不断推进改革开放和现代化建设，推进党的建设新的伟大工程，推动了全省经济持续快速健康发展和社会全面进步。2005 年起，省委根据中央关于“促进中部崛起”的重大决策，在全面分析新形势、新任务和省情特点的基础上，发出了“抢抓机遇、乘势而上、奋力崛起”的号召；确立了“奋力崛起，使安徽省经济社会发展的主要指标不低于全国平均水平”的奋斗目标；作出了大力推进东向发展，加速融入长三角，促进双向互动可持续发展的战略决策；研究部署了构建“和谐安徽”的各项工作。

2. 安徽省人民政府的机构设置和调整

为了适应渡江战役的要求，1949 年 4 月 15 日皖北人民行政公署在合肥成立，为皖北最高行政机关。5 月 7 日，皖南人民行政公署在屯溪成立（7 月迁至芜湖），为皖南最高行政机关。皖北、皖南行政公署建立后，立即投入生产救灾、剿匪反霸，建立各级政权，稳定社会秩序。1950 年中央人民政府政务院根据毛泽东根治淮河的指示，发布《关于治理淮河的决定》，11 月在蚌埠成立治淮委员会，拉开安徽在人民政府领导下治理淮河的序幕。1951 年 12 月，皖南、皖北人民行政公署合署办公。1952 年 8 月 7 日，中央人民政府委员会决定撤销皖南、皖北人民行政公署，成立安徽省人民政府。8 月 25 日，安徽省人民政府正式成立，省会设在合肥市。

根据 1954 年宪法，1955 年 2 月，安徽省人民政府改称安徽省人民委员会。同年，全省兴起农业合作化运动高潮，1956 年底，95% 以上的农户加入农业生产合作社，完成了社会主义改造。1958 年 10 月实现人民公社化。1961 年，为解决“左”倾错误与急于求成带来的严重经济困难，省委、省人民委员会在全省农村推行“责任田”，约有 85% 的生产队实行“责任田”，调动了农民的生产积极性，形势开始好转。1962 年初根据中央指示，在全省改正“责任田”，仍然实行生产队集体经营，使农村经济又处于困难境地。

“文化大革命”10 年，给安徽经济和社会生活带来极大损失。1967 年 1 月，中共安徽省委、安徽省人民委员会被造反组织夺权，全省限入混乱状态。3 月 27 日，中共中央决定对安徽省实行军事管制。4 月 1 日，成立中国人民解放军安徽省军事管制委员会。1968 年 4 月 18 日，军事管制委员会结束工作，安徽省革命委员会成立。1970 年省革委会在全省开展“学大寨，赶郭庄，超《纲要》”运动，欲使“队队变大寨，县县变昔阳”，严重挫伤了农民的积极性，农业生产长期处于徘徊状态。

1977年6月，中共中央决定任命万里同志为中共安徽省委第一书记兼省革命委员会主任。万里到安徽后，建立健全省委、省革委会和各级领导班子，全省形势迅速好转。1978年1月，安徽省委、省革命委员会分署办公。1979年12月，安徽省五届人大二次会议将安徽省革命委员会改称安徽省人民政府，选举张劲夫为安徽省人民政府省长。1981年2月，省五届人大三次会议选举周子健为安徽省人民政府省长。1983年4月，安徽省第六届人民代表大会第一次会议选举王郁昭为省长。1987年6月，省六届人大常委会三次会议接受王郁昭辞去省长职务的请求，决定卢荣景任安徽省人民政府副省长、代理省长。1988年1月，安徽省七届人大一次会议选举卢荣景为安徽省人民政府省长。1989年4月，七届人大常委会第十次会议接受卢荣景辞去省长职务，由副省长傅锡寿代理省长，同月，省七届人大二次会议选举傅锡寿为安徽省人民政府省长。1993年傅锡寿在省八届人大一次会议上再次当选为省长。1994年12月24日，省八届人大常委会第14次会议通过了《关于接受傅锡寿辞去安徽省人民政府省长职务的决定》，决定任命回良玉为安徽省人民政府副省长，代理省长。1995年2月19日至25日，省八届人大二次会议选举回良玉为安徽省人民政府省长。1998年10月，王太华代理安徽省人民政府省长。1999年2月10日，省九届人大二次会议，选举王太华为安徽省人民政府省长。2000年1月28日，省九届人大三次会议上，许仲林当选为安徽省长。2002年，九届人大常委会第33次会议上，接受许仲林辞去安徽省人民政府省长职务的请求，决定任命王金山为安徽省人民政府副省长，代理省长。2003年1月18日至26日，省十届人大一次会议上，选举王金山为安徽省人民政府省长。2007年12月2日，省十届人大常委会第34次会议，通过了关于接受王金山辞去安徽省人民政府省长职务请求的决定，决定任命王三运为安徽省人民政府副省长，代理省长职务。2008年1月31日，省十一届人大一次会议选举王三运为省长。

进入21世纪，省政府始终坚持以邓小平理论和“三个代表”重要思想为指导，认真落实科学发展观，团结全省人民，不断推进改革开放和现代化建设事业，推动安徽在中部的崛起。坚持把“三农”问题放在重中之重的位置，认真落实党在农村的各项方针政策，全面免征农业税，加大对农村的各项投入，加强农业基础设施建设，积极推进农业产业化、农村现代化和城镇化进程。重点抓了加速合肥现代化大城市建设，加快沿江城市带、沿淮城市群和毗邻苏浙地区发展，“两山一湖”开发开放和扶贫开发等工作，促进了区域经济协调发展。不断扩展民营经济的发展空间，积极推动县域经济发展。加快治淮工程、通达工程、“数字安徽”、“生态安徽”、“信用安徽”以及旅游目的地等建设。

3. 安徽省人民代表大会制度的建立及发展

1949 年 4 月，安徽省全境解放，分别由皖北、皖南人民行政公署管辖。根据 1949 年 9 月中国人民政治协商会议第一次全体会议通过的《中国人民政治协商会议纲领》的规定，皖北行政区于 1949 年 11 月 30 日至 12 月 6 日召开皖北区各界人民代表大会。1952 年 12 月 23 日至 30 日，安徽省各界人民代表大会召开，代行省人民代表大会的职权。各界人民代表大会的召开，对实行人民当家做主，巩固人民民主专政，团结全省各族人民，进行抗美援朝、土地改革、镇压反革命、治水救灾、恢复和发展工农业生产，发挥了重要作用。

1953 年下半年，根据中央人民政府公布的《中华人民共和国全国人民代表大会和地方各级人民代表大会选举法》（简称选举法），全省开始进行基层普选，逐级召开了乡、县、市级人民代表大会，代表均由选举产生。全省 74 个市、县和武装部队选举产生了安徽省第一届人民代表大会代表 486 人。1954 年 8 月 20 日至 26 日，安徽省第一届人民代表大会第一次会议召开。安徽省人民代表大会的正式召开，使人民代表大会制度在安徽全省范围内从下到上普遍建立起来。

安徽省人民代表大会自 1954 年 8 月开始至 2009 年 1 月，经历了 11 届。省第一届人民代表大会期间，依照 1954 年《中华人民共和国宪法》和《中华人民共和国地方各级人民代表大会和地方各级人民委员会组织法》（简称地方组织法）的规定，每年召开一次人民代表大会，依法行使职权，讨论全省重大事项，作出重要决议、决定，选举省长、副省长和省人民委员会委员，选举省高级人民法院院长，促进了社会主义革命和建设事业的发展。

从 1957 年下半年起，由于“左”倾思想日益严重，反右派斗争扩大化，民主集中制受到损害，国家的政治生活、经济生活和社会生活出现不正常的情况，人民代表大会不能依法按期召开会议和进行换届选举，从而影响了人民代表大会职权的行使和社会主义民主法制建设的进程。

1966年5月至1976年10月“文化大革命”期间，人民代表大会制度遭受严重破坏，民主遭践踏，法制被破坏，全省地方各级人民代表大会停止活动，人大代表失去了作用，部分人受到迫害。地方各级人民代表大会的执行机关——人民委员会为革命委员会所取代。

1976年10月粉碎“四人帮”以后，人民代表大会得到恢复，并逐步健全和完善，人大建设和工作在中国共产党第十一届中央委员会第三次全体会议决议的路线和方针指引下，进入了一个新的重要发展时期。1978年1月，召开了安徽省第五届人民代表大会第一次会议（根据1977年10月中央召开的各省、市自治区组织部长、统战部长会议议定的“关于省、市、自治区人民代表大会有关问题的讨论意见，安徽省革命委员会作为省第四届人民代表大会届次”）。1979年12月，安徽省第五届人民代表大会第二次会议依照1979年7月第五届全国人民代表大会第二次会议通过的关于修改《中华人民共和国宪法》若干规定的决议和《中华人民共和国地方各级人民代表大会和地方各级人民政府组织法》（简称地方组织法）有关县级以上的地方各级人民代表大会设立常务委员会的规定，选举产生了安徽省第五届人民代表大会常务委员会，选举顾卓新为省人大常委会主任。在此之前，地方各级人民代表大会未设常设机关。1955年11月全国人大常委会通过有关决定，地方人民委员会同时行使人民代表大会常设机关的职权。县级以上地方各级人民代表大会设立常务委员会这一重大改革，对完善人民代表大会制度，加强地方人大建设和工作，加快社会主义民主与法制建设，具有十分重要的意义。

1983年4月，第六届人大一次会议选举杨蔚屏为省人大常委会主任。1984年4月，六届人大二次会议，接受杨蔚屏辞去省人大常委会主任职务，选举王光宇为省人大常委会主任。1993年1月，八届人大一次会议，选举孟富林为省人大常委会主任。

1998年1月，九届人大一次会议上，孟富林再次当选为省人大常委会主任。2003年1月，十届人大一次会议，王太华当选为省人大常委会主任。2005年1月，十届人大三次会议补选郭金龙为安徽省第十届人大常委会主任。2007年12月，十届人大常委会第35次会议，通过了接受郭金龙辞去省十届人大常委会主任职务请求的决定，决定省十届人大常委会副主任黄岳忠代理主任职务。

安徽省第五届、第六届、第七届人民代表大会及其常务委员会坚持以经济建设为中心。五届、六届、七届人民代表大会依法召开了15次会议，听取和审议了省人民政府工作报告、计划和预算报告及省人大常委会、省高级人民法院、省人民检察院工作报告，并作出相应的决议。选举了省人大常委会组成人员、省人民政府省长、副省长、省高级人民法院院长、省人民检察院检察长。选举了安徽省出席全国人民代表大会代表。

安徽省五届、六届、七届人民代表大会常务委员会，举行了88次会议，制定、批准、修改地方性法规80个；听取和审议省人民政府、省高级人民法院、省人民检察院工作报告和执法情况的报告210个，同时通过开展视察与执法检查、督促办理代表议案和建议、对一些重大问题进行询问和质询等，加强对政府、法院、检察院的工作监督和法律监督；就全省政治、经济、教育、科学、文化、卫生、民政、民族工作重大事项进行审议，作出有关决议、决定66项；认真行使人事任免权，通过决定任命和批准任命地方国家机关领导人和工作人员3275人。同时，逐步加强人大常委会的思想建设、组织建设和制度建设，建立健全常委会机关办事机构和工作机构。

安徽省第八届、第九届人民代表大会及其常务委员会坚持以邓小平理论和“三个代表”重要思想为指导，以经济建设为中心，认真履行法定职责，积极推进依法治省，推动全省民主法制建设。第八届、九届人民代表大会依法召开了10次会议，听取和审议了省人民政府工作报告、计划和预算报告及省人大常委会、省高级人民法院、省人民检察院工作报告，并作出相应的决议。选举了省人大常委会组成人员、省人民政府省长、副省长、省高级人民法院院长、省人民检察院检察长。选举了安徽省出席全国人民代表大会代表。

安徽省第八届、九届人民代表大会常务委员会，举行了71次会议，制定、批准、修改地方性法规236个；听取和审议省人民政府、省高级人民法院、省人民检察院工作报告和执法情况的报告151个，同时通过开展视察与执法检查、督促办理代表议案和建议、对一些重大问题进行询问和质询等，加强对政府、法院、检察院的工作监督和法律监督；就全省政治、经济、教育、科学、文化、卫生、民政、民族工作重大事项进行审议，作出有关决议、决定45项；认真行使人事任免权，通过决定任命和批准任命地方国家机关领导人和工作人员1728人。同时，人大常委会始终把加强思想建设、自身建设作为一项紧迫任务，放在重要位置来抓，进行常委会机关机构改革，积极推进干部人事制度改革。人大工作有很大进展，积极推进依法治省，为保障我省改革、发展、稳定，推动综合省力跃上新的台阶；为完善人民代表大会制度，建设人民信赖的有权威的地方国家权力机关，推动全省民主法制建设，作出了积极的贡献。

安徽省第十届、第十一届人民代表大会及其常务委员会，高举中国特色社会主义伟大旗帜，以邓小平理论和“三个代表”重要思想为指导，深入贯彻落实科学发展观，解放思想，改革创新，扎实工作，认真履行法定职责，积极推进依法治省，推动全省民主法制建设。到2009年4月，省十届、十一届人民代表大会依法召开了7次会议，听取和审议了省人民政府工作报告、计划和预算报告及省人大常委会、省高级人民法院、省人民检察院工作报告，并作出相应的决议。选举了省人大常委会组成人员、省人民政府省长、副省长、省高级人民法院院长、省人民检察院检察长。选举了安徽省出席全国人民代表大会代表。

第十届、十一届人民代表大会常务委员会，到2009年4月，举行了40次会议，制定、批准、修改地方性法规100多个；听取和审议省人民政府、省高级人民法院、省人民检察院工作报告和执法情况的报告100多个，同时通过开展视察与执法检查、督促办理代表议案和建议、对一些重大问题进行询问和质询等，加强对政府、法院、检察院的工作监督和法律监督；就全省政治、经济、教育、科学、文化、卫生、民政、民族工作重大事项进行审议，作出有关决议、决定几十项；认真行使人事任免权，通过决定任命和批准任命地方国家机关领导人和工作人员1000多人。同时，人大常委会逐步加强思想建设、组织建设和制度建设，进行常委会机关机构改革，积极推进干部人事制度改革。人大工作有很大进展，积极推进依法治省，促进安徽崛起，完善人民代表大会制度，打造以人为本的地方国家权力机关，推动全省民主法制建设。

4. 安徽省政治协商会议及其参政议政

中国人民政治协商会议安徽省委员会是中国人民政治协商会议的地方

组织。安徽省政协的前身是皖北区、皖南区各界人民代表会议协商委员会，以及后来由皖北区、皖南区各界人民代表会议协商委员会合并的安徽省各界人民代表会议协商委员会。各界人民代表会议既是统一战线组织，又代行省人民代表大会职权。1949 年 11 月 30 日至 12 月 6 日，皖北区各界人民代表会议在合肥市举行首届会议，推选出协商委员 50 人，成立了常设机关皖北区各界人民代表会议协商委员会。1950 年 8 月 20 日至 28 日，皖南区各界人民代表会议在芜湖市举行首届会议，推选出协商委员 44 人，成立了常设机关皖南区各界人民代表会议协商委员会。1951 年 11 月，华东军政委员会决定将皖北、皖南区合并，成立安徽省。1952 年 12 月 23 日至 30 日，安徽省第一届各界人民代表会议在合肥举行，推选出协商委员 91 人，成立安徽省各界人民代表会议协商委员会。协商委员会选出 29 名常务委员，组成安徽省各界人民代表会议协商委员会常务委员会。选举曾希圣为安徽省各界人民代表会议协商委员会主席。

1954 年 8 月，安徽省人民代表大会召开，以往代行省人民代表大会职权的省各界人民代表会议完成了它的历史任务，而省协商委员会则作为人民民主统一战线的地方机构继续发挥作用，它在增进全省各族人民团结，协助政府制定各项政策，推动全省人民参加革命运动和国家建设事业、参加抗美援朝、保卫祖国、维护世界和平的斗争中，都发挥了重要作用。

1955 年 2 月，根据《中国人民政治协商会议章程》中关于在各省、自治区、直辖市设立政协地方委员会的规定，经过安徽省政协委员会讨论通过，召开了政协安徽省第一届委员会第一次全体会议。曾希圣再次当选为主席。1958 年 11 月，政协二届一次会议选举产生政协安徽省第二届委员会，曾希圣为主席。1962 年 7 月，二届三次会议选举李葆华为主席。1964 年三届一次会议，李葆华再次当选为主席。1978 年 1 月，省政协四届一次会议，顾卓新当选为主席。1979 年 12 月 24 日至 1980 年 1 月 1 日，四届二次会议选举张凯帆为主席，1983 年 4 月，政协五届一次会议，张凯帆再次当选为主席。1985 年 3 月，五届三次会议补选杨海波为安徽省政协主席。1986 年 4 月，五届四次会议补选史钧杰为主席。1988 年 1 月六届一次会议，1993 年七届一次会议，史钧杰两次连选为政协主席。1996 年 2 月，七届四次会议，卢荣景当选为省政协主席。1998 年 1 月，省政协八届一次会议，卢荣景再次当选省政协主席。2000 年 1 月八届三次会议补选方兆祥为省政协主席。2003 年 1 月，九届一次会议，方兆祥再次当选为省政协主席。2007 年 1 月，九届四次会议补选杨多良为省政协主席。

自 1955 年至 1987 年底，省政协经历 5 届，历时 33 年，可分为 3 个时期。自第一届委员会第一次全体会议召开到“文化大革命”前夕（当时是第三届委员会）的 12 年为第一个时期；1966 年 6 月至 1976 年 10 月的“文化大革命”10 年间为第二个时期；1976 年 10 月粉碎“四人帮”后至今为第三个时期。

1955 年 2 月至 1966 年 5 月，安徽省政协经历了三届委员会，省政协委员由 171 人增至 372 人，省政协在贯彻中共中央提出的同民主党派“长期共存，互相监督”的方针，组织省政协委员和各界人士开展协商和监督活动，推动各种社会力量完成国家在过渡时期的总任务、促进社会主义建设中发挥了重要作用。

50 年代后期，由于反右斗争严重扩大化，有些政协委员被错划为“右派分子”。稍后，在统一战线中开展了对所谓“投降主义”的批判，政协工作一度处于低潮。

“文化大革命”中，在林彪、江青反革命集团的摧残下，人民政协工作陷于瘫痪。不少政协委员和各界爱国人士遭到斗争和批判，有的甚至被迫害致死，省政协机关也一度被迫停止办公。

1976 年粉碎“四人帮”后，各项工作开展了拨乱反正，经过一段时期的筹备，1978 年 1 月召开省政协第四届委员会第一次全体会议，省政协开始全面恢复活动。1978 年中共十一届三中全会把工作重心转移到社会主义现代化建设上来，全国进入了一个新的历史发展时期，统一战线和人民政协工作也进入了新的发展阶段。1979 年召开的全国政协五届二次会议阐明了新时期统一战线和人民政协的性质和任务，给政协工作指明了方向。1981 年 10 月，中共安徽省委的皖发［1981］103 号文件转发了省政协党组《关于进一步开展市、县人民政协工作的报告》。《报告》要求进一步加强对政协工作的领导，大力支持政协组织开展各项活动，帮助解决存在的实际问题，使政协组织在新的历史时期能够充分发挥其应有的作用。

1983 年 9 月，中共安徽省委批准召开全省政协工作会议，讨论新时期政协工作。11 月，召开全省各级政协委员为四化建设服务经验交流会，中共安徽省委副书记、省长王郁昭在会上作了《肝胆相照，为振兴中华，建设安徽而共同奋斗》的讲话，这两次会议成为全省政协工作开始活跃的起点。1986年6月，召开第二次全省政协工作会议，传达、学习了中共中央转发的全国地方政协工作座谈会精神和中共中央书记处关于统战工作的重要指示，广泛地交流了工作经验，讨论了全省的政协工作。会议要求，进一步加强统一战线的理论和政策的再教育，提高广大干部、群众特别是各级领导干部对人民政协的认识；充分发挥人民政协的主要职能，加强政治协商和民主监督；充分发挥政协委员的作用，使人民政协更好地为社会主义物质文明和精神文明建设服务。会议还要求，各级政府有关部门（厅、局）同当地政协的专门委员会、工作组要对口协商，密切配合。当地政府召开重要业务工作会议，可邀请同级政协有关委（组）负责人参加。各级政协召开全体会议举行大会发言时，可请党委（中共）、政府负责人参加，直接听取情况和意见。各级政协有准备地召开意见听取会、专题调查汇报会、献计献策会，请党委、政府或有关部门负责人参加，共同协商讨论一些重要问题。中共安徽省委以皖发［1986］21号文转发了中共安徽省政协党组关于这次会议的报告。全省政协工作取得了重要进展。到1987年底，全省各级政协组织由“文化大革命”前的45个发展到112个，委员人数由2000多人增加到1.6万多人，其中省政协委员人数增加到711人。

中共十一届三中全会以后的9年，安徽各级政协团结各界爱国人士，坚持为建设有中国特色社会主义服务，坚持为统一祖国和振兴中华服务，积极参与全省和地方大政方针的政治协商、民主监督，取得了显著成绩，政协工作进入了一个新的发展时期。

1991年3月，省政协召开六届四次会议。通过的政治决议指出：二十世纪最后十年，对于安徽的振兴和社会发展至关重要，对经济生活、社会生活和精神文明建设等方面存在的一些深层次问题，应认真研究，加以解决。希望省人民政府根据中共中央关于制定国民经济和社会发展十年规划和“八五”计划的建议以及中共安徽省委五届三次全会精神，制定好省“八五”计划和十年规划，并认真实施。

进入21世纪，安徽省政协在继承历届政协工作的成熟经验、做好各项传统性工作的基础上，坚持不断探索创新，以促成更加有序的政治协商格局、更加有效的民主监督方式、更加畅通的参政议政渠道，以创新推动工作取得更大实效。

二 工业经济制度、体制变革

1. 解放初期工业的恢复和制度变革

1949年至1952年，安徽省根据中央的统一部署和要求，没收国民党留下的官僚资本主义企业，扶持私营工业，创办新的国营企业，初步建立了社会主义经济基础。

1949年2月中旬，经中共中央同意，中共安徽省委和省政府成立，宋任穷任省委书记兼省长。4月3日，中央批准安徽省以长江为界，分别设立皖北、皖南两个行政区。自4月6日中共皖北区委成立，5月13日中共皖南区委建立。相应的皖北、皖南军区成立，下设军事管制委员会，执行接管国民党官僚资本企业的任务。

军管会成立后，在行署的配合下，各级人民政府开始对省内国民党遗留的工业企业实行没收和接管的政策。安徽各主要城市军管会在中共华东局指导下，"原封不动"地接收了官僚资本企业。对于安徽境内的工矿企业，人民政府及时接管，尽快地恢复生产，并严格各种制度，如经济核算、成本计算、预决算等。

在没收国民党政权留在大陆的官僚资本，将其变成公营经济之后，人民政府"采取加工、订购、代购等办法扶植有利国计民生的正当私营工商业。"同时，调整公私关系。根据生产与人民大众需要相结合的原则，改进经营方针和方法。"国企对生产困难的私企，有重点的进行扶持和帮助，统一分配加工、订货任务，合理照顾私营工厂。"国企要实行"民主管理，有步骤地实行经济核算制，加强业务水平。"另外，政府要求国营企业"重视和参加工商业联合会以及同行业工会"，更好地贯彻"统筹兼顾，分工合作"的方针。

安徽是一个农业省，工业基础极其薄弱，在全省国民经济中所占的比例较小，同时又缺少必要的发展资金。因此，安徽"一五"计划的主要任务是："以发展工业为中心，根据现有财力、物力，抓住主要环节，利用省内资源优势，集中力量发展工业生产"。根据"一五"计划要求，安徽工业坚持"自力更生，稳定发展"的方针，重点发展了电力、煤炭、冶金、机械工业和一些主要民用轻工业，优先发展轻纺工业。

在“一五”期间，安徽省建立了高度集中的工业经济管理体制。1954年，安徽省计划委员会成立，对全省工业实行直接计划和间接计划管理。“对于国营企业，国家下达直接计划，所需生产资料按国家调拨价计划供应，其产品由国家收购、调拨。对公私合营经济和合作社经济，实行间接计划，并通过各种经济政策，将其纳入国家计划。对私有经济，只作估价计算，并通过价格、税收、信贷等杠杆加以调节。对基本建设项目实行集中统一管理，集中使用资金，统一调配物资，优先保证国家和省内重点项目。”

自1953年起，安徽开始有计划地对私营工商业进行社会主义改造。改造的步骤是有计划地扩大加工订货、统购包销的范围，由主要行业扩展到一般行业，由大型企业扩展到中、小型企业，由大城市扩展到中、小城市。

对私营企业改造的基本形式是公私合营。从1954年开始，对省内的一批大型私营企业进行合并。对尚不具备合营条件的企业，继续实行以加工、订货为主的初级国家资本主义形式。4月份，安徽集中力量对私营企业进行了一次普查，这为今后对私营企业的改造奠定了基础。

从1955年开始，安徽省根据中央关于加快对资本主义工商业的社会主义改造的指示，开始全行业的公私合营。在2万人口以上的城镇，一部分较大的行业实行全行业的公私合营，一部分小摊贩实行合作化；2万人口以下的小城镇，基本上采取合作化形式，按行业组织商店式合作小组。

私营工业在合营过程中，县级以上城市，一般是向私人资本主义企业投资入股，并派出干部进驻企业，根据国家需要，同工人、工商业者共同管理生产和改造企业。

2. 探索时期经济体制的变革

在1956年召开的“八大”上，中央提出下放一部分管理权力到地方。保证企业在国家统一领导和统一计划下，在计划管理、财务管理、干部管理、职工调配、福利设施等方面有适当的自主权。

会上，陈云还提出了“三个主体、三个补充”的观点。即以国营和集体为主体，以个体为补充；计划生产是主体，在计划内按市场自由生产为补充；国家市场为主体，国家领导的自由市场为补充。

中共八大二次会议后，大跃进运动正式发动，为了依靠地方实现“赶英超美”。1958年经济体制改革的中心就是将中央各部所属的企业下放给地方管理，扩大地方管理工业的权限。为此，中央发出了《关于工业企业下放的几项规定》和《关于企业、事业单位和技术力量下放的规定》的文件。在半年多的时间内，中央各工业部所属企事业单位80%交给地方管理。在下放工业企业的同时，为了让地方自成体系，中央还下放了计划管理权限。这里面包括下放计划决策权、基本建设项目审批权、物资分配权、财权和税收权、劳动管理权、商业管理权和信贷管理权。

在企业下放，建立地方“块块为主”的管理体制的同时，中央还决定扩大企业的自主管理权限。1958年5月，国务院颁布了《关于实行企业利润留成制度的几项规定》。根据规定，国营企业的管理体制有了如下的变化：减少了指令性指标，扩大企业的计划权；国家和企业实行全额利润分成，扩大企业的财权；扩大企业的人事管理权。

经济管理体制的改革，把大量管理权限下放到地方。这要求中央与地方、地方与地方之间要协调好关系。为此，中央做出《关于召开地区性的协作会议的决定》和《关于加强协作区工作的决定》，建立经济协作区。

1961年初举行的中共中央八届九中全会上，中央批准对国民经济实行“调整、巩固、充实、提高”的八字方针。1月，中央颁布《关于调整管理体制的若干暂行规定》。8月底至9月中旬，中共中央在庐山召开会议。会议拟定了《中共中央关于当前工业问题的指示》、《国营工业企业工作条例（草案）》（即《工业七十条》）。将原先下放到地方的企业和各项管理权限又重新收归中央。文件指出要改变过去一段时间权力下放过多、分得过散的现象，把工业管理的权力集中到中央，对全国的人力、物力、财力进行统一安排。搞好综合平衡，由国家计委负责。加强物资的集中管理：建立全国统一的物资流通部门和生产资料服务公司；实行按经济区组织物资供应；增加统配、部管物资，并统一管理统配物资的销售；统一管理中转仓库。实行两种计划管理方法，开展一定范围的市场调节：按照“统一计划，分级管理”的原则，规定对不同经济成分实行不同的计划管理方法。

1956年7月2日至15日，中共安徽省第一次代表大会召开。10月29日至11月3日，中共安徽省委召开扩大会议，传达“八大”精神。“坚持为农村经济服务，围绕农业办工业，重点发展轻工、纺织、原材料和支农工业，是安徽省委结合安徽实际情况贯彻‘八大’精神而制定的安徽工业发展方向。”①

“大跃进”运动导致安徽的工业经济畸形增长。为此，在随后的国民经济调整时期，安徽压缩重工业生产，扩大日用品生产，恢复手工业合作社。

1960 年，省委转发省计委《安徽省编制国民经济年度计划的若干规定（草案）》时指出：工业生产、基础建设、劳动工资、成本、物资供应等由省主管厅局、行、委和专员公署、市人民委员会分别编制。负责归口管理任务的主管部门，除编制本系统各项计划外，工业品归口范围按照工业计划产品及产品分级管理目录规定，人民公社工业计划由农业厅主管。

1962 年，省委批准省计委《关于工业企业调整方案的报告》，提出了工业企业调整原则：一、以农业为基础，按照农轻重的次序调整工业企业，照顾短线，压缩长线，以便更好地支援工业企业；二、根据产销供平衡情况，适当兼顾今后的需要，按照“五好”（质量好、成本低、品种适用、原材料消耗低、劳动生产率高）的原则，保留骨干企业，撤并分散重复的小厂；三、中央企业，一般根据主管部门意见调整；四、地方企业，有任务的保留减人，没有任务的关闭或改变生产方向，任务不足的，停掉一批，保留一批重点厂，或者并厂减人；五、按照不同情况，确定企业调整性质。供销困难，生产亏本，短期不能改进的企业，以关并为主；宜于产销结合，亦工亦商的企业，有需要的一般划为商业，恢复“前店后坊”的传统方式；生产直接为本系统服务，可以不实行独立核算的企业，一般都改为附属单位，由主管单位统一编制，统一核算；六、过去升级转产不当的企业在此次调整中要查清，报批后全部转回；七、合理调整劳动组织，提高劳动生产率；八、企业隶属关系原则上按照行业进行归口。

为了贯彻中央《关于加强基本建设管理问题报告》的文件，省计委提出：对地方小型建设项目，在国家批准投资总额内由省根据具体情况安排。工业建设项目，应包括建设规模、建设根据（如原料，燃料，运输等）、主要的协作配合条件、建设地点等。

1962 年 5 月，中共安徽省委决定在全省试行《工业七十条》。决定：“全省所有国营工业企业……彻底整顿企业，开展以贯彻‘工业七十条’为

① 《当代安徽简史》，当代中国出版社，2001，164 页

中心的、以调高质量、增加品种、降低成本、提高劳动生产率为内容的增产节约运动。”①

1964 年的工业调整工作主要是全面贯彻《工业七十条》“整顿经营管理，提高产品质量，增加花色品种，降低原材料、燃料消耗，提高劳动生产率，降低成本，填平补齐，配套成龙，设备更新，加强专业协作，建立健全各项责任制度，把企业生产能力和管理水平提高一步。”②

在调整国企的同时还对城乡人民公社办的集体所有制工业进行了调整，农村人民公社工业大部分被砍掉，人回到生产队，个别条件好，确实需要保留的工业企业，整顿后成为独立核算单位。某些集体经营的服务行业，实行独立核算，自负盈亏。

3.“文革”时期工业经济体制遭受严重破坏

“文革”初期，经济管理体制受到严重的冲击和破坏。而从 1970 年开始的经济核算管理体制的大变动则使经济管理体制恢复到“大跃进”时期并有所发展。其结果是使原有体制的弊端更加严重，经济生活的无政府状态进一步加剧。

“文革”时期，我国经济管理体制在“左”的错误和政治动乱的影响和干扰下，又经历了一场以向地方盲目下放权力为中心的大变动。“大跃进”时期的放权因为种种原因导致国民经济的困难，因而在随后的国民经济调整时，国家将原先下放到地方的权限又重新收归中央。但是僵化的体制和防备世界大战等原因，国家开始了新一轮的放权。

安徽经过五年的努力，完成了国民经济的调整的任务。从 1966 年开始，安徽开始执行第三个五年计划。在上半年，经济建设的势头良好。然而，到了下半年，“文化大革命”开始了。安徽和全国其他地方一样，陷入混乱之中，社会经济发展被引入了歧途。在这年的第四季度，动乱已经给工业带来巨大的影响。安徽在“文革”刚开始的时候，遵照中央下发文件规定工矿企业原则上不搞“文革”。但是到了 11 月份，毛泽东在视察安徽时发出指示，支持工人“造反派”的造反，结果“文革”扩展到工矿企业

---

① 《中共安徽省委文件选编》，2004，412 页

② 《当代安徽简史》，当代中国出版社，2001，244 页

里。经济管理机构瘫痪，工厂运行处于无序状态，工业经济全面下滑。原先正确的经济政策和规章制度，如《工业七十条》被废除。

在“文革”初期，省属企业绝大部分下放给地区管理，生产、基本建设、物资分配和财政管理等方面权限也都相应地下放到各地市。

1971 年，安徽省开始压缩基本建设战线。全省计划会议提出要大搞原材料工业，但各地没有认真执行，基本建设不仅没有缩短，反而兴建了 200 多个新项目，造成原材料和劳动力缺口大，轻工市场受到影响。直到 1973 年，安徽省为了压缩基本建设战线，停建了一部分工厂，精简了大批职工。

除了压缩基本战线，安徽省还注重发展轻工业和手工业。在开始了“四五计划”后，安徽注重了综合平衡，重新调整了工业和农业、生产与建设、基础工业与轻工业等方面的关系，努力发展轻工业和手工业，增加出口。对一些轻工业、手工业原料不足和“吃不饱”的企业，采取加强管理、降低消耗、节约原材、大搞代用品、开辟原材料来源等措施；稳定手工业体制，落实手工业政策。这些措施，促进了轻工业和手工业的发展。①

1972 年全国物资工作座谈会后，加强了国家计委对物资局的领导，并调回了一批骨干力量，健全了机构。同时中央决定物资分配调度权应集中在中央、省、直辖市和自治区两级。为此，安徽省革委会决定安徽省的工业生产计划中关系全省需要的重要产品，由省革委会直接管理。超产部分，根据情况，实行省与行署、市分成。

中央于 2 月至 3 月召开了全国各省、市、自治区主管工业书记的会议。为贯彻中央《关于加强铁路工作的决定》，安徽省于 3 月底召开整顿铁路运输会议。经过一段时间的整顿，铁路运输情况得到了好转。

4. 新时期以来工业管理体制的调整

十一届三中全会之后，中央决定以经济建设为中心，将工作重心转移到现代化建设上来。在城市工业方面，将经营管理权下放，提高企业的自主经营权，鼓励乡镇集体经济的发展，出台了大量的优惠政策促进农村工业的发展。

“文革”结束后，安徽省对全省的工业企业进行分批的整顿，逐步恢复

---

① 《当代安徽简史》，当代中国出版社，2001，328 页

"文革"中被破坏的各项规章制度。1977年12月15日，中共安徽省委制定《关于加快工业发展若干问题（草案）》，就整顿企业领导班子提出实施意见。强调挖潜、革新、改造，发挥企业的现有能力；抓好提高质量、降低成本和增加盈利三个环节，全面完成经济技术指标。通过初步整顿，全省大多数企业建立和健全了企业的生产指挥系统和规章制度，严格了操作规程，加强了设备维修，企业管理有了明显的改进。1977年全省工业生产超额完成了全年计划；1978年全省工业总产值比上年增长7.8%。

在工资政策方面，初步贯彻了按劳分配的原则。1977年10月，在淮南煤矿谢一矿实行计时加奖励的工资试点。实行了工资改革试点后，该矿的采煤队减少了54名工人，而采煤量却增加了一倍。1978年，中共安徽省委在全省计划会议上，肯定了谢一矿的经验，并加以推广。3月，在安徽省计划工作会议上，省委要求进一步调整农业、工业比例。省委、省政府对发展棉、烟生产制定了政策措施，有关部门认真落实轻工业、纺织业、手工业的"六优先"。

1979年7月，国务院颁发《关于扩大国营工业企业管理自主权的若干规定》等5个文件，指导扩大企业自主权的试点。10月，安徽省政府发出《关于扩大工业企业自主权试点工作的通知》。第一批试点共87个，由省经济委员会、省财政厅在芜湖召开全省试点工作会议，核定试点企业的理论留成比例，对试点工作做了部署。这次改革扩大了企业在生产、经营、财务、人事等方面的一部分权利。1980年8月，省政府发出《关于继续做好扩大工业企业自主权试点工作的通知》，对增加试点单位、利润留成、择优录取职工、干部任免、扩大出口和外汇分成、合理安排和用好企业自有资金、企业的各项经济计划等问题作出规定。

安徽省按照国务院的规定，进一步扩大企业在生产经营计划、产品销售、价格管理、物资选购、资金使用、资产处理、机构设置、人事劳动管理、工资奖金、联合经营等10个方面的权力。在计划方面，国家向企业下达指令性计划缩小为40种左右，企业完成指令性计划，可自行安排生产计划。在购销方面，国家统配物资品种缩小到20种左右，企业既可以通过市场购买原料，也可以通过市场自销超计划产品，并可在一定范围内实行议价或自动定价。

实行经济责任制，是工业企业管理体制改革的又一探索。从1979年开始，安徽省轻工系统一些集体企业首先开始在企业内部实行以改革工资、奖金制度为主要内容的经营承包，主要形式有“超定额计件奖”、“超计件利润奖”等。1981 年 10 月，国务院转发国家经委、国务院体制改革办公室《关于企业生产责任制若干问题的意见》，提出实行经济责任制要抓好两个环节：一是国家对企业实行的经济责任制，二是建立企业内部的经济责任制。进一步完善工商业企业经济责任制。1984 年 3 月，省委省政府发出《关于进一步完善工商企业经济责任制的通知》，要求所有企业内部均应实行各种形式的层层承包。同时积极推进部分工资浮动，把职工的基本工资和奖金捆在一起，联系企业的经济效益好坏进行浮动。4 月，省委省政府又发出《关于改革企业干部管理的若干规定》，城市工商业经营机制实行了“一包三改”的办法，即在企业推行承包责任制，改工人录用制为合同制，改干部任免制为聘用和选举相结合的人事制度，改固定工资为浮动工资加奖励。与此同时，改革企业领导体制。1985 年 3 月，省委省政府发出《关于增强企业活力的若干暂行规定》，提出加快推行厂长责任制，实行目标管理。

大力发展集体所有制企业。1980 年 5 月，省委、省政府在全省县社工作会议上，要求认真抓好全民所有制的同时，必须大力发展集体所有制企业。1981 年 1 月，安徽省委书记张劲夫在省直和合肥市处级以上干部会议上，作了《学上海，学沿海，进一步把我省工业搞上去》的报告，提出发展安徽工业“四个为主”、“一个联合”的方针（即以发展轻纺工业为主，以兴办集体经济为主，以发展中小企业为主，以内涵改造、扩大生产能力为主及风险经济联合。），其中一个为主就是兴办集体经济。12 月，安徽省委在安庆召开全省城镇劳动就业工作会议。会议要求各地相关职能部门在经营场地方面不要限制过多，尽可能地提供方便；规定城镇集体经济和个体经营户的经营范围凡属市场和人民生活需要的行业，在申请发证时，工商部门要及时发放；重申原确定的新办集体企业和待业青年从事个体经营的，以及原办集体企业接收待业青年超过 60% 的，从经营之日起免征工商税和所得税的规定继续不变。

乡镇企业异军突起。1982 年 1 月，中共安徽省委提出“放手发展，阔步前进的方针”，出台一系列政策：凡宜于加工的农、林、牧、副、渔产品及其土特产品，由农村当地加工，国家一般不再建立新厂；山区可利用梢头枝丫、小材小料和群众自留材等，执行加工木竹制品，需要出售的由林业部门发证放行；允许有条件的地方开采小煤窑、小矿山，发展砖瓦、砂石、石灰、水泥、水泥预制件生产，组织开采花岗岩、大理石等；积极发展劳动密集型产业，大力扶持传统、名牌产品，并逐渐形成生产基地、社队建筑队、运输队；在税收方面尽可能给予照顾，对新办企业和加工水平低的企业实行减税或免税；鼓励发展社队商业，建立贸易货栈，试办农工商联合企业。由于方针明确，政策放宽，全省乡镇企业发展出现好势头。

1984 年 7 月，安徽省人民政府印发《关于加快发展乡镇企业若干问题的暂行规定》，对整顿现有企业、发展新的企业，以及发挥优势、合理布局、搞活流通、提高效益、选用人才、加强领导等作出规定。10 月，安徽省委、省政府召开全省乡镇企业现场会，会议要求：必须从省情出发，实行县、区、乡、村、联户、家庭“六个轮子”一起转。

1987 年 9 月，省政府在滁州召开全省乡镇企业工作会议，对乡镇企业的指导思想作了调整和改变，明确“必须在放手发动千家万户的同时，大力发展乡、村集体企业和‘龙头’骨干企业，特别要重视发展村办企业”。这一年是安徽乡镇企业重要的历史转折时期，它的显著特征，就是各地开始着力于抓乡村骨干企业的发展，建立和完善乡镇企业固定资产投资管理体制，从投入上保证骨干企业的形成与发展，以信贷、税收、价格等为杠杆，逐步优化产业结构、企业结构。

5. 以改革国有企业为主，建立社会主义市场经济体制

中共中央十三届五中全会提出了治理整顿、深化改革的方针，安徽采取一系列措施，治理经济环境，整顿经济秩序，到 1991 年，治理整顿的主要任务已经基本完成。1992 年 10 月中共十四大的召开，以及 1992 年初邓小平南方谈话的发表，标志着我国改革开放和社会主义现代化建设进入新阶段。此后，安徽加快改革开放步伐，在加快社会主义市场经济体系建设上，积极推进。

全省立足基础原材料工业和能源基地的优势，以深化企业改革为中心，大力推进技术进步，着力调整产业结构，紧紧抓住支柱产业和优势产品，加大投入，重点扶持，逐步形成了一批具有安徽特色的、在全国占有一定位置的优势产业和知名企业、名牌产品，大力发展外向型经济。

“八五”期间，安徽省在煤炭行业贯彻《国有企业转换经营机制条例》，适时加大了“人事、劳动、工资”三项制度以及劳动保险等方面改革的力度。淮南新集煤矿走出一条“一次设计、分期建设、提前出煤、边产边建、自我造血、滚动发展”的矿井建设成功之路。各煤矿企业实行目标管理，建立安全生产责任制，注重加强安全基础工作，大力开展乡镇煤矿整顿。安徽电力系统积极贯彻“深化改革，扩大开放，促进发展，保持稳定”的工作方针，坚持多种形式，多条渠道，多家集资办电。纺织工业经济区域调整开始起步，初加工的棉麻工业逐步向原料产区转移；棉毛麻丝各行业结构得到改善。技术进步力度加大，依靠技术进步，加大技改力度。建立现代企业制度和优化资本结构试点。“八五”初纺织企业深化人事、用工、分配三项制度改革；1993 年以铜陵丝绸行业推行“公有民营”为标志的产权制度改革，在全省纺织系统展开；1994 年全行业积极进行转机建制和“三改一加强”工作。增强名牌意识，实施名牌战略，组织纺织职工接受文化教育。

“九五”期间，安徽省为解决国营企业改革滞后的困境，实行国营企业的改革：

一是按照“三年两个大多数”的总体要求，确定各年度的扭亏脱困工作目标，将目标分解到各市，与各市政府签订工作目标责任书。按照“分级管理、分级负责”的原则，实行目标管理责任制，制订整体脱困计划和实施方案。

二是围绕结构调整，推进企业重组。压缩低水平和过剩的生产能力，淘汰落后的工艺装备，调整产业结构，从根本上解决企业亏损问题。

三是兼并破产。

四是推进兼并联合。

五是深化产权制度改革。安徽省制定了《安徽省国有控股、参股公司内部职工持股试行办法》、《安徽省鼓励技术要素参与收益分配办法》等政策文件，部分国有企业通过职工持股、经营者持大股、股份合作制以及租赁、出售等多种途径进行改制。

六是叠加使用政策，实施综合整治。首先是对重点脱困企业叠加使用减员增效、资源综合利用和强化内部管理等政策措施。其次是集中力量对扭亏有望企业给予帮扶。在将“挖、革、改”等财政资金、工业原材料进口配额和进口登记商品继续向扭亏脱困企业倾斜的同时，对脱困企业实施结构调整的技术改造、技术创新项目给予优先立项，并对其贷款实行财政贴息。最后是做好下岗分流、减员增效。

七是加强企业管理，堵塞管理漏洞。推行企业物资采购比质比价管理。

八是减轻企业负担，优化发展环境。清理各种乱收费、乱罚款、乱集资和各种摊派项目工作。

根据中央的精神，安徽着手在骨干企业建立现代企业制度。主要做法有以下几个方面：第一，大力推进产权主体多元化，积极引导企业重组优良资产改制上市，通过债转股实施产权多元化。积极鼓励职工参股、入股，引导省外投资参与省国有企业改制，通过组建国有资产经营公司，积极向国有企业投资入股，推进企业股权多元化。第二，努力规范法人治理结构，建立制衡机制。对新改制的企业，实行董事长与总经理分设；对已改制企业中董事长、总经理“一肩挑”的，要求结合公司董事会换届实现分设。同时，向有关重点企业派出了稽查特派员。第三，深化“三项制度”改革，促进经营机制转换。首先是研究制定了《安徽省国有企业经营者年薪制试行办法》、《关于进一步深化企业工资分配制度改革的意见》和《安徽省鼓励技术要素参与收益分配试行办法》。其次是实行了经营管理者风险金抵押制度、年度考评制度和离任审计制度。最后是推行了全员劳动合同制、管理人员聘用制和末位淘汰制。基本形成了职工能进能出，管理人员能上能下、收入能增能减的新型运行机制。第四，积极探索建立国有资本出资人制度。在建立国有资产管理监督、营运体系和机制等方面，初步拟定了省级国有资产出资人制度的构建方案，对部分企业实行了省市两级政府授权经营。第五，积极推进政企分开，分离企业办社会职能。提出了省级党政机关同所办的经济实体和直接管理企业脱钩的工作方案；妥善接收了驻军和政法机关移交企业；开展了国有企业自办学校、医院的调查摸底工作，下发了《安徽省分离国有企业后勤服务机构的意见》、《安徽省分离国有企业自办学校的实施意见》、《安徽省分离国有企业自办医院的实施意见》。第六，鼓励优势企业收购兼并劣势企业，促进企业制度创新。积极鼓励和支持省内外优势企业兼并省内劣势企业。第七，积极放开搞活国有中小企业。按照“小企业、大战略”的发展思路，采取改制、兼并、拍卖、承包、租赁、经营者持大股等改革形式，放开、放活国有中小企业。第八，加强企业发展战略规划和战略管理。组织有关专家对企业的发展战略进行咨询和指导。重点引导企业开展了以成本管理为中心的原材料采购管理、财务管理、质量管理和安全生产管理。在原材料采购方面，认真贯彻执行《国有工业企业物资采购管理暂行规定》，制定大宗原材料比价采购的办法，对重点技术改造项目实行全过程的招投标管理。

随着企业改革的深化，出现了企业集团。1997 年，省政府出台了《关于组建和发展省级重点企业集团的实施意见》。具体措施有：1. 建立集团公司的母子公司体制。2. 积极实施资本运营，加大资产重组力度。3. 加强企业集团内部管理制度建设。首先，加强企业集团领导班子建设。一是转变用人观念，放宽选人视野，拓宽用人渠道，选拔优秀人才进入企业各级领导班子。二是加强企业集团领导人的培训。三是从政治上、生活上、舆论上、政策上关心企业经营者的健康成长，为企业家营造宽松的环境。其次是提高企业管理水平。一批大企业、大集团对传统的经营管理模式进行改革和创新，形成了颇具特色的管理方法，如“实时有效管理法”、“零缺陷管理法”、“两场效应管理法”、“三维动态目标管理法”、“项目法人责任制”等。再次，积极推进企业内部三项制度改革。全面推进企业实行全员劳动合同制，减员增效。推行干部公开竞聘，调整分配结构，将职工收入与企业经济效益和个人贡献挂钩，形成能增能减的企业内部分配机制。最后，加快企业技术进步步伐，推进技术创新。

在结构调整和技术改造上，安徽省做了如下具体工作：1. 加强规划引导。制定了《安徽省“九五”工业技术改造规划》，组织行业部门编制了《安徽省工业结构调整规划》，适时地提出了大企业、大项目带动工业结构调整，形成八大工业基地的新思路。2. 突出投资重点。重点投资在冶金、纺织、石化、有色、机械、信息、军转民及造纸等行业。3. 大力拓宽筹资渠道。仿照国债项目预贴息的做法，对省重点项目进行财政贴息。坚持“三改一加强”，扶优扶强，重点支持改制重组、资产质量高的企业做好股票上市和发行债券等直接融资工作。及时发布国家产业政策、投资导向目录、投资重点等信息，加强对资金投向的引导，使社会资金更多地用于企业技术改造。4. 狠抓项目前期工作。按照规划一批、立项一批、实施一批、竣工一批、达产收效一批的工作步骤，加大项目前期工作力度，围绕预期市场、依托优势企业选项目，建立重点技改项目库，同时按照程序跑项目，提高项目命中率和成功率。严格执行项目资本金制度，通过企业自筹、法人参股、职工入股和财政安排等办法，切实落实项目资本金。5. 加强项目监管。对列入国债贴息计划的项目建立严格的责任制，强化项目全过程管理，对项目的工程设计、工程承包、物资采购、施工质量、工程进度、资金使用与管理等环节实行监督和检查。6. 搞好协调服务。首先是简化、规范项目审批手续。其次是争取立法支持。最后是争取优惠政策的支持。积极帮助企业办理引进设备减免关税和购置国产设备抵免所得税工作。

6. 新世纪深化国企改革和大力扶植中小型企业

“十五”时期，安徽工业积极适应宏观经济环境新变化和区域竞争新格局，以新型工业化为核心，以大开放为主战略，以结构调整为主线，以深化改革为动力，发展速度明显加快，运行质量继续提高，规模和总量进一步壮大，对全省经济增长的支撑作用日益显著。安徽已经从传统意义上的农业大省，转变为以工业为主导的发展中省份。安徽继续深化国有企业的改革，“抓大放小”，以现代企业制度为模式将一批有实力，有潜力的企业整合成立大型的集团，提高企业的总体竞争力。广大中小企业，对那些不能适应新形势和夕阳产业关停并转或整体转让。而那些高科技、高附加值的中小企业，则给予大力扶持，并建立经济开发区和工业园。

“十五”期间的国有企业改革仍然是安徽省工业体制改革的重点。其大体上可分为两个阶段：一是坚持分类指导，进一步推进国有工业企业改革阶段。对国有工业企业中的重要骨干企业按照建立现代企业制度的要求，从6个环节进行深化改革。对国有中小工业企业，通过制定《全省国有中小企业改革规划》，采取“九个一批”的办法，促其退出国有序列。二是以工业企业改革为重点，全面推进国有、集体中小企业改革阶段。2002年初，制定了《全省各类国有集体中小企业改革规划》，确定以国有和集体中小企业为改革重点，把改革从工业推向商业、交通、建筑等行业和集体企业。2003年，制定了《2003～2007年安徽省国有企业改革规划纲要》，以建立现代企业制度为方向，进一步推进国有大中型企业的公司制改革，积极推进企业分离办社会职能和主辅分离、辅业改制。

国企改革遵循了以下几个原则：第一，以整体优化为导向，实施国有经济布局和结构的战略性调整。首先是在布局上，按照强势企业+弱势企业+

关闭破产企业有效资产的模式，将国有资产向优势产业中的强优企业集中。第二，以公司制改革为重点，积极推进国有大中型企业的制度创新。按照“政企分开、产权清晰、权责明确、管理科学”要求，突出“政企分开、建立国有资本出资人制度、设置多元股权结构、规范法人治理结构、深化内部三项制度改革、实行主辅分离”六个关键性环节，推进国有大中型企业建立现代企业制度。第三，以改制为主线，放开搞活中小企业，为民营经济发展拓宽空间。通过多种形式，放开、搞活中小企业。第四，以分离辅业和办社会职能为抓手，促进国有大中型企业精干主体、做强主业。第五，以典型示范为手段，引导企业按照市场的要求大力推进管理创新。

“十五”以来，安徽省国有大中型企业积极推进建立现代企业制度。在加快公司制改革步伐、创新企业组织形式，大力推进股份有限公司上市、拓展企业融资方式，积极推进股权多元化改造，优化公司股权结构，建立各级国资监管机构、落实资产保值增值责任，规范公司法人治理结构、强化企业内部制衡机制，深化内部三项制度改革、推进企业转换经营机制等方面都取得了较好的进展。

“十五”期间，安徽积极实施大企业、大集团发展战略，叠加使用大项目投资、高起点改造、低成本扩张、多元化重组、国际化经营、核心竞争力培养、多种支持政策，促进了一批重要骨干企业集团实现超常规发展，成为拉动全省经济增长、推动经济结构调整和产业升级的中坚力量。

第一，确定重点目标，加大扶持力度。根据对全省重要企业的综合评价，省政府确定和公布省重要骨干工业企业名单；省经济主管部门对其运行状况进行调度和动态分析，按月发布了“省重要骨干企业经济运行情况”；按照“稳定基数、动态调整、末位淘汰”的原则，两年一次对原确定的企业名单进行调整；围绕实施省委、省政府制定的大企业、大集团发展战略，省有关部门制定各项支持政策措施，并叠加使用，积极支持重要骨干企业集团加快发展。

第二，推进兼并重组，优化资源配置。一是叠加使用各项扶持政策，特别是把国有企业改革发展的一系列政策集中应用于重要骨干企业，鼓励优势企业跨地区、跨所有制收购、兼并劣势企业，大企业兼并小企业。推动优势资产向优势企业集中，促进存量结构的优化组合和调整，实现低成本扩张。二是鼓励优势企业间的联合重组，推动重点企业在省内外收购、控股、联合同业企业，鼓励向关联产业延伸，形成产业集团优势。

第三，顺应宏观调控发展要求，加快产业集聚。坚持扶优与汰劣结合，升级改造与淘汰落后结合，正确处理“保”与“压”的关系。一方面，严格执行国家重申的取缔、关闭或淘汰标准，巩固关闭“五小”成果，淘汰落后生产能力、工艺和产品。另一方面，通过发挥市场配置资源的基础性作用和运用政府调控手段，积极支持骨干企业的发展。政府加强对重要骨干企业债转股项目、国债资金专项技术改造项目和政策性兼并破产项目落实工作，对重要骨干企业结构调整及产业升级项目予以贴息支持，对新产品开发和产学研项目等予以补助和贴息，安排一定的重点项目前期工作经费，促进重点项目建设。

第四，加大投资力度，增强发展后劲。“十五”期间，在“861”行动计划的带动下，骨干企业重大项目进展顺利。

第五，转变政府职能，强化指导服务。一是建立健全工作推进机制。健全协调调度工作机制，对重点企业、重大项目建立领导分工责任制，帮助解决企业发展的困难和问题。二是引导企业制定正确的发展战略，把住重点项目质量关。三是协调、落实资金。省政府先后与国家有关银行签订了金融战略合作协议，争取国家银行信用额度支持安徽经济社会发展重点项目；召开“银企合作项目衔接会”，向金融机构推荐一批市场前景好、信用度高的项目和企业；组织招商活动，吸引社会投资，落实项目资金；鼓励企业上市直接融资，发行企业债券，争取国债以及各类中央补助投资。

三 农村经济制度、体制变革

1. 土地改革——农村经济体制改革的起步

1950 年 2 月 28 日，政务院发出《关于新解放区土地改革及征收公粮的指示》，要求 1950 年秋收以后，凡是准备工作已经充足，群众的觉悟与组织已达应有水平之地区，由各省人民政府决定开始分配土地的改革。安徽省根据政务院的要求，于 3 月 15 日确定“在 1950 年秋后全面进行分配土地，1951 年全部完成。”6 月，政务院颁布了《中华人民共和国土地改革法》，规定“废除地主阶级封建剥削的土地所有制，实行农民的土地所有制”，还对土地没收和征收、分配、特许土地的处理、土改的执行机关等问题作了具体的规定，这是全国土地改革的总纲领。为此，政务院先后制定了《农民协会组织通则》、《关于划分农村阶级成分的决定》等法规，中共中央也发出了《中央对划分中农与富农的指示》、《中央对如何划分小土地出租者的指示》等。根据中央的方针和政策要求，安徽在土地改革过程中，采取依靠贫雇农、团结中农、中立富农的方针，反对乱打、乱杀、乱抓的错误做法，依照“中间不动，两头平”的方针，只分配地主土地与征收旧式富农的多余土地，中农坚决不动，不侵犯工商业，照顾地主、富农家庭出身的革命青年知识分子，团结一切赞助土地改革的开明绅士，打击地主富农的一切破坏行为。1950 年 7 月开始进行土地改革试点，1952 年 7 月土地改革全部完成。全省在 71 个县、4 个市郊、714 个区、10210 个乡（村）、2913 多万农村人口的地区完成土地改革，其中，2530 万农民分得 2703 万亩土地、没收地主耕畜 20 多万头，房屋 223 万间，稻谷 1.75 亿多公斤，农具 170 多万件。共计有 76% 的农民参加对地主的斗争，772 万多农民参加了农会，民兵队伍达 60 万，占人口的 3% 左右，300 多万妇女加入了妇代会，约占人口的 12%。安徽通过土地改革改变了农村生产关系，为农业合作化开辟道路。

2. 农业合作化——社会主义集体所有制的建立

土地改革完成后，安徽农村生产力获得巨大发展，但中央很快决定“趁热打铁”进行农业集体化。从 1950 年春天开始组织农村互助组，到 1951 年底，全省共有互助组 1.29 万个，参加农户 9.25 万个，占全省总农户的 1.68%。1951 年 12 月，中共中央发出《关于农业生产互助合作的决议（草案）》。安徽省委于 1952 年 7 月和 9 月两次发出指示，在大规模发展互助组和其他条件准备就绪的基础上，开展农业合作社试办工作，截至 10 月，全省共有 47 个县（市）试办 56 个合作社，另有群众自发创办的经加强领导后得到巩固的 50 个，共计 106 个。11 月 3 日，省委又发出《关于今冬试办农业合作社的指示》，要求“必须继续贯彻‘有领导、有重点、稳步前进’的方针，既不能好大喜功，也不能落后于群众，必须在巩固提高现有农业生产合作社（不够条件的要改组）的基础上，有重点的试办。要求每县试办一个至两个，已试办的县再发展两至三个，凡是有条件的地区，皆可试办一个，并争取每个专区培养一个农业合作社的‘窝子’……争取在1953年春节以前完成”。1953年2月安徽省在《关于农业生产互助合作运动五年轮廓》中把“合作化分为两个阶段：第一阶段（1953—1954）：其中1953年以组织未组织起来的农户为重点，1954年以巩固和提高互助组为重点。第二阶段（1955—1957）：巩固和提高临时季节性的互助组，根据可能条件，谨慎而又积极地试办合作社”。到4月，各地办社速度较快，已试办361个初级社，自发社达465个，有些地方出现盲目追求搞形式，甚至强迫办社，出现自发社放弃领导，不管不问的现象。5月15日，省委转发了省农委《关于试办农业生产合作社的报告》，指出“当前部分地区互助合作中主要偏向是急躁冒进，贪多贪大，甚至强迫办社”，要求各地“反复地教育干部，耐心地说服群众，通过组织生产，改组不够条件的社，巩固提高已办好社”。会后，全省进行普遍检查，总计932个初级社，经压缩还有676个，有力地促进了农业互助合作社的健康发展。

但随着社会主义过渡时期总路线的公布和“左”倾思想的影响，农业合作化真正出现了急躁冒进的势头，合作社大大超过了原有的计划。1953年11月提出在1954年2月底前，在原有合作社的基础上再增加652个合作社，并争取超过。1954年9月提出在全省增办两万个合作社的任务，必须在（1954年）3月以前完成，并争取超过。1955年3月，全省初级社发展到3.7万多个，其中新办社有3.2万个，超过原计划1.6%，参加合作社的农户超过总数的11%。在办社过程中，出现了社员退社和个别社散伙的现象。3月19日，省委发出了《关于调整巩固农业生产合作社的意见》，要求“必须把调整和提高农业生产合作社作为农村工作的中心任务，集中力量把现有的农业合作社办好”，贯彻“自愿互利的原则，对要求退社的社员，进行耐心教育，其后仍要求退社，可允许退社；对不够条件的社，说服社员自觉地改为互助组；对假社实行改组，如不具备条件则可以解散”，此后，各地开始进行整顿，处理大部分自发社，初高级合作社均得到不同程度的巩固和提高。到1955年夏天，全省有初级社4917个，高级社仅有4个，加入合作社的农户有10.4万，占全省农户总数1.57%。

1955年7月，毛泽东在全国省、市、自治区党委书记会议上作了《关于农业合作化问题》的报告，批评了右倾保守思想。会后，他亲自批阅有关农业合作化的电报，直接主管合作化运动。8月21日，安徽省委召开会议，传达毛泽东的讲话精神，加快合作化的速度，决定“今冬明春再办3.6万个社，总计达8万多个，入社农户达33%至35%，要求用乡扩社、社扩户和增办高级社的办法完成任务”，并将这一计划上报中央，得到毛泽东的肯定。11月7日，中共安徽省委第三次代表会议召开，传达了七届六中全会精神，要求“动员安徽党组织全力贯彻实现农业合作化的历史任务”，把党内对农业合作化速度问题上的不同意见当作“右倾机会主义”进行批判。出现了农民在短时间内直接过渡到高级社的现象，使农业合作化中“左”倾错误进一步发展。到1956年底，15.2%的农户参加初级社，高级社有1.28万个，553.9万户，占80.7%，总计95.6%的农户加入了合作社。至此，安徽原定15年实现，现4年就实现农业合作化，完成了社会主义改造。

3. 人民公社——高度集中的农村经济体制的建立

1958年，发动了大跃进和人民公社化运动，在全国农村建立了规模更大、公有化程度更高的人民公社。5月，中共八大二次会议正式通过鼓足干劲、力争上游，多快好省地建设社会主义的总路线。6月9日至20日，安徽省委召开三级干部会议，传达八大二次会议精神，提出力争1958年全省的粮食产量比上年（1957年产量是102亿公斤）翻一番，达247亿公斤，每种作物都要放高产“卫星”，8月下旬，北戴河中央工作会议通过《关于在农村建立人民公社的决议》，对人民公社的组织规模，小社并大转为人民公社的做法和步骤，并社的若干经济问题，名称、所有制和分配制的问题都作了具体规定。8月26日，安徽省委召开电话会议，传达北戴河会议精神，对人民公社提出初步规划：在9月底前结束试点，全省要在年底实现人民公社化。到10月初，全省原来的16824个农业社合并成为1054个人民公社，入社农户721.92万户，占总农户的99.85%，公社平均规模是6747万户，最大有4万多户。至此，安徽迅速实现农村人民公社化。与此同时，安徽农村也刮起“共产风”，实行集中经营、集中管理、统一分配制度，各地纷纷兴办公共食堂，实行供给制，1958年夏季全省办起的农忙食堂24.8万个，常年9.78万个，吃饭有525万户，占总户数的72.8%，大多数吃饭不要钱、不限量。人民公社分配中的平均主义，公共食堂的大锅饭，损害了农民的利益，超越了集体经济的承受能力，造成了巨大的浪费。为此，安徽开始在农村纠正部分“左”倾错误。1959年1月31日，安徽省委发出

《关于做好人民公社生产管理工作的意见》。要求各地“巩固人民公社，做好生产管理工作，实行计划管理，建立生产责任制度，合理使用劳动力，实行定额管理制度，建立出勤和考勤制度，继续实行评工记分办法，严格劳动纪律，切实保证提高劳动效率和工作质量”。2 月 1 日发出《关于做好人民公社财务管理工作的意见》和《关于人民公社组织机构和分级管理问题的意见》。要求在财务管理上“实行三级管理、两级核算，盈亏由公社统一负责的管理制度”，在分级管理上强调“适当划分公社、生产大队、生产队的管理权限，是巩固提高人民公社的重要关键”。3 月省委召开六级干部会议，要求各地“人民公社实行三级所有，三级核算，各计盈亏……生产队对生产小组也要实行包产，小组经营副业，使生产小组也要有部分的所有制”。会后，各地采取一些积极措施，如实行三级核算，各计盈亏，包产到小组，允许发展副业，将权力下放，对“共产风”进行初步检查等，6 月开始整顿农村公共食堂，开放粮食市场，发展小商品生产，这些措施对调动农民的生产积极性，减少经济损失，促进农村经济的回落起到很大的作用。但是在庐山会议以后，随着在全国范围内展开反右倾运动，掀起更大规模的跃进，人民公社体制的调整被迫中断。安徽也中断了农业战线上的纠“左”进程，使“左”倾错误进一步发展，给农村经济带来更大的困难。

4. 短暂的责任田

由于大跃进和人民公社化运动，农村经济出现很大的困难，面对这样严峻的形势，安徽省委开始尝试用新的办法解决农村经济问题，在人民公社体制调整中出现了“责任田”。1961 年 2 月 24 日，省委第一书记曾希圣在安徽省委书记处会议上提出“按劳动力分包耕地，按实产粮食记工分”的联产到户责任制。在征得华东局同意后，决定进行试点。下旬，曾希圣率领工作组到合肥蜀山公社井岗大队南新庄生产队进行试点，提出“五个统一”，即生产指标和主要作物安排计划统一、包产部分分配统一、大农活和技术活统一用水、管水统一和抗灾统一。实行包产到队，定产到田，责任到人，以产记工，大农活包到组，小农活包到户，按大小农活的用工比例计算奖赔，这个办法全称“田间管理责任制加奖励”，简称“责任田”。由于毛泽东对责任田的态度前后变化，在推广过程中经历一波三折。广州会议期间，曾希圣在得到毛泽东可以试验的指示后，3 月 15 日，安徽省委下发了《关于推行包产到队、定产到田、责任到人办法的意见》（第二次修改稿）指出“这个办法既符合社会主义原则，又符合中央关于当前人民公社十二条的政策，对调动广大群众的积极性，加强社员的责任心，恢复与发展农业生产有很大的意义，在试行中，得到广大群众的拥护。要求各地加强领导，有计划有步骤地全面推行”，这样使“责任田”在全省迅速推广。6 月 25 日至 7 月 18 日，安徽省委在岳西县石关镇召开三级干部会议，结合中央工作会议精神，反思了农业合作化特别是大跃进以来的经验教训，进行批“左”整风，同时总结“责任田”的经验，讨论进一步完善“责任田”的办法，并形成《关于实行田间管理责任制加奖励办法的报告》，报告系统全面地说明了“责任田”具体做法，对“责任田”的认识和出现的问题以及今后的工作意见，认为这个办法“只是社会主义集体经济的一种管理办法，它并没有改变生产资料的所有制，没有改变产品收入的分配办法，是集体生产的一个组成部分，不是‘包产到户’，不是单干，不会造成两极分化，是符合当前生产力的发展水平和群众觉悟水平的，是符合当前农业生产以手工操作为主的特点，只要正确地贯彻执行，它能够发挥对组织和推动生产的积极作用”，这时安徽省委的“责任田”政策在理论上已经成熟。会议期间，毛泽东在蚌埠同意“责任田可以普遍推广”，从此，“责任田”推广速度加快，到 8 月中旬，已有 74.8% 的生产队实行责任田，10 月中旬达 85.4%。这时的“责任田”还得到刘少奇、邓小平、李富春和邓子恢等中央领导人的支持。12 月，毛泽东在无锡听完曾希圣的汇报后，对是否继续实行责任田没有明确态度，而此后安徽也没有停止推广“责任田”。到 1961 年底，261249 个生产队实行“责任田”，占总数的 90.1%。1962 年 2 月 3 日省委召开地市县和省直各部门负责人的电话会议，提出凡是已经实行责任田的地方，应当在抓好“五统一”前提下继续采用。1962 年初，中央召开扩大的工作会议，即“七千人大会”，在 2 月 7 日，会议结束后，改组了安徽省委，李葆华任安徽省委第一书记。3 月 20 日，新安徽省委下发了《关于改正“责任田”办法的决议》，认为“实行‘责任田’与中央‘六十条’和关于改变农村人民公社基本核算单位问题的指示的精神是背道而驰的，其结果必然削弱和瓦解集体经济，腐蚀和瓦解基层政权，产生两极分化，走资本主义道路，在方向上是错误的，是不符合广大农民利益的，必须坚决地把它改正过来”。由于责任田深入人心，在改正过程中受到广大基层干部群众的抵制，到8月，改正了36595户，仅占总数的12.2%。9月中共中央召开八届十中全会，会议根据毛泽东关于阶级、形势、矛盾的讲话，把有些地区为了反对平均主义而采取的包产到户等生产责任制和邓子恢等支持这种责任制的意见，视为刮“单干风”，是“走资本主义道路”，对其进行重点批判。10月12日至11月12日，省委召开一届十三次会议，传达了八届十中全会的精神，认为“单干风大，但为数不多，不过百分之几，全国只有安徽最多”，要求彻底纠正“单干风”，还对支持责任田的基层干部群众进行批判。11月26日，安徽省委印发了《关于第一批改正“责任田”的总结及今后的工作部署》，指出：“各地已改正‘责任田’的有60100多个生产队，占实行‘责任田’生产队总数的23%，要求各地在1963年春耕前改正一批生产队，其余部分在1964年春耕前改正过来”，此后，全省举办“责任田”训练班，组成工作队，全面地纠正“责任田”。1963年，随着社会主义教育在农村的兴起，在农村用阶级斗争的办法纠正责任田，到9月，全省仍有300多个生产队实行“责任田”。虽然“责任田”在安徽被人为地结束，但这种改革和创新的精神还在延续，它是我国农村经济体制改革的大胆探索，为改革开放的联产承包责任制奠定了思想基础和群众基础。

5. 家庭联产承包责任制——新时期农村经济体制的确立

20世纪70年代末，安徽凤阳县小岗村和肥西县小井庄率先实行农村“大包干”和包产到户，开启了新时期我国农村经济体制改革的序幕。从20世纪90年代起，又开始农村改革的第二步探索——农村税费改革的试点。2000年安徽成为全国唯一开展税费改革的试点省。2005年，率先宣布取消农业税，成功地推动了全国从2006年全面取消有2600年历史的“皇粮国税”。为巩固农村税费改革的成果，进一步增强农村发展活力，曾两次作为改革先行者的安徽，从2005年7月起，又成为全国农村综合改革的试点省。安徽农村改革不仅促进了安徽全省的农村社会经济发展，也为推动中国“三农”问题的根本解决作出了重大贡献。

1977年11月，省委召开农村工作会议，通过《关于当前农村经济政策几个问题的规定（试行草案）》（简称“省委六条”），使安徽从“农业学大寨”的“左”倾错误中摆脱出来，在全国率先突破了农村“左”的框框。1978 年安徽出现百年不遇大旱，为此，安徽省委于 9 月 1 日召开抗旱救灾和农业生产问题的会议，决定“借地度荒”。“借地度荒”不仅使安徽人民战胜严重的旱灾，还为家庭联产承包责任制提供机遇。

安徽从包产（干）到组到包产（干）到户的“双包”责任制的推行经历了个别试点到全省推广。安徽省委包产到户的试点是肥西县山南公社，1978 年底有 77.3% 的生产队实行包产到户。1979 年，虽经自然灾害，全年粮食总产量比 1978 年增加 13.6%。1978 年 11 月，凤阳县小岗生产队在实行包干到组不理想后，决定实行包干到户，到 1979 年粮食总产量达 616185 公斤，是 1966 年至 1970 年五年的总和，结束了吃“供应粮”的历史。这种大包干的办法很快在全县推广，到 1979 年 6 月底，在全县 3609 个生产队中，实行大包干的就有 2554 个，占 70.8%，这种大包干后来在全国产生广泛的影响。这一办法概括起来就是坚持基本生产资料公有制，以家庭经营为基础，以联产承包为核心，采取“保证国家的，留够集体的，剩下都是自己的”分配方式，其核心是赋予农民土地经营自主权，建立农村基本经营管理制度。

1979 年 3 月 30 日，《人民日报》发表了安徽农委组织撰写的《正确看待联系产量的责任制》的来信，介绍安徽的联系产量的生产责任制：“从安徽各地实践情况来看，实行包工到组、联系产量评定奖惩的责任制，效果很好：一是可以防止定额管理中出现的只讲数量，不讲质量，只顾千分，不顾千斤的倾向，有利于提高劳动效率，提高农活质量；二是职责明确，便于检查、验收、考核劳动成果，实行合理奖惩，做到多劳多得；三是能够使社员把个人利益和集体生产紧密结合，从而更加关心集体生产，充分发挥劳动积极性……实行包工到组、联系产量的责任制，会不会划分生产队形成一级核算单位呢？会不会滑到分田单干呢？关键在领导。只要我们严格按照党的政策办事，坚持几个统一，一般是不会的……事实上，‘包产到组’和‘包工到组，联系产量计算报酬，实行超产奖励’并没有什么本质不同，它既不改变所有制性质，也不改变生产队基本核算单位，又不违背党的政策原则，为什么现在却把它当作‘错误做法’，要‘坚决纠正’呢？目前，推行包工到组、联系产量的责任制，大多属于试验性的，群众结合自己的情况提出各种各样的办法，这些办法能不能促进生产，需要经过实践的检验。应该相信大多数群众是有鉴别力的，只能划个大杠杠，不能硬要群众只能采用这种办法，而不能采用另一种办法”。6月5日，万里在凤阳县考察农村生产责任制，指出“现在不要有倾向性，要看那一种办法能增产；只反对一种倾向，就是平均主义；无论实行那种办法，只要能调动农民的积极性都可以”。截至1979年底，在全省37.98万生产队中，实行联系产量责任制的占61.1%，其中包产到组的有22.9%，大包干到组的有16.9%，包产到户或包干到户的有10%。

1980年1月，省委书记万里在全省农业工作会议上充分肯定包产到户，明确支持家庭联产责任制，推动“双包”责任制冲破各种阻力向前发展。5月31日，邓小平在《关于农村政策问题》谈话中肯定了安徽的做法，主张“从当地具体条件和群众意愿出发，因地制宜地发展生产”，极大地鼓舞安徽坚持改革的干部和群众。9月27日，中共中央下发《关于进一步加强和完善农业生产责任制的几个问题》，认为党的十一届三中全会以来，全国各地清除极“左”路线的影响，落实中央两个农业文件，从价格、税收、信贷和农副产品收购方面调整了农业政策，适当地放宽了对自留地、家庭副业和集市贸易的限制。特别是尊重生产队的自主权，因地制宜地发展多种经营，普遍建立各种形式的生产责任制，改进劳动计酬办法，初步纠正了生产指导上的主观主义和分配中的平均主义。这些措施，有效地调动了农民的生产积极性，使农业生产得到比较迅速的恢复和发展，绝大多数农民的收入有所增加，农村的形势越来越好。要求凡有利于鼓励生产者最大限度地关心集体生产，有利于增加生产，增加收入，增加商品的责任制形式，都是好的和可行的，都应加以支持，而不可拘泥于一种模式，搞一刀切……已经实行包产到户的，如果群众不要求改变，就应当允许继续实行，这就使家庭联产责任制得到认可。年底，全省已有84.4%的生产队实行“双包”责任制。1982年1月1日，中共中央发出《全国农村工作会议纪要》，指出“生产责任制的建立，不但克服了集体经济中长期存在的‘吃大锅饭’的弊病，而且通过劳动组织、计酬方法等环节的改进，带动了生产关系的部分调整，纠正了长期存在的管理过分集中、经营方式过于单一的缺点，使之更加适合于我国农村的经济状况……目前实行的各种责任制，包括小段包工定额计酬，专业承包联产计酬，联产到劳，包产到户、到组，包干到户、到组，等等，都是社会主义集体经济的生产责任制”。这就正式肯定了包产到户的社会主义性质，使家庭联产承包责任制走出“单干风和资本主义道路”的误区，包产到户问题上的姓‘社’、姓‘资’争论终于画上了句号。仅上半年全省实行“双包”责任制的生产队就有98.8%。1984年1月1日，中共中央发出《关于1984年农村工作的通知》（中央1号文件），强调要继续稳定和完善联产承包责任制，要求：“土地承包期一般延长到十五年以上，以鼓励农民增加投资，培养地力，实行集约经营”，这让农民吃到“定心丸”后，又吃到“长效丸”。随着家庭承包责任制的普及，人民公社体制随之解体。

20世纪90年代，原定农村土地承包15年的期限即将到期。为促进农村经济的持续稳定发展，1992年9月12日国务院批转农业部《关于加强农业承包合同管理意见的通知》，保证农民的土地承包经营权，有利于保护农民的合法权利，稳定家庭联产承包责任制。1993年11月5日，中共中央、国务院发出《关于当前农业和农村经济发展的若干政策措施》（中发［1993］11号文件），确定新一轮土地承包的时间，提出土地流转问题，而且强调稳定家庭联产承包责任制，也为新一轮土地承包提供政策支持。此后，国家出台了更为具体的政策，1995年3月28日，国务院批转农业部《关于稳定和完善土地承包关系意见的通知》，肯定了各地农村土地流转的积极探索。结合中央的政策要求和安徽省的实际，1993年11月，阜阳地区进行新一轮土地承包制度改革试验。到1994年秋后，全区农民基本重新签订土地承包合同，办理了交接手续。1994年6月3日，安徽省委、省政府发出《关于贯彻中发［1993］11号文件的实施意见》，指出“原定土地承包合同到期后，再延长30年不变；集体所有荒山、荒地、荒坡、荒水承包期可延长50至70年不变。放活土地使用权，建立土地使用权流转机制”。12月3日至4日，省政府在临泉县召开全省农村土地承包制度改革经验交流会，要求以县、市为单位，因地制宜，积极稳妥地推进农村土地承包制度改革，1995年底基本完成新一轮土地承包。这次改革的主要内容是“四权”，即强化所有权、明确发包权、稳定承包权、放活使用权。1997年8月27日，中共中央办公厅、国务院办公厅发出《关于进一步稳定和完善农村土地承包关系的通知》，明确农村土地流转的政策。2002年8月29日第九届全国人大会常委会第二十九次会议通过了《中华人民共和国土地承包法》。这是我国第一部农村土地承包的专业法律，从法律上根本保障了家庭联产承包责任制。2005 年，安徽省制定了《安徽省实施〈中华人民共和国农村土地承包法〉办法》，指出“农民集体所有和国家所有依法由农民集体使用的耕地、林地、草地等，应当采取农村集体经济组织内部的家庭承包方式承包经营……按照依法、自愿、有偿和平等协商的原则，承包方有权采取转包、出租、互换、转让或者其他方式进行土地承包经营权流转。”安徽各地采取多种形式创新土地流转的体制和机制，保护农民土地承包经营权，增加农民的财产性收入。一是组建农业公司，走土地集约化经营的道路。二是建立土地流转合作社，走民办、民管、民受益的道路。三是通过土地整治，形成规模经营。四是组建金融合作社。五是多种形式推动农民工双向创业，培训职业农民和加强对农民的职业培训。2008 年 9 月 30 日，胡锦涛总书记到小岗村考察，公开承诺将允许农民以多种形式流转土地承包经营权，赋予农民更加充分而有保障的土地承包经营权，表示现行的土地政策将在十七届三中全会后有所调整。但调整的前提是“以家庭承包经营为基础、统分结合的双层经营体制是党的农村政策的基石”，给农民吃了一颗“定心丸”。10 月 12 日，中共十七届三中全会通过了《中共中央关于推进农村改革发展若干重大问题的决定》，为农村土地流转指明了新的方向，必将极大地促进农村经济发展。

6. 农村经济体制改革的深化——以税费改革为核心的综合改革

安徽实行家庭联产承包责任制以后，农村经济获得巨大发展，是新中国成立以来第二个快速发展时期。但是从 80 年代中期，全省农村出现了前所未有的新问题，乱收费、乱罚款、乱摊派等屡禁不绝，农民负担逐年增加，农民“增产不增收”，出现“交不够国家的，留不够集体的，余下也不都是自己的”，农民负担是农民反应最为强烈的问题，成为影响农村经济发展的瓶颈，也导致农村干群关系紧张，各类矛盾层出不穷。安徽为解决这个问题较早地进行有益的探索，取得了明显的成效。

1993 年涡阳县新兴镇进行以“税费合一”为核心的土地承包税（费）改革，实行定额税（费），定额义务工，定合同书，定时间缴税，税费合一，全部折款，平摊到农民，每亩 30 元，比上年减少 20 元。这种征收办法简便易行，直截了当，政策透明，深受农民的欢迎，以往一年到头反复催收也难收缴的税费，变成了农民自觉上缴，仅用 10 天时间，新兴镇就全部完成了收税任务。全镇人均负担为54.4元，比上年下降37.7%，亩均负担下降20.6%。1994年6月，太和县经安徽省财政厅和安徽省农委批准进行试点，成为全国第一个农村税费改革的试点县。太和县出台了《关于太和县农业税费改革实施方案》，进行以“征收方法”为核心的公粮改革，主要内容：取消粮食定购，实行公粮制，农民只需缴纳统一规定的公粮（每亩50公斤，春6成，秋4成）；因地制宜决定公粮征收办法，结算和使用办法，实行税费分开，专款专用，接受群众监督；以制度为保障，依法制止“三乱”，以变革税制来减轻农民负担，成为全国农村税费改革的探索者。当年，全县31个乡镇、9168个村民小组、353459个农户，仅用5天就完成了午季农业税的征收任务。共征收粮食6527多万公斤，比国家下达的定购任务超出了1774万公斤。按新价格算，全县人均负担40.4元，占上年人均纯收入的6.8%，比1991年至1993年3年人均负担下降了13.27%。1997年阜阳在全区5个县进行改革，考虑到粮食价格的波动，改征货币，经测算，涡阳、蒙城、亳州、太和、界首5县，农民年人均承担的税费控制在140元；颍上、临泉、阜南、利辛4县，农民年人均承担的税费控制在130元，从1997年起，一定3年不变，征收的办法是农民卖粮时由粮站代扣，1999年改革结束，收到预期的效果。

五河县1995年至1998年进行第三轮改革试验。从1995年开始进行以农村税费征收方法的改革（俗称“下去一把抓，回来再分家”），作为农村税费改革的突破口：将农业税、“三提五统”、“排涝水费”合并征收，统收分管，公开透明，依法征收。简化了方法，减少了环节，提高了征收速度，降低了征收成本。1997年开始进行税制改革：两个稳定、一个调整、两个取消（暂缓），即稳定计税面积和税率，调整计税常产（以1992年到1996年5年的粮食产量平均值的85%），取消加征花生税、暂缓征收农业特产税。1998年财政部将五河县列为农村税费改革的试点县，将原乡统筹改为农村公益事业建设税，纳税以统计部门批准农经部门年报中的人均收入为依据，人均税额一定两年不变，采取地区差别税率，主要用于农村社会公益事业。由于“费”改“税”，规范了征收和管理，解决了乡统筹以往出现大幅度“尾欠”的问题。其中，1997—1999年农民人均负担控制在138.57元，亩均负担78.4元，1997人均纯收入是2102元，比上年增加了24.3%，1998年人均年收入增长了1.38%，1999年增加了2.4%。五河县

“三步”的农村税费改革实践较为成功，不仅从源头上遏制了不正之风，减轻了农民负担，调动了农民的生产积极性，也从制度上促进了党风廉政建设，密切了干群关系，促进了社会的稳定与和谐，由此获得“全国信访系统先进单位”、“全国村民自治模范县”、“全省社会治安综合治理模范县”。1999年5月，安徽省在怀远，濉溪、来安、望江4县开展以“取消乡统筹、改革村提留、调整农业税”为主要内容的农村税费改革试点，这些改革在理性上和深度上都较以前的改革推进了一大步。其中怀远县的改革较为突出：取消乡统筹；调整计税土地面积、常产和税率，实行地区差别税率；把“三提”中的公益金、管理费作为农业税附加，随农业税一并征收；公积金采取一事一议、总量控制的办法。在实施过程中，坚持“三分、两保、一坚持”的原则，实行“一停、二缓、三减”办法。加强领导，广泛宣传，严明纪律，扎实推进改革，狠抓落实，改革工作在短时间取得显著的成效，减轻了农民的负担，改革后全县税费减少2669万元，人均减少25元，亩均负担减少17.2元，人均负担下降23.29%。怀远县改革有效地遏制了“三乱”，促进了社会的稳定，为农村经济的发展提供了良好的环境。过去由于农民负担过重，干群矛盾激化，曾出现连续三年发生农民大规模上访事件，其中1997年因农民负担过重上访达624件次，成了全省有名的“第一上访县”，税改后的1999年仅为5件次。1998年10月14日中共中央十五届三中全会通过《中共中央关于农业和农村工作若干重大问题的决定》，对安徽农村税费改革的积极探索给予了充分肯定。2000年4月，国务院副总理温家宝在怀远县考察时说：“怀远县农村税费改革试点工作的具体做法和经验有一定的借鉴意义，这次中央关于农村税费改革政策的制定，也借鉴了怀远的经验，这正是‘从群众中来，到群众中去’的具体体现。”怀远县农村税费改革还引起全国的关注，2000年上半年到怀远县学习农村税费改革的有187批，约3000人次。以上改革以减轻农民负担为核心，主要有四个特点：清理不合理、不合法收费；将政府性收费转为经营性收费；将税费合一；保留部分收费，实行规范化。总之，这些改革是积极的探索，是初步的、局部的，但为全省开展农村税费改革进行了有益的尝试，积累了丰富的经验，奠定了扎实的思想和群众基础。

安徽省曾经在农村经济体制改革方面成为全国的旗帜，在全省农村税费改革上又走在全国的前面。2000年3月2日，中共中央、国务院颁发了

《关于进行农村税费改革试点工作的通知》（俗称“七号令”），确定在安徽以省为单位进行农村税费改革试点，探索建立规范的农村税费制度和从根本上减轻农民负担的办法，揭开了我国农村税费改革的序幕。5日，时任国务院总理的朱镕基在《政府工作报告》中说：“积极推进农村税费改革，从根本上减轻农民负担，今年将在安徽进行试点，总结经验后再行展开。”4月13日，全省经济工作经验交流会暨农村税费改革试点动员大会在芜湖召开，国务院副总理温家宝指出“农村税费改革就是要依法调整和规范国家、集体和农民的利益，将农村的分配制度进一步纳入法制轨道，堵住加重农民负担的口子，是深化农村改革的重大步骤，必将极大地促进农村经济的发展和农村社会的稳定”。4月26日，安徽省下发了《安徽农村税费改革试点方案》。《方案》的指导思想是：按照社会主义市场经济发展和推进农村民主法制建设的要求，从根本上治理对农民的各种乱收费，切实减轻农民的负担并保持长期的稳定，建立规范的农村分配制度，进一步加强农村基层组织建设，巩固农村基层政权，调动和保护农民的生产积极性，促进农村社会的稳定和农村经济持续健康发展。主要内容有：取消乡统筹费；取消农村教育集资和所有专门面向农民征收的行政事业性收费和政府性基金、集资；取消屠宰税；逐步取消统一规定的劳动积累工和义务工；农业税确定计税面积、常产（以1998年前5年农作物的平均产量为依据，保持长期稳定不变）、税率和价格，实行地区差别税率；只在生产环节征收农业特产税与农业税，只按较高的征收，不重复征收；改革村提留征收和使用办法；实行农村税费改革转移支付制度。在改革的当年，农民负担减少16.9亿元，人均减少33.9元，“两工”减少9个，清理各项收费达50种，基本遏制了农村“三乱”现象。从最终效果来看，涉农收费走向规范，农民负担明显减轻，农民的生产积极性回升，农村各方面关系得到积极改善。为此，安徽省还进行农村税费改革的配套改革，乡镇机构改革、财政体制改革和强化农民负担监督体系。2001年3月13日，中共中央总书记、国家主席江泽民对参加九届人大四次会议的安徽代表团说：“安徽在全国进行的税费改革，是家庭承包经营基础上深化农村改革的一个重大步骤，安徽人民这种勇于创新的精神难能可贵”，并希望安徽“大力发扬开拓创新的精神，创造性的开展工作，不断研究新情况，解决新问题，在改革和探索中积累经验，开拓奋进”，这不仅是对安徽农村税费改革的肯定，也是对安徽改革提出了新的要求。2001年初，省委、省政府按照“巩固、完善、规范、配套”的工作思路，要求全省认真执行省政府确定的农业税计税价格，对农业税计税土地实行动态管理和农业税计税常产实行上限控制。围绕“既要明显减轻农民的负担，又要保证乡村正常工作和发展的必要经费，特别是保证农村义务教育经费”两大目标，完善有关配套政策，努力探索深化改革和巩固成果的新举措。为了保证农民负担不反弹，采取了并乡并村、村级组织“零招待”、限额订阅报刊、涉农收费公示制、在全省开通“168语音信箱”、责任追究制、督查制等等一系列措施，并且每年一次派出80多个督查组分赴各市县督查，同时辅以暗访、举报等手段。从2000年中央决定在安徽全省进行农村税费改革试点工作以来，时任国务院副总理的温家宝先后三次来到安徽检查指导。不仅肯定了安徽的税费改革，还对安徽农村税费改革提出更高的要求，也为下一步改革指明了方向。2002年，安徽省将茶、水果、干果的农业特产税税率由2001年的10%下调到8%，并选择水果生产大县萧县、砀山进行将水果等生产环节的农业特产税全部改征农业税的试点。2003年，安徽省又在全省范围内取消农业特产税的征收，一律改征农业税。从农业特产税8%降到了农业税的7%，仅此一项，一年就减轻农民负担2000万元。总体上看，农民人均负担为64.4元，比2000年税费改革前下降41.1%。2003年，农村税费改革试点工作在全国普遍推开以后，安徽继续稳步推进税改工作和各项配套改革，开展“农村税费改革规范年”活动。2004年2月，省政府决定从当年1月1日起全面取消农业税附加，对以往的农业税附加尾欠，一律豁免，不再追缴；在全国率先取消农业税附加，再降低农业税税率2.2个百分点。村组三项经费由省财政安排补助，以保障村级组织正常运转。2004年3月，全省按照党中央、国务院“多予、少取、放活”的方针，继续开展好“农村税费改革规范年”活动，坚决防止农民负担反弹的现象发生。同时，还采取有力的措施进行清理和规范涉农收费。主要包括：详细规定了农村中小学的收费项目和收费标准，并在国家级贫困县对农村中小学实行“一费制”，坚决制止向农民乱收费；对农民建房、结婚登记和计划生育等，除按规定向农民收取工本费和其他合法费用外，其他行政事业性收费一律取消，并不得代收任何费用，不得强行服务和收取费用；取消基本水费，一律实行计量收费，不用水不交费，并详细规定计量水费的收取标准等。4月，马鞍山市政府决定在全市免征农业税，成为全省第一个免征全部农业税的市，全市农业人口人均减负65元左右。5月，安徽省政府决定全省农业税税率由7%降到4.8%，降低2.2个百分点。2005年，全面免除农业税，结束了2600多年农业税历史，再次减轻农民税收负担19.18亿元。

安徽的农村税费改革把农村分配制度纳入法制化的轨道，规范农村税费制度，理顺国家、集体、农民三者之间的分配关系，从根本上减轻农民的负担，重新调动了因负担过重而挫伤的生产积极性，保护农村生产力，而且有利于促进乡镇精简机构，转变职能，改进作风，促进基层民主政治建设，改善干群关系，为进一步进行制度改革开辟了道路。农村税费改革真正使广大农民得到了实惠，对加速我国农村经济社会全面发展具有十分重大而深远的意义。

同时，安徽农村税费改革的成功为在全国范围扩大试点提供了有益借鉴。到2002年，全国已有20个省以省为单位进行农村税费改革试点，从2004年起，在全国进行农村税费改革试点的基础上，又进入一个取消农业税的新的历史阶段，温家宝总理在《政府工作报告》中说："逐步降低农业税税率，每年降低一个百分点，5年内取消农业税"，取消进程进一步加快，2005年在《政府工作报告》中宣布："明年将在全国全部免征农业税，原定5年取消农业税的目标，3年可以实现"。2005年全国人大常委会第十九次会议经过表决，决定从2006年1月1日起正式废除《中华人民共和国农业税条例》。至此，我国农民真正结束上交"皇粮国税"的历史。

四 商业制度、体制变革

1. 解放初期的商业调整

国民经济恢复时期，人民政府两次调整商业。1950年上半年，由于通货膨胀所造成的虚假购买力迅速消失后，银根紧缩，商品相对过剩，私营工商业又面临着资金短缺，产品滞销，经营萎缩，公私关系和劳资关系比较紧张等困难。地方政府根据"公私兼顾、劳资两利、城乡互助、内外交流"的原则及中共中央关于调整工商业的指示精神，在统筹兼顾的方针下，调整了批零差价、地区差价和批发起点。对一些确有困难的私营工业则通过委托加工、代购、代销等形式予以扶持；对有发展前途的私营工业则通过加工订货，促进其提高产品质量，降低生产成本，实现企业的自我改造。

大部分私营工商业者在国营商业的扶持下得到恢复和发展的时候，一部分私营工商业者为追求非法利润，出现了行贿、偷税、漏税、偷工减料、盗窃国家财产和盗窃国际经济情报等不法行为。为此，安徽全省于1951年底至1952年继“三反”运动之后开展了“五反”斗争，对不法商人予以打击。但在斗争中又出现了国营商业零售业务前进过快、批发起点降得太低、批零差价不适当的缩小等偏向，在一定程度上影响了私营商业的经营积极性。同时，在“五反”运动后私商在经营思想上还存在一些消极情绪，于是1952年末又进行第二次商业调整。主要内容包括：一是调整商品价格，适当扩大批零差价、城区差价、季节差价，使私商能够经营和扩大零售业务、运销业务、活跃城乡、地区间物资交流。二是调整公私经营范围，国营商业适当缩减大城市的零售网点；县镇国营商业多做批发业务，适当提高批发起点；国营商业在农村不仅将次要土产品让给私商经营，而且也可让出粮食和经济作物的20%～30%给私商经营。三是加强市场管理，取消对私商经营中一些不适当的限制。

2.“一五”计划时期的商业制度、体制变革

解放初期，为了集中财力物力，打击投机，稳定物价，国营商业系统实行了资金大回笼、物资大调拨的高度集中的管理体制。这种体制暴露出许多问题：由于专业公司按行政区划设置，商品按行政区划逐级调拨，增加了许多不必要的环节，造成一些商品迂回倒流；由于资金逐级下拨，卖钱额逐级上缴，造成资金大量占压，也不利于发挥地方的经营积极性。针对这些问题，商业制度和管理体制进行了较大的变革，主要包括两个方面：

一方面，在国营商业系统内全面实行经济核算制。从1953年起，安徽国营商业根据1952年9月全国大区贸易部长会议决定精神，开始实行经济核算制。第一，按经济区域建立省的二级批发采购供应站，改变按行政区划调拨商品的制度。第二，企业核定资金，改变了为有利于集中财力、物力、稳定市场而实行的“物资大调拨，资金大回笼”高度统一的管理制度，建立了计划、统计、财会、物价等分级管理的制度和办法，确定了商品周转率、利润率、商品费用率、劳动效率四大定额。第三，政企分开。原来

的专业公司主要担负企业管理任务，批发站则作为经营机构，担负商品收购调拨任务，组织商品流通和运输，二级站和三级批发、零售商店之间，都是买卖关系。通过实行系统内经济核算制，安徽省国营商业的经营管理步入了正常的轨道。

另一方面，对资本主义商业实行社会主义改造。中央制定了对资本主义工商业实行利用、限制、改造的政策。在1952年底提出党在过渡时期的总路线以后，开始了对私营工商业的社会主义改造。

对一般批发商的社会主义改造。全省私营批发商，除了粮、棉、油以外，还有百货、绸布、副食杂货、土特产、中西药等行业的批发商，其中不少是批零兼营，经营范围广，资金多，交易大，周转快，时常垄断当地市场，操纵市场物价，具有很大投机性。在国民经济恢复时期，由于国营商业和合作社商业的力量还比较薄弱，私营批发商对商品流通发挥了一定的积极作用。随着国营商业与合作商业的迅速发展，私营批发商控制批发市场的局面已不能适应新形势。从1953年起，国家便开始采取了私营批发商逐步代替的政策，摸底、排队，为全面改造私营批发商做了充分准备。

1954年7月，中共中央发出了《关于加强市场管理和改善私营商业的指示》。安徽省根据指示精神，制订了全省改造私营批发商的方案：1954年工作是在主要城市排除1亿元以上的批发商，限制5千万元以上的批发商，如果有条件转业，则有计划地指导其转业，转业后如有必要国家还可适当投资，组织公私合营，能转为零售的，就让其转为零售，有计划地组织代购代销，这些工作，都归口由国营公司具体掌握计划进行。经过上述办法仍无法安置的批发商及其从业人员（包括资方人员），如果他们没有谋生之路，在自愿的基础上，经过训练，由国营商业与合作社予以分别安排。

对私营零售商的改造。1953年全省共有私营零售商136242户，涉及粮油、肉食、副食、杂货、百货、烟酒、五金、鞋帽、中西药、文具、土产、畜产等多种行业。1954年，安徽本着短时期内不降低其原有营业额的绝对数值，以维持其生活的原则开始了对私营零售商的改造，通过经销、代销、公私合营等国家资本主义形式，把他们逐步纳入国家计划轨道，同时采取加强管理、规定价格、控制货源等办法限控其经营的盲目性、投机性。

全行业公私合营。安徽从1954年起在主要城市，对少数几个大的商户进行了公私合营试点。1955年11月24日，中共中央政治局通过了《中共中央关于资本主义工商业改造问题的决议（草案）》指出，我们现在已经有了充分有利条件和完全必要把对资本主义工商业的改造推进到一个新的阶段。1956 年元月，随着全国全行业公私合营高潮的掀起，安徽私营商业也开始实行全行业公私合营。到 1956 年 1 月 20 日，合肥、芜湖、蚌埠、安庆、淮南、屯溪各市都突破了中共安徽省委扩大会议的部署，提前实现了全行业公私合营。

3. “大跃进”时期的商业遭受挫折

由于“左”倾错误的影响，加之缺乏经验，“大跃进”时期的商业工作出现了许多问题：集体商业急于向全民所有制过渡，流通渠道单一化；在高指标、浮夸风等“左”倾思想指导下的“大购大销”，助长了社会大浪费；对农产品估产偏高，征购过头，打击了农民生产积极性；在体制改革中，管理权限下放过多过急，加之规章制度遭到破坏，致使商业经营管理出现混乱。

1958 年，安徽各专业省公司一律撤销，作为省商业厅内部的职能处（室）。市、县专业公司也一律改为当地商业部门的直属经营机构，实行政企合一。紧接着全省自上而下，国营商业和供销社的行政管理部门实行大合并。与此同时，各级商业行政管理部门又大量精简人员，对社会商业中的小商小贩也开始了“割资本主义尾巴”，将他们并入国营、合营企业。国、合商业的合并与政、企合一，割断了专业系统之间的纵向联系，扩大了地方对商业管理的权力，安徽的商业遭受了严重挫折。

4. 国民经济调整时期的商业调整和恢复

1961 年 1 月，中共中央八届九中全会批准了对国民经济实行“调整、巩固、充实、提高”的方针，决定从 1961 年开起，对整个国民经济实行调整。安徽省在中央的调整政策之下，对商业进行了调整：安徽国营与供销社商业于 1961 年合而复分，同时各专业公司也相继恢复，重新实行政、企分开。面对着当时生产下降，货源减少，商品供应短缺，市场货币增多，集市价格上涨的情况，国营商业既要通过商品经营大力回笼货币，又要以有限的商品资源安排好城乡人民生产和生活上的基本需求。

1961 年下半年召开的中共中央工作会议上，通过了《关于改进商业工作的若干规定》（即“商业四十条”），对商业工作的各个方面都作了初步总结和规定。12月，商业部制定了《商业工作条例》（即“商业一百条”）。1962年9月，中共八届十中全会通过的《关于商业工作问题的决定》，系统地总结了新中国建立以来十多年商业工作的经验、教训，进一步明确了社会主义商业的地位、作用和基本的方针、政策，并且对商业工作的各项重要原则都作出了明确规定。安徽国营商业部门认真贯彻执行中央的方针，恢复了一些有利于搞活市场、稳定物价、安排好城乡人民生活的做法，改进了对农副产品的收购和商品供应工作。通过全面贯彻“调整、巩固、充实、提高”的八字方针，全省压缩了基本建设规模，恢复和发展了农业、轻工业的生产，促进了商品流通，稳定了市场物价。

5. 十年动乱中的商业遭受严重损失

1966年5月全国开始了“文化大革命”，刚刚复苏的安徽商业又受到了更大的“左”的折腾。

其一是各项管理制度受到了破坏。在“文化大革命”期间，全国范围内开展了所谓大批判运动，以致在商业领域出现了经营管理混乱，服务质量下降，“大购大销”的故态复萌，一切行之有效的规章制度几乎被废除殆尽。

其二是组织机构再次分合。“文化大革命”一开始，中共安徽省委、省人民委员会及其工作机构全部陷于瘫痪，省商业厅虽先后有“商业工作临时业务组”和“安徽省商业厅革命领导小组”的组织形式，但正常工作已经停顿。1969年初的商业厅及各省级专业公司又再度被撤销，直至1970年5月才宣告成立“安徽省革命委员会商业局”。同时又再次恢复有关专业省公司。到1975年，在原省商业局的基础上，商业、供销、外贸又再次分设。

其三是社会商业网点日益减少，服务质量继续下降，流通渠道更趋单一。在“文化大革命”期间，由于在指导思想上否定商品生产，在管理机构上大撤大并，大批商业人员被下放，集体商业再次被盲目“过渡”，个体商贩、集市贸易被当作资本主义尾巴横加取缔，以致商业网点日益减少，从而给群众生活带来很大不便。饮食服务行业也减少服务档次，让顾客自我服务。在小商小贩日趋减少、集市贸易长期冷落、供销社逐步国营化的情况下，全省流通渠道更趋单一化。

其四是商品分配形式日益强化，按行政区分配。原来按经济区域分属蚌埠、合肥以及芜湖、安庆供应区的六安、池州，在此期间也分别按行政区建立了二级站。工业产品基本不许自销。基层零售商店严格按固定进货渠道进货，不准自行采购，在有限的分配商品中还有许多属于奖售、换购的专项安排。

6. 改革开放初期商业体制的改革

党的十一届三中全会以来，根据中央“对外开放、对内搞活经济”的政策，安徽省城乡商业进行了有领导、有计划、有步骤的体制改革，改革是围绕以下五个方面向前推进的：

一是改造社会商业结构，打破了国营商业、供销、粮食部门独家经营、渠道单一的格局，初步建立多种经济成分、多种经营方式、多种流通渠道、少环节“三多一少”新型的商品运行机制。二是改革商品购销体制，取消了农副产品统购派购和日用工业品统购包销制度，实行了计划收购、合同定购、选购、代销、联营联销、生产企业自销等多种购销形式。三是加快供销社改革，从1983年起，在肥西、凤阳、砀山等13个县的部分基层社进行了体制改革试点。整个体制改革工作是围绕改“官办”为“民办”和逐步建立起综合服务中心的目标进行的。通过以上改革，取得了引人注目的成绩：突破了部门分工、商品分工、行政区划和经营层次的界限，扩大了经营范围和服务领域；突破股金数额限制，敞开让农民入股，并把集资带劳办企业作为增股的主要形式；突破原来的劳动人事制度，基层供销社理事会主任可在农民中选举产生，也可张榜招贤，订立合同，能上能下；在价格方面，在保持总的价格水平不变的前提下，具体商品价格可以上下浮动，灵活掌握，以活价促产、促销；全面推行经营承包责任制，突破平均主义、“大锅饭”。四是改革企业运行机制，由政府的附属物向自主经营实体发展。在产品经济下长期形成的卖方市场，受到了商品经济洪流的猛烈冲击，价值规律越来越显示巨大作用。“国家调节市场，市场引导企业”的经济运行机制，迫使商业企业以市场为导向开展自己的活动。五是改革商业行政管理体制，政府管理部门实行政企分开，简政放权，管理企业的形式由过去的微观直接管理，过渡到宏观间接管理。整个改革沿着产品经济向商品经济过渡这条主线向前发展，取得了很大成就。

7.“八五”期间的商业企业改革进一步深化

“八五”时期，安徽省紧紧围绕经济建设这个中心，按照“三个有利于”的标准，进一步解放思想，拓宽思路，加大改革力度。商业的发展步伐因企业改革的进一步深化而加快。

这一时期，安徽省的商业企业改革主要是转换企业经营机制，扩大企业经营自主权。国有大中型商业企业，在完善经营承包责任制的同时，1991—1994年，在全省大力推行“经营放开、价格放开、分配放开、用工放开”的“四放开”改革，“八五”后期又着重进行企业内部劳动、人事和分配三项改革，转换企业内部经营机制，建立现代企业制度。到1995年底，改组为股份制的有43家，组建企业集团9家。小型商业企业分别采取了租赁、承包、拍卖、兼并、联合、连锁、股份合作制等多种改革形式，基本上已全部放开搞活。改革了商品购销售体制和价格管理体制，以市场调节为主。改革商业管理体制。为适应社会主义市场经济体制的需要，1994年省委、省政府确定：在商业厅基础上组建商务厅，为省政府组成部门。新组建的商务厅于同年9月9日正式挂牌运转。到1995年，全省16个地市都已组建了商务局。有44个建制县（市）商业局组建了集团总公司，厅属各专业省公司，地、市、县行政性公司基本上实现了向企业化过渡。

8.“九五”期间的流通体制改革全面推进

安徽省流通领域的体制改革，在“九五”时期步入全面改革和发展阶段，这主要表现在：

第一，流通领域的市场化取向改革进程加快。随着社会主义市场经济体制的逐步建立和经济的发展，商品流通领域的改革产生了积极变化。在农村，一是大力发展多种商业形式，实行多渠道流通，形成了国有商业、供销合作社、乡镇集体商业、个体私营商业等市场主体；二是调整农副产品购销政策，除稻谷、小麦以外的粮食、棉花、油料等农副产品基本上放开经营；三是按照把供销社真正办成农民的合作经济组织的方向，加快农村供销社改革，使其成为农民群众集体所有性质的商业，成为发展农村经济的综合服务中心。在城市，一是建立以城市为中心的城乡通开的商品流通体制，克服城乡分割、条块分割的弊端；二是改革一、二、三级多层次的批发体制，使批发企业成为自主经营的经济实体，相互之间是平等的经济业务关系；三是发展多种形式的商工农联合体，发展城市农副产品市场，促进了商品流通。

第二，商品流通行政管理体制改革迈出了实质性的步伐。“九五”期间，省商务厅系统原有各省级专业公司及设在各地的部门专业公司的纯行业管理职能彻底取消，相继设立了不同类型的经济实体，直接从事商品购销业务。2000 年，省政府撤销省商务厅，将其有关行政管理职能并入省经贸委，成立商业协会，赋予其行业管理职能。全省物资系统从 1995 年开始先后进行了成建制的转体改革，到 1997 年底基本完成了转体工作，各级物资局由行政机关转为独立经营的经济实体。省物资局按照集团化、规模化、现代化的物资流通模式，于 1995 年挂牌成立了“安徽省物资集团股份有限公司”，近年来又按照建立现代企业制度的要求，进行企业内部改制，将“安徽省物资集团股份有限公司”更名为“安徽省徽商集团股份有限公司”。全省供销合作社系统进一步加大改革力度，清理整顿社员股金，加快转换经营机制，使其真正成为自主经营、自负盈亏的经济实体；加快供销社与所属企业分开，改革传统的为农服务的观念和方式，建立和完善农业社会化服务体系，推进农业产业化，以适应农村经济发展的需要。

第三，商业流通企业改革逐步深入。一是推动国有商业企业机制创新。全省国有大中型商业企业按照建立现代企业制度的要求，实行公司制改造，大部分大中型商业企业逐步改组为多元投资主体的有限责任公司或股份有限公司，促进了企业经营机制转换，出现了一批由优势企业为龙头，带动一大批中小企业共同发展的企业集团和连锁公司。对国有小型商业企业的改革，总体原则是放开搞活，采取租赁、承包、拍卖、兼并、破产、股份合作制等多种形式的改革，多层次地向前推进。二是调整企业组织结构，提高组织化程度。以零售企业兼并批发企业或跨行业兼并工业企业，组建集团公司，形成规模经营；新老划新，培育新体，把经营效益好、有活力、有前途的经营单位从老企业中分离出来，赋予新政策、新机制，重新组建新的精干、高效、灵活的商业企业，以分散突围的方式，谋求生存与发展。三是积极推行“三项制度”改革，建立完善企业激励机制。改革了人事制度、用工制度、分配制度。四是强化企业经营战略研究，开展多角化经营。

批发、零售企业普遍突破环节界限实行批零兼营或批零一体化经营；根据市场需求，结合企业发展实际，大力兴办实业，走工贸综合开发的路子，不断拓宽经营领域；部分有实力的商业企业创造条件到省外甚至到国外开公司、办企业；开展多种形式的工商、商商、农商联合，加快企业发展步伐。

9.“十五”期间的流通体制改革继续深化

“十五”期间，安徽省在加快经济发展的同时，继续深化经济体制改革，在商业体制改革方面，着力深化流通体制改革。

一是实施内外贸一体化进程。2004 年安徽在新一轮政府机构改革中，推进内外贸一体化进程，设立安徽省商务厅，统一管理全省国内外贸易和国际经济合作。“十五”末，全省 17 个市中除合肥、铜陵两市的内外贸管理部门尚未合并外，其他 15 个市均按照上下对口的原则成立了商务局，统一了内外贸流通管理体制。初步形成各种所有制经济平等竞争、内外贸一体发展的商业经营新格局。二是拓展商业领域对外开放。“十五”时期，家乐福、欧尚、易初莲花、沃尔玛等国际知名商业企业进驻合肥、芜湖等地。上海百联、北京华联、南京苏果等国内大型流通企业纷纷来省设立连锁企业。外来商业资本带来了商业竞争和商业经营新理念，加快了安徽商业现代化进程。三是推进商贸企业改制重组。“十五”时期，安徽商贸企业全面推行股份制改革。企业国有集体资产通过折股出售或整体转让，实现产权多元化，国有集体企业身份的职工通过领取补偿金，置换原有身份，转为股份制企业职工或进入社会自谋职业，现代企业制度在不断探索中逐步建立。四是启动全国农村商品流通改革和市场建设试点工作。2005 年 6 月，商务部和安徽省政府共同确定，安徽作为全国农村商品流通改革和市场建设试点省。随即，安徽以推动农村流通主体创新、农村流通方式创新、农村流通政策措施创新、农村流通管理体制创新和构筑农村消费品流通体系、农业生产资料供应体系、农产品国内销售体系、农产品出口体系、农村市场运行监控服务体系为主要内容的总体方案，全面启动。这项工作正在成为统筹城乡发展、建设社会主义新农村的重要举措。

安徽省社会主义商业经过 60 年的发展，已经形成了一套由采购、供应、批发、零售、服务、进出口贸易、市场管理等业务机构组成的比较完整的商业体系。商业的发展离不开改革，商业体制改革是经济体制改革的重要组成部分，60 年的发展历程充分显示安徽的商业体制通过不断地改革，在促进安徽经济又好又快的发展进程中作出了重要贡献。

五 金融制度、体制变革

1. 解放初期的金融

安徽省全境解放后，皖北、皖南行政公署分别组建中国人民银行皖南、皖北分行，边接管境内国民政府各级金融机构，边开展建行工作和金融业务，积极响应中央实现国家财政经济状况根本好转的号召，配合有关部门稳定物价，制止通货膨胀，建立人民币市场和金融体系，改造私营银钱业，为实现安徽省财政经济状况的根本好转做出了积极努力。

人民银行皖南、皖北分行成立后，便把没收、接管国民党官僚资本作为首要任务，先由军管会派代表按自上而下、整套接收的方针，迅速实行初步接管，然后由分行派出干部，进行全面点收。至 7 月底，金融系统对官僚金融资本的接管工作基本完成。

同时，针对安徽省解放初期混乱的金融市场，开始整顿币制，稳定金融。1949 年 5 月发布通告，宣布人民币为本位币，老解放区发行的华中币和北海币作为辅币流通，其他各种地方货币一律用人民币兑换收回。同年 11 月又通告停用并收回华中、北海两种辅币。为加强金银管理，规定银元和黄金白银只准兑换人民币使用，禁止计价流通，由人民银行挂牌收兑，禁止黑市买卖。全省银行还通过开展存放业务，发放工商、农业贷款扩大人民币发行，支持商业部门扩大农产品收购，开展城乡物资交流，组织统一货币流通。到 1949 年底，除偏远山区仍存在以物易物交换方式外，人民币迅速占领城乡市场，成为全省唯一合法货币。币制的统一，维护了金融市场的稳定，抑制了通货膨胀，保障了人民生活安定。

金融的统一和稳定，为平抑市场物价奠定基础。1949 年为平抑物价，遏制通货膨胀，人民银行皖南、皖北分行特别重视筹集资金发放贷款，支持工业恢复和发展生产，支持商业畅通物资交流，繁荣城乡市场，注重支持国营商业的建立和壮大。针对当时物价波动较大情况，又先后开办“折实定期储蓄”和“保本保值储蓄”，扩大信贷资金，稳定市场物价。随后银行采取回笼货币、抽紧银根和加强现金管理等措施，配合有关部门争取实现财政收支、现金收付和物资调度平衡，市场物价趋于稳定。与此同时，人民银行接管官僚资本金融业，按照华东区行制定的《华东区私营银钱业管理暂行办法》，加强对私营银行、钱庄管理。到1951年，安徽省内所有私人钱庄都先后停歇，私营银行解放后继续营业的上海商业储蓄银行和中国实业银行的3个分支机构也于1951年撤销归并人民银行。1952年9月，人民银行皖南、皖北分行正式合并成立中国人民银行安徽省分行，管理、经营全省金融事业。至此，安徽省各级银行协助政府实现了稳定金融、活跃城乡市场、恢复发展生产、安定社会秩序的战略目标，胜利完成了国民经济恢复任务。

2.“一五”计划时期的金融

这一时期，人民银行安徽省分行积极加强、改进金融工作，为积聚社会闲散资金支持经济建设，在城市增设储蓄网点，在农村普遍组建信用合作社。城市金融重点支持国营工商业发展，壮大国营工商业经济实力，扩大购销，增加商品库存，促进资本主义工商业的社会主义改造，吸引私营工商业走公私合营道路。农业贷款由支持个体翻身农民转为支持农业合作社发展集体生产、兴修水利、改良农具、巩固集体经济，发放农业合作基金贷款，促进农业合作化。1955年以人民银行安徽省分行农村金融处为基础，分设成立了专管农村金融的中国农业银行安徽省分行。“一五”期间安徽省经济和财政收入增加，初步显示银行对国民经济发展的促进作用。在支持经济发展的同时，银行自身也得到相应发展。实行了新的信贷制度。推行8种结算方式，加速资金周转。逐步健全完善各项业务规章制度，建立起专门培养金融干部的学校。

3.“大跃进”时期金融工作出现失误

1958年—1960年的“大跃进”时期，国民经济出现严重的比例失调，安徽省的金融工作根据“以钢为纲”的方针，在资金上支持全民大办钢铁运动，对以钢铁、机械为中心的工业流动资金需要，大开绿灯，敞开供应。3年中，工业贷款猛增8.3亿元，其中相当一部分贷款成了呆滞资金。农业贷款增加2.5亿元，商业贷款放松管理，不要指标，不讲监督，放任自流，实行“全额信贷”，由于盲目生产、盲目收购，造成大批产品积压和浪费。同时，银行存款也在大量增加，表面上银行信贷资金大收大支，实际是虚假繁荣。

4. 短时期的金融调整

为了纠正“大跃进”时期发生的“左”的错误，克服国民经济存在的严重困难，党中央提出了“调整、巩固、充实、提高”的方针，并十分注意发挥银行在调整时期的作用，1962年3月10日，中共中央和国务院作出了《关于切实加强银行工作的集中统一，严格控制货币发行的决定》（即《银行工作六条》）。之后，中共中央、国务院又起草、颁发了《银行工作条例》（草案），对银行工作的总则、计划管理、存款和储蓄、工商贷款等，作出了具体的规定，进一步明确了有关的政策界限和制度规定。

1962年至1965年，安徽省人民银行积极贯彻《银行工作六条》，为国家守计划、把口子，控制货币发行，消除通货膨胀，加强现金管理和工资基金监督。同时管紧贷款，贷款主要支持工农业和短线产品生产，支持商业部门收购农副产品，严禁挪用银行贷款用于基本建设投资，以扩大商品供应，增加货币回笼。从1963年至1965年三年国民经济调整，工农业生产和社会商品零售得到恢复和增长，国民经济实现了“调整、巩固、充实、提高”的目标，银行机构、人员、业务也逐步恢复和加强，金融秩序逐渐趋向正常。

5. 十年内乱中金融遭到严重破坏

“文化大革命”期间，安徽省金融业受到很大冲击，在国民经济调整期间恢复和健全的金融规章制度受到全盘否定，银行的资金营运基本处于瘫痪状态。

由于鼓吹“需要就是计划”，信贷管理和监督是修正主义的“管、卡、压”，加上违反经济规律的“长官意志”盛行，使银行实际上失去了业务经营的自主权，各项信贷制度都遭到破坏，信贷资金使用效益下降。同时，银行机构一度与财政部门合并，银行在国民经济中特有的地位和作用大为削弱。

6. 改革开放初期金融体制改革逐步展开

粉碎“四人帮”后，陷入困境的安徽省经济开始恢复生机。全省银行认真贯彻执行党的十一届三中全会的路线、方针、政策，拨乱反正，坚持改革开放，安徽金融事业进入蓬勃发展的新时期。

十一届三中全会以来，随着党的工作重心的转移和经济体制不断改革，安徽省金融体制改革步子较大，金融体系发生了巨大变化。1979 年 8 月 1 日，在中国人民银行安徽省分行原国外业务处的基础上成立了中国银行合肥分行，成为外贸、外汇专业银行。1980 年 1 月 1 日，恢复后的中国农业银行安徽省分行正式对外营业。1980 年 4 月，中国人民保险公司安徽省分公司恢复营业。1981 年，安徽省国际信托投资公司成立。1985 年 1 月，中国工商银行安徽省分行正式与人民银行分设，中国人民银行安徽省分行专门行使中央银行职能。1985 年 11 月起，中国人民建设银行安徽省分行信贷收支计划纳入人民银行综合信贷计划。此后又相继设立专业银行信托投资公司、城市信用社、交通银行和蚌埠住房储蓄银行等金融机构，全省初步形成了一个以中央银行为领导，各专业银行为主体、其他各类金融机构并存、分工协作的新型社会主义金融组织体系。

在 1979 年 10 月，邓小平同志指出“银行应该抓经济。现在只是算账，当会计，没有真正起到银行的作用，要把银行作为发展经济、革新技术的杠杆，必须把银行办成真正的银行”。这为银行工作指明了方向，有力地推动着金融体制改革。安徽省金融业就是以邓小平同志这个讲话作为指导思想，在十个方面进行了改革：①扩大了金融业务领域。储蓄网点遍布城乡，储蓄存款迅速增长，为支持生产建设筹集了大量资金。贷款由单一的流动资金扩展到固定资产、技术改造、科技教育等五个领域，银行的杠杆作用已渗透到社会经济的各个方面。②改进了信贷资金管理制度。对贷款实行总量控制，结构调整，区别对待，择优扶持等一系列信贷政策，改进了流动资金管理，促进了企业改革，提高了信贷资金的使用效益。③增加了信用工具。在改进现金管理的问题时，增加了委托收款、票汇、限额结算、直达电汇、个人汇款等灵活方便的信用工具，开办了票据承兑贴现和再贴现业务，大大方便了商品流通。④改革了利息制度。根据国家统一部署，多次调整存款和贷款利率，增加了存、贷款种类和利率档次，对贷款实行了差别利率、浮动利率和加收利息制度，增强了利率在经济建设和金融管理中的杠杆作用。⑤建立了资金和证券市场。各金融机构之间广泛、灵活地开展资金拆借业务，发展信贷资金的横向融通，打破资金管理上的“条、块”分割局面。为广泛筹集社会资金、代理发行债券、股票，并开放了国库券等有价证券转让市场。⑥信托投资业务发展迅速。各信托投资公司为企业单位广泛开展委托、租赁、代理、咨询业务，进一步搞活了生产和流通。⑦民间金融组织相继兴起。全省已办起120家城市信用社和乡镇金融所，它们自负盈亏，灵活服务，受到各方面的关注。⑧引进了竞争机制。在坚持专业银行业为主的原则下，允许银行选择客户，客户选择银行，银行之间业务适当交叉。⑨发展了保险业务。不仅为国家积累了大量建设资金，而且使受灾地区、企业单位和城乡居民的经济损失获得补偿，对恢复生产，保障社会安定团结发挥了积极作用。⑩改革了银行内部的管理制度。实行计划和资金分开，多存才能多贷，中央银行不包专业银行资金，专业银行也不包企业资金，打破了信贷资金管理上的“大锅饭”，加强了金融宏观调控，同时进行了专业银行企业化的试点。

7.“八五”期间金融体制改革步伐加快

这一时期，安徽金融体制改革成效显著：一是随着1994年金融体制重大改革和1995年《中国人民银行法》颁布实施，人民银行各级分支行作为中央银行在安徽省的分支机构，基本实现了职能转换，金融监管能力加强，分支机构再贷款手段过渡为再贴现。二是各国有专业银行向商业银行过渡迈出了关键步伐，基本实现了政策性业务和商业性业务的分离，推行了贷款限额下的资产负债比例管理，摸索了经验，取得了初步成效。三是国家政策性银行农业发展银行安徽省分行的组建工作顺利完成；由建设银行代理国家开发银行委托业务和农业银行代理的农业发展银行政策性业务运转正常。四是外汇体制改革进展加快，平稳地实现了汇率并轨，实行银行结、售汇制度，省外汇交易分中心建立并运作正常。五是金融对外开放有了突破性进展，合肥被国务院批准为可设立经营性外资金融机构的金融开放城市，泰国军人银行于1995年已获准在合肥设立代表处，为安徽省金融对外开放提供了良好的条件和可喜的开端。

8. “九五”时期银行业体制改革继续推进

“九五”时期，金融体制改革的目标是，初步建成适应社会主义市场经济体制的新的金融体制，为实行适度从紧的货币政策创造条件，促进全社会两个根本性转变。安徽省金融业认真贯彻国家金融工作方针、政策，积极支持地方经济发展。同时，切实加强内部管理，努力防范和化解金融风险，落实各项金融改革任务，促使金融业健康、稳步发展。这一时期，安徽省银行业体制改革继续推进。

工商银行体制改革。经营管理体制改革。一是改革了计划和资金管理体制。从1998年1月1日起，工商银行资金管理体制由规模管理改为资产负债比率管理。从1999年起，省行开始编制包括资产、负债、劳动工资、财务收支、大型设备购置等内容的综合计划，在此基础上，滚动编制长期经营计划。2000年，完善了资金调度会制度；对重点优质客户实行综合授信，建立“绿色通道”；积极参加总行内部资金交易系统，做好内部资金买卖。二是改革了财务会计体制。1998年，通过改革利润与费用核定方法，建立科学的财务指标和考核体系，逐步建立了以资产利润率为核心的财务计划核定和考核奖励体系。2000年，开始推行全面成本管理。三是改革了联行体制。1999年5月开通了新的资金汇划清算系统，极大地提高了资金清算速度。组织、人事和分配机制改革。一是加强了领导班子建设。1998年，按照中央金融工委成立系统党委的要求，省行及所辖省分行营业部和15个二级分行相继成立了党委、纪委。1999年，建立了省行处长年度考核制度。二是加大了干部交流力度。1997年以来，累计处级干部交流47人，其中二级分行一把手18人。三是改革了干部选拔方式，实行公开招聘。四是拉开了分配差距。1999年以来，将各二级分行活工资、营业费用、贷款限额、基建项目等主要指标的分配与效益紧密挂钩，根据各行利润计划完成情况进行分配；将各二级分行一把手工资上收省行管理，实行年薪制；将活工资和行长年薪与安全指标挂钩，对发生50万元以上的大案的一票否决。调整经营机构和人员优化组合。按照集约化经营的要求，对各级行内设机构和经营网点布局进行了调整。

农业银行体制改革。深化用人机制改革，激发经营活力。一是树立“以人为本”的观念，下决心抓好一个好班子、一支好队伍、一个好班长的

"三个一建设"。二是采用'双推双考'办法。三是在2000年初，新一届党委组建以后，积极推行人事改革工程，进一步加大干部交流力度。四是大力推进市场化的用工机制及竞聘上岗、双向选择、平等竞争、择优录用的干部选拔制度，逐渐建立一套"为官者能上能下、当兵的能进能出"的灵活用人机制，为业务经营提供了强有力的组织保障和智力支持。同时，深化分配制度改革，建立激励机制；整合内设机构，优化网点布局。

中行安徽省分行体制改革。一是建立约束机制。坚持效益优先原则，强化以效益为中心的各项考核，将资源分配向盈利者、减亏者和贡献突出者倾斜。二是建立科学的决策机制。组建了业务发展协调委员会、风险管理委员会和尽职调查小组、资产负债管理委员会、信息科技发展协调委员会、预算及财务控制管理委员会，制定各项管理条例，建立定期例会制度，加强了对业务发展的管理、指导和协调。三是按照城市化市场定位和精干、高效原则，果断收购县以下机构网点。

建行安徽省分行体制改革。一是实行全面资产负债比例管理，强化了全行资产负债业务的集中控制和统一调度，制定和安排比例监控指标，资金调度运用的科学性进一步增强。二是初步建立了信贷审批、信贷经营、风险监控相互制衡的新的信贷管理体制。三是建立了总分行分级监管、相对垂直、相对独立的内部审计新体制。四是加大对分支机构改革和网点调整力度，优化机构网点布局，提高机构设置的集约化程度，精简撤并一部分亏损严重和布局不合理、业务量小的县支行和营业网点。五是积极推进干部聘任制、劳动合同制、竞聘上岗、行内待岗待业等用工制度改革，全行实行人员零增长政策。

9."十五"期间金融体制改革不断深化

"十五"期间，安徽省金融业牢固树立科学发展观，各银行金融机构不断深化体制改革。人民银行一是完成监管体制改革，实现职能转变。2001年按照总行监管工作会议精神，完成了监管机构、人员和职责的调整，明确了人民银行南京分行合肥金融监管办事处、合肥中心支行、各市中心支行及县支行的监管职责。2003年完成了人民银行监管职能的分离工作。2003年10月，中国银行业监督管理委员会安徽监管局正式挂牌成立。修订后的《中国人民银行法》进一步强化了中国人民银行制定和执行货币政策的职责，实现了由对银行业金融机构的直接监管职能向金融宏观调控、防范与化解系统性风险、维护金融稳定职能的转变，并新增加了反洗钱和监管信贷征信业两项职能。按照人民银行总行“三定”方案的要求，合肥中心支行新设立了金融稳定处、征信管理处、金融研究处、支付结算处和事后监督中心等5个职能处室。二是促进金融改革。全省农村信用社改革试点工作全面启动，安徽省农村信用联社于2004年12月挂牌运作，实现了全省农村信用社管理体制的新转变。认真做好全省农村信用社申请发行专项中央银行票据的审核工作，全省83家农村信用社分四批成功认购了专项中央银行票据33.9亿元，分别置换不良贷款24.7亿元和历年亏损的9.2亿元，全面完成专项票据发行工作。目前，农村信用社的历史包袱已初步化解，支农资金实力得到增强，产权制度改革稳步推进，改革的政策效应初步显现。三是引导金融机构完善利率风险定价机制，促进利率市场化改革。近年来安徽省银行业金融机构利率风险管理意识有了一定提高，能够较灵活地利用利率风险定价机制对不同行业实行差别利率，较好地贯彻执行“有保有压、区别对待”的宏观调控政策。

工商银行在经营管理体制改革方面，改革了存款管理办法；建立了不良资产专业化处置机构和队伍；完善了信贷审批机制；成立了票据专营机构改革会计管理体系。在人事分配制度改革方面，在推进干部制度改革的同时，深化费用分配制度改革。在调整优化经营机构方面，坚持以客户为中心、以市场为导向，推进扁平化管理的同时优化网点布局。在推进股份制改革方面，2005年，省工商银行顺利完成了各项股改工作任务。一是完成了不良资产的剥离。二是完成了土地、房产的确权。三是完成了股改后的建账工作。四是完成了与后勤公司等的主辅分离改革，人员得到妥善安置分流。

中国银行安徽省分行形成了决策机构、监督机构和管理层之间的相互协调和相互制衡机制，不断完善以效益为中心的激励约束机制建设，整合现有公司、个人、风险、财务等业务和管理模式，将会计核算、财务管理、资金清算等业务集中到省分行和二级分行，强化营销和管理职能，并对人力资源管理进行了改革。

安徽省社会主义金融事业走过了60年的光辉历程，金融机构从少到多，业务量由小到大，金融组织体系逐步健全，金融服务手段不断完善，成为推动全省经济建设的重要力量。60 年的历程充分显示，金融是现代经济的核心，是宏观经济调控的重要杠杆。经济要健康地发展，需要良好的金融环境，金融稳健运行才能更好地为经济建设服务，二者相辅相成；金融业和经济一样，要遵循客观规律办事；金融业在发展中要不断创新，但必须有科学的管理、严密的制度。展望未来，金融改革任重道远。金融作为调控宏观经济的重要手段之一，对国民经济建设与发展的重要作用正在得到充分发挥和重视。安徽省金融系统将继续加大改革的力度，为实现安徽“十一五”经济发展目标，充分发挥出金融支持地方经济的核心作用。

第二章　经济发展

新中国成立60年来，安徽的经济建设取得了巨大成就。安徽人民在一穷二白的基础上，经过60年艰苦奋斗，初步建立了门类齐全的国民经济体系，实现了由传统农业省向农业—工业省的转变。上世纪70年代末80年代初，安徽在全国率先实行家庭联产承包责任制，揭开了中国农村改革的序幕。按照中央的统一部署，安徽积极推进各项改革，从农村到城市、从生产领域到流通领域、从转换经营机制到改革产权制度、从政策调整到制度创新、从最初的家庭联产承包责任制到社会主义市场经济体制的构建与完善，范围越来越广，力度越来越大，步子越走越快，走出了一条史无前例的改革发展之路。

一　经济发展成就辉煌

1. 发展历程

1949年，安徽经济相当落后，工农业生产条件薄弱，生产力水平低下。从1950年开始，为了恢复被战争破坏的国民经济，在农村，全省普遍开展了土地革命运动，1600万无地少地农民分到了土地，实现了耕者有其田，解放了农村生产力，农民生产积极性空前提高；在城市，通过没收官僚资本、建立国营经济、扶持私营经济、整顿市场和金融秩序等途径恢复经济，全省经济很快得到了恢复和发展。到1952年，全省工农业总产值已达到28.67亿元，比1949年增长37.7%，年均增长11.2%。

1953年，中国开始执行第一个五年计划。安徽坚定不移地贯彻执行党在过渡时期总路线，通过互助组、初级社、高级社等形式，进行农业社会主义改造；通过加工订货、统购包销、公私合营等形式，进行资本主义工商业和手工业社会主义改造。省委、省政府采取一系列积极可行的措施，加强重点工程建设，使全省经济得到较快发展。在农业方面，以“治淮”

为中心开展了大规模的水利建设，在大别山区修建了著名的淠史杭灌溉工程；在工业方面，兴建了一批骨干企业，并抓住国家将沿海企业向内地迁移的机会，从上海迁入企业108家。“一五”时期，全省工农业总产值年均递增14.9%，胜利完成了“一五”计划的全部目标。“一五”计划的顺利实施，为全省工业发展奠定了初步基础。

1956年9月，党的八大胜利召开，开始全面建设社会主义时期。这是一个艰辛探索、曲折发展的时期。1958年至1962年实施第二个五年计划，一方面是建设社会主义的热情空前高涨，另一方面却由于缺乏经验，急于求成，在怎样建设、怎样发展等问题上，党的指导思想发生了“左”的偏差，开展了“大跃进”运动、人民公社化运动，不切实际地片面强调高速发展重工业，加上1959年至1961年发生了连续3年的自然灾害，安徽经济遭受严重挫折。

1961年1月，中央决定对国民经济实行“调整、巩固、充实、提高”的方针，安徽认真贯彻以调整为重点的八字方针，从实际出发，总结经验教训，纠正错误，调整政策、体制，调整各种经济关系和政治关系，带领人民为克服严重困难而斗争。经过艰苦努力，到1965年，全省工农业总产值达到56.17亿元（1957年不变价），比1957年增加10.4亿元。调整的目标任务顺利完成，国民经济全面好转。

正当历史从一个新的有利的起点继续前进的时候，1966年5月，“文化大革命”爆发，安徽经济建设和各项事业遭受到严重挫折和破坏。

1978年，安徽凤阳小岗村等地农民怀着改变落后面貌的强烈愿望，冲破旧体制的束缚，实行“大包干”，并在全国迅速推开。这一阶段，农村改革的重点是打破政社合一的三级所有、队为基础的制度，建立健全统分结合、双层经营的家庭联产承包责任制，以赋予农民土地经营自主权，促进农民增收。1983年底，我国农村全部完成社改乡工作，人民公社体制悄然退出历史舞台。农村管理体制和农产品统派购制度的改革，鼓励扶持乡镇企业、专业户、个体户发展的一系列富民政策的实行，极大地调动了农民群众的生产积极性，解放和发展了农村生产力。

1983年党的十二届三中全会通过了《中共中央关于经济体制改革的决定》，由此拉开了全面改革开放的大幕。按照中央的部署，安徽以发展有计划的商品经济统揽改革全局，1984年6月下发《关于城市经济体制改革若干问题的暂行规定》，适时把改革重点从农村转移到城市。各项改革的兴起与初步展开，为长期封闭的经济注入了生机和活力，工农业生产摆脱了长期徘徊的局面，出现快速增长的良好势头。全省生产总值增速由1978年的0.4%提高到1984年的20.1%，年均增长11.2%，其中农业增加值年均增长8%，工业增加值年均增长12.7%；农民人均纯收入由113元增加到323元，年均增长19.1%。

党的十二届三中全会作出了关于经济体制改革的决定后，各项改革全面展开，改革的目的是发展社会主义有计划的商品经济。改革以增强国企活力、扩大企业自主权为中心环节，广泛推行各种形式的承包经营责任制，试行租赁经营和资产经营，并对计划、财税、金融、价格、劳动工资、外贸等体制进行初步改革。这一阶段，安徽农村开始第二步改革，进一步完善联产承包责任制，启动和推进农产品流通体制改革，逐步放开包括粮食在内的农产品市场和价格。其间，经济发展出现了一些波折，安徽与全国其他省份一样，一度出现物价猛涨、金融形势混乱现象，投资和消费需求大幅增长。1988年，全省居民消费价格上涨20.9%，涨幅比1984年上升18.8个百分点；金融机构贷款、固定资产投资均比1984年增长1.2倍，社会消费品零售总额增长1.1倍。针对经济过热现象，中央及时作出了治理经济环境、整顿经济秩序、全面深化改革的决定。经过3年多的治理整顿，供需矛盾明显缓解，1990年全省物价涨幅降到2.7%，比1988年回落了18.2个百分点。1991年，全省遭遇特大洪涝灾害，经济增长明显回落，当年GDP下降了0.9%。1985年至1991年，全省GDP年均增长6.1%，其中农业增加值下降1.3%，工业增加值年均增长12.2%。1991年财政收入48.2亿元，为1984年的近2倍，年均增长10.2%。国民经济在治理整顿中高位回落，总体继续保持增长势头。

1992年，以邓小平南方谈话和党的十四大召开为标志，改革开放进入建立社会主义市场经济、建设中国特色社会主义新阶段。根据中央的统一部署，安徽以国企改革为中心，积极探索建立产权清晰、权责明确、政企分开、管理科学的现代企业制度。农村改革方面，主要是广泛开展土地二轮承包，保障农民土地承包和流转权。同时在财税、金融、外资外贸、流通、社会保障、住房等方面也进行了一系列改革。改革进一步解放了社会生产力，推动了经济迅速升温。1993年、1994年，全省GDP增速分别达

18.6%和14.5%，固定资产投资增长49.4%和24.4%，居民消费价格分别上涨14.7%和26.9%。针对经济过热现象，1993年6月，党中央、国务院联合发出《关于当前经济情况和加强宏观调控的意见》，提出了加强和改善宏观调控的16条措施。经过3年多的努力，国民经济成功实现了“软着陆”，1996年、1997年安徽GDP增速分别回落到12.7%和11.7%，投资增长15.4%和11.9%，居民消费价格上涨9.9%和1.3%。1998年后，安徽努力抵御亚洲金融危机的负面影响，顽强战胜连年的水旱灾害，不断克服通货紧缩、需求不足等多重困难，积极扩大内需，保持了经济较快增长而物价涨幅较低的良好局面。

2001年10月，中共安徽省委第七次代表大会召开，这是在新世纪召开的第一次党的代表大会，对安徽的发展具有划时代的意义。在这次大会上，省委总结了过去几年的主要成就和基本经验，提出要高举邓小平理论伟大旗帜，以“三个代表”重要思想为指导，紧紧围绕加快发展、富民强省这个主题，进一步开创安徽现代化建设的新局面。1992年至2002年，全省GDP年均增长12%，其中农业增加值年均增长7.3%，工业增加值年均增长12.9%；财政收入突破3个百亿元大关，2002年达346.7亿元，为1991年的7.2倍，年均增长19.6%。居民消费价格年均上涨6.4%。经济发展步入快车道并逐渐转向稳步增长。

2002年11月，党的十六大召开，提出了全面建设小康社会的奋斗目标。2003年，根据党的十六大精神，省委、省政府制定了《安徽省全面建设小康社会的战略目标、战略步骤及起点阶段的重点建设任务》，大力实施“861”行动计划，安徽经济进入了一个高速发展时期。安徽以深化企业改革为重点，以国有大中型企业公司制改革、上市公司股权分置改革、省属企业产权多元化改革等为突破口，积极推进国有经济战略性调整和国有企业战略性重组，同时，改革投资、金融、财政体制，理顺省对县、县对乡的财政分配关系。农村改革主要是在全国率先进行农村税费改革试点、取消农业税、全面推行农村综合改革试点工作等。随着各项改革的进一步深化，加之工业化、城镇化进程加快，消费结构升级以及加入WTO等积极因素的共同作用，安徽经济增长稳步加快。2003年，安徽经受住了国内重大“非典”疫情、省内严重自然灾害等严峻考验，当年GDP增长9.4%。进入2004年以来，全国经济出现了煤电油运紧张、部分地区和行业投资增长过快等“局部过热”苗头，为促进经济又好又快发展，中央及时调整宏观经济政策，实行“双稳健”的财政货币政策。到2005年，全省胜利完成了第十个五年计划的目标要求，综合实力跨上新台阶。

2007年，为防止经济增长由偏快转为过热、防止价格由结构性上涨演变为明显通货膨胀，中央又实行稳健的财政政策和从紧的货币政策。安徽认真贯彻执行中央的各项方针政策，坚持以科学发展观为统领，努力促进经济社会又好又快发展。2004年至2007年，全省GDP增幅均稳定在11%以上。2003年以来的5年，是安徽经济增长较快、运行质量较高、稳定性和协调性明显增强的时期，也是工业化进程加快、“三农”工作明显加强、城乡居民更多地分享经济发展成果的重要阶段。全省GDP年均增长12.2%，其中三次产业增加值年均分别增长2.7%、16.4%和12.5%；财政收入连跨7个百亿元台阶，2007年首次突破千亿元，达1034.7亿元，为2002年近3倍，年均增长24.4%，国民经济进入新一轮增长。

2. 发展成就

安徽经济实现了历史性跨越，经济总量不断扩大，产业结构逐步优化，人民生活总体达到小康水平，各项社会事业全面进步，奋进中的安徽已迈入厚积薄发、加速崛起的新阶段。

（1）经济总量实现新跨越。1949年全省工农业总产值仅有20.68亿元（按1952年不变价格计算），1978年全省GDP总量只有114亿元。经过全省人民的不懈努力，全省GDP于1993年跨上千亿元台阶后，扩张步伐明显加快，1994年至2004年先后跨上2千亿元、3千亿元、4千亿元台阶，2005年至2007年又连攀3个千亿元台阶，2007年达7364.2亿元，按可比价格计算，比1978年增长16.8倍，年均增长10.4%，比1953年至1978年平均增幅高6.9个百分点。

（2）财政收入实现新突破。改革开放前，由于经济基础十分薄弱，经济发展的总量长期处于低水平上，全省地方财政收入低速增长，其间甚至还屡有跌落。到1978年，全省地方财政收入约22.5亿元。改革开放后，随着经济发展步伐的加快，全省地方财政收入明显增长，特别是在进入21世纪以后，其增长速度大大加快。全省地方财政收入在2000年突破100亿大关的基础上，2007年又突破千亿元大关，达1034.7亿元的新高度，比

1978年增长46倍，年均年均增长14.1%，地方财政收入在全省国内生产总值中所占的比重，已从1978年的5.2%上升到12.4%。政府调控经济增长、协调社会发展、提供公共服务、改善民生的能力进一步增强。

（3）城乡居民生活水平跃上新台阶。60年来，安徽城乡居民收入大幅增加，生活质量不断改善，总体达到了小康水平，并向全面小康加快迈进。人均GDP分别于1986年、1996年提前实现翻一番和翻两番的战略目标，2005年迈上1000美元平台，2006年突破万元大关（人民币），2007年达12045元（1584美元），比1978年的244元翻了三番多。与此同时，居民消费水平不断提高，消费结构加快升级，吃、住、行、旅游、教育、文化娱乐等方面的消费发生了巨大变化。城镇居民家庭恩格尔系数由1981年的60.5%逐步下降到2007年的39.7%，农村居民家庭恩格尔系数由1978年的75%下降到2007年的43.3%。城乡居民储蓄存款余额从1978年的3.9亿元增加到2007年的4546.5亿元，增长1165倍，年均增长27.6%，人均储蓄增长819.7倍，年均增长26%。

（4）产品产量位居全国前列。2007年，全省粮食产量2901.4万吨，创历史新高，总量比1978年增长近1倍，居全国第6位；油料产量199.2万吨，增长5.1倍，总量居第5位；棉花产量37.4万吨，增长2.3倍，总量居第6位；肉类、水产品及其他农副产品产量均大幅度增长。30年来，安徽以占全国4%左右的耕地生产出占全国5.8%的粮食、7.8%的油料、4.9%的棉花，不仅养活了占全国5.1%的人口，还为全国的粮食生产安全作出了重要贡献。

安徽正由资源大省向工业大省转变，工业化进程不断加快，加速崛起的工业主动力明显增强。2007年，原煤产量9112.4万吨，比1978年增长2.7倍，总量居全国第9位；成品钢材产量1769.6万吨，增长24.3倍，总量居第11位；水泥产量5191.5万吨，增长27.4倍，总量居第10位；发电量847.6亿千瓦时，增长9.2倍，总量居第16位；汽车工业发展迅猛，产量由1978年的3千辆左右增加到2007年的65.9万辆，增长209.6倍，总量居第7位；彩电、冰箱、洗衣机等产品产量也大幅度增长，产量均居全国前列。美菱、荣事达、合力、奇瑞、江淮等品牌享誉海内外。

（5）投资和消费保持较快增长。60年来，尤其是改革开放以来，随着投融资体制改革的不断深化，资金来源多样化，投资主体多元化，安徽驶上了快车道，特别是“十五”以来，安徽积极适应国家宏观政策变化，大力实施“861”行动计划，加强薄弱环节建设，投资力度进一步加大。全社会固定资产投资规模由1978年的13.1亿元增加到2007年的5093.7亿元，年均增长22.8%，累计完成投资22791亿元。经过多年的建设，制约全省经济快速发展的能源瓶颈问题基本得到缓解，两淮亿吨级煤炭生产基地初步建成。2007年，全省原煤产量9112.4万吨，居全国第9位；安徽电网作为中国最大的跨省联合电网——华东电网的重要组成部分，已发展成为以火电为主，水力发电为辅，500kV输电线路为骨干，220kV线路为网架、分层分区结构完整的全省统一电网，500kV中、东通道输电工程已建成投入运行，西通道工程进展顺利，基本满足目前皖电东送的需要，有力地推动了资源优势向经济优势的转化。2007年全省发电量847.6亿千瓦时，居全国第16位，电力装机容量已达到1919万千瓦，为全省经济实现又好又快地发展提供了强有力的支撑。消费热点面扩量增，以汽车、住房、通讯产品以及文教娱乐、旅游、家政等“新兴消费品”为特征的娱乐型、享受型消费，推动了消费结构的快速升级，消费量级由一万级逐步向十万级、百万级、千万级跃升，消费市场持续繁荣。

（6）对外经贸迅速拓展。改革开放前，安徽只有少量对外贸易，基本处于闭关自守的落后状态。改革开放后，安徽积极参与国际竞争与合作，不断推进对外开放，极大地推动了全省经济社会的发展。尤其是2001年中国加入WTO以后，安徽不断扩大对外开放领域，加快转变外贸增长方式，初步形成了全方位、宽领域、多层次的对外开放格局。2007年，全省进出口总额159.3亿美元，其中出口88.2亿美元，比1978年分别增长1499倍和829.6倍，年均增长28.7%和26.1%；进出口总额相当于GDP比例由1978年的0.1%上升到2007年的16.4%。出口商品结构由改革之初以农副产品与初加工产品为主逐步转向工业制成品和精加工产品。2007年，工业制成品出口所占比重为91.6%，比改革初期的10%提高80多个百分点，与安徽建立贸易关系的国家和地区由改革开放初期的10多个增加到200多个。利用外资从无到有、由少到多，特别是“十五”以来有重大突破，1985年至2007年累计实际利用外商直接投资98.3亿美元（其中2007年达30亿美元），年均增长40.7%。外商投资领域不断向纵深拓展，已从第二产业扩展到第一、三产业，从一般性加工业向基础设施拓展，由劳动密集型行业向资金、技术密集型行业转化，从引进资本扩展到引进先进技术、科学管理和高素质人才，从经济领域扩展到科技、文化等社会领域。一批颇具影响力的国外和省外大企业纷纷来皖投资兴业。到2007年底，落户安徽的境外世界500强企业达40家，大大提升了主导产业的国际竞争力。

二 经济结构不断优化

结构调整是经济社会发展的主线。60年来，安徽国民经济结构调整取得重大成效，经济结构不断优化，集中体现在产业结构随工业化进程呈现由低级到高级、由严重失衡到基本合理的发展变化轨迹；以公有制为主体，多种经济形式并存的所有制结构已经确立；多层次、宽领域、全方位的区域经济协调发展格局已经形成。

1. 产业结构不断优化：由“纠偏”向合理化迈进

60年来，安徽通过优先发展农业和轻工业，加强基础产业、基础设施建设，大力发展第三产业等一系列政策和措施，国民经济结构发生了巨大变化，产业结构逐渐趋于合理，彻底摆脱了改革开放以前那种“农业基础薄弱，工业畸形发展，服务业水平低下”的落后局面。在改革开放大潮的推动下，产业结构随之呈现由低级到高级、由严重失衡到基本合理的发展变动轨迹。1979年至2007年，全省生产总值以年均增长10.4%的速度快速扩张，三次产业都有较快的发展，第一产业年均增长4.5%，第二、三产业增加值年均分别增长13.3%和13.7%。三次产业的比例由1978年的47.2∶35.5∶17.3调整为2007年的16.3∶44.7∶39.0，第一产业比重下降了30.9个百分点，第二、三产业比重分别上升了9.2个和21.7个百分点。“工业强省”战略和加快发展第三产业等政策措施推动了二、三产业比重的明显提高。经济增长从主要由第一、二产业带动转为主要由第二、三产业带动，逐渐形成与现阶段工业化水平相适应的产业结构。

1949年至1983年，是安徽农业迅速发展时期。这个时期产业结构变动的典型特点是第一产业在全省生产总值中所占比重迅速上升，第二产业所占比重迅速下降。解放之初，安徽基本是传统农业省，工业经济极其落后。经过3年的经济恢复调整和1952年开始实施第一个五年计划，全省三次产业国内生产总值结构比为75.09：9.02：14.09。“一五”开始，在全国优先发展重工业指导思想下，安徽重点发展重工业和基础产业。到1957年，全省三次产业的结构比为67.8：15.4：16.8，重工业产值占工业产值比重由1949年的14.7%上升到1957年的33%。1958年开始“大跃进”，掀起了“大办工业”的高潮，又进一步突出发展重工业，导致国民经济和产业结构严重失调，农业发展更是跌入低谷。1966年至1977年，受“文化大革命”的影响，产业结构失调状况基本没有改变，到1978年时三次产业结构为47.2：35.5：17.3。

1978年党的十一届三中全会作出了全党、全国工作的重心转移到社会主义现代化建设上来这一历史性的战略决策。由于率先实施农村改革，农民的生产积极性得到空前释放，农业生产以前所未有的速度发展，工业生产在调整中迅速恢复和发展，第一产业比重逐年有所提升，第二产业保持较高比重；受当时人民生活水平的限制，服务业没有得到应有的重视，服务业在三次产业中的比重并没有得到改善。到1983年，三次产业比例为44.8：33.9：21.3。

1984年至1992年，是安徽非农产业迅速发展时期。这一时期总体特征是第二、三产业在生产总值中所占比重迅速上升，第一产业所占比重迅速下降。1984年，随着以国有企业改革为重点的城市经济体制改革的逐步推进，安徽工业开始真正走上稳步快速发展的轨道，工业生产保持着上升的势头。到1989年，第二产业比重首次超过第一产业比重，一举打破第一产业长期以来的统治地位，产业结构调整为二、一、三顺序，三次产业比例改写为36.57：36.97：26.46。随着改革开放的推进，经济发展水平的提高，人们生活水平的改善和提高，对服务业的需求大大增加，以前在政府计划限制内的服务业迎来了空前发展的机遇，批发零售贸易业、住宿餐饮业迅速崛起，商贸市场不断涌现，居民服务业也有了长足进步。1991年，安徽遭受特大自然灾害，农业受到重创，第一产业所占比重下降，产业结构调整为二、三、一顺序，三次产业比例改写为28.7：42.24：29.06。

1993年至2004年，是安徽第三产业快速发展时期。从总体上看，这个时期的显著特点是基础设施包括能源、交通和通讯设施迅速发展，第三产业的比重迅速上升。1992年以来，在邓小平南方谈话精神的指引下，安徽改革开放和经济社会发展进入了一个新的阶段，初步建立起门类比较齐全的现代工业体系，第三产业得到迅速发展。1992 年，在《中共中央国务院关于加快发展第三产业的决定》推动下，安徽服务业进入了一个全新的发展时期。到 1999 年，安徽第三产业实现增加值和比重首次超过第二产业，产业结构由“二、三、一”转变成“三、二、一”，且保持了连续 6 年的产业结构形式，2004 年三次产业结构调整为 20.0∶38.8∶41.2。

2004 年以后，安徽从发展的实际需要出发，对发展战略进行了调整，实施“工业强省”的发展战略，第二产业进一步加速，第三产业比重相对下滑，第二产业比重再次超过第三产业，2005 年，三次产业结构为 16.3∶44.7∶39，三次产业结构由“三、二、一”进一步转变成“二、三、一”的发展格局，表明全省经济发展方式正在向农业、工业、服务业协调拉动转变。

2. 农业结构调整：由片面强调“以粮为纲”转变为农林牧渔全面发展

新中国成立 60 年来，安徽紧紧围绕以经济发展为主题、以结构调整为主线，不断调整和完善发展思路，优化农业生产布局，统筹农林牧渔各业协调发展，在稳步发展生产中促进农业结构调整，以结构调整提升经济发展水平，实现了经济增长与结构调整的良性互动。全省农业综合生产能力实现稳步提高，农业经济结构不断优化升级，农民收入不断提高，农村建设日新月异。

（1）发展历程

从农业结构调整发展历程来看，安徽农业产业结构调整是一个在发展中不断整合、优化、更新的过程，是从计划调整向指令调整、从内部调整向外部调整、从单一调整向综合调整不断转变的过程。

新中国成立后，安徽农村产业结构处于低层次状态。从 1949 年到 1978 年的 30 年间，安徽农产品供求关系经历了从严重短缺到比较短缺的过程，但解决“吃饭”问题始终是农业生产的首要目标，“以粮为纲”成为计划经济制度下全省发展农村经济的指导思想，形成了农村经济等同于农业经济，农业生产等同于种植业生产，种植业生产等同于粮食生产的单一化、僵硬化的“一头沉”式的农村产业结构。在农林牧渔业总产值中，以农作物种植为主的农业产值所占的份额一直在 75% ~85% 之间，在农作物种植上由于片面强调粮食生产，忽视多种经营，农村资源配置不科学、农业生产布局不合理，影响了经济作物生产的发展。

1978 年 12 月，党的十一届三中全会的召开，拉开了农村经济体制改革的序幕，从联产计酬到包产到户，全面推行以大包干为主要形式的家庭联产承包责任制，解放了农村生产力。与此同时，政府通过对粮、棉等主要农副产品收购价格和超购部分的加价进行了较大幅度的调整，激发出农民空前的生产热情，促进了全省农、林、牧、渔业生产的全面超常规发展，农业生产结构发生了初步变化。为了调整农村产业结构，中共安徽省委从 1978 年开始，决定对粮食生产实行只下达产量指标和收购任务，不再下达粮食作物种植面积的办法，促使农民因地、因时制宜地调整作物，搞多种经营。1980 年，为发展粮、棉生产，安徽在化肥、农药、资金等方面给予优惠照顾的措施，以提高棉、烟产量，满足纺织、卷烟生产的需要。1981 年，安徽又大胆地迈开农村改革的第二步，进一步调整农村产业结构：一是调整种植业内部结构，在决不放松粮食生产的同时，有计划地发展经济作物，并扩大杂粮生产，丰富粮食品种，建立合理的比例关系；二是大力发展林、牧、渔业，促进粮食转化，并建立若干个粮、棉、油和其他经济作物以及畜产品、林产品、水产品的优质商品生产基地；三是调整农村经济结构，大力发展工业、商业、运输业、建筑业、服务业等，以小城镇为依托，以乡镇企业为突破口，促进农村经济全面向专业化、商品化、现代化的方向发展。

1984 年安徽农村产业结构开始出现明显的调整趋势。种植业产值在农业总产值中所占比重由 1949 年的 72.5% 下降到 67.78%，林、牧、渔业产值则由 27.5% 上升为 32.3%，肉、蛋、奶和水产品等主要产品均大幅增产。

1985 年中央一号文件，肯定了农村改革最基本的内容是确立家庭承包、发展多种所有制经济、调整农业生产结构，国家对生产经营者从过去直接管理转向间接调控，充分发挥市场机制，为安徽加快农业结构调整转换创造了条件。1985 年，安徽大力调整农业结构，在不放松粮食生产的前提下，积极发展高效经济作物。80 年代后期，省委、省政府提出“稳定发展粮食生产，加快发展乡镇企业，加快发展开发性农业”的思路。打破传统的粮、棉、油统购统销体制，实行合同定购与市场调节相结合的“双轨”制流通体制，并相应采取了调整收购价格、减少定购数量等逆向调节措施，从宏观政策调控方面发挥了积极的调节和引导作用。1988 年，粮食总产达到 2310.33 万吨，比 1978 年增长 55.83%，保持了稳定增长的趋势；棉花由于种植面积的减少，总产量由 1984 年 23.39 万吨跌到 1988 年的 20.63 万吨。

异军突起的乡镇企业和农业产业化经营在农业结构调整中功不可没。1982 年 1 月，安徽省人民政府出台了《关于大力发展社队企业的决定》，顺应广大农民进一步的致富要求，提出了“放手发展，阔步前进”的指导方针。随后的几年中，省政府更加重视乡镇企业的发展，1984 年出台了《关于加快发展乡镇企业若干问题的暂行规定》，要求对待乡镇企业应和国有企业一视同仁，安徽省社队企业局改称为乡镇企业管理局，以加强对乡镇企业发展的领导和管理。各地在发展中开始突破“三就地”的框框，创造了以“三专二厂”（即重点抓发展专业户、专业村、专业经济区域和户办、联户办厂）为主的阜阳模式；以“两路并行、四轮齐转”（即集体、个体两路，乡、村、联户、户办）为主的当涂模式；以“两头在外，开发智力”（即原料、市场在外，重视人才）为主的桐城模式等。安徽乡镇企业发展速度也相应加快，1988 年全省乡镇企业总产值达到 215.6 亿元。在 1989 年至 1991 年“治理经济环境、整顿经济秩序”中，全省关停并转了 1.2 万家难以维持的乡镇企业。1992 年，全省启动了抓乡镇企业发展的“1235”工程，即集中力量抓好 10 个县（市、区）、20 个乡（镇）、30 个行政村、50 个企业，组织安徽乡镇企业发展的“甲级队”。通过 3 年努力，1994 年，安徽乡镇企业达到 94.8 万个，职工人数达到 715.6 万人，年总收入达到 1878.8 亿元，创利税 159 亿元。

1994 年后，针对乡镇企业机制退化、竞争力下降的情况，省政府将工作重点陆续转移到抓乡镇企业产权制度改革上来，通过实行股份制、股份合作制、拍卖、兼并、租赁重组等形式，明晰乡镇企业产权，盘活资产存量，吸纳外界投入资金，增强乡镇企业活力。截至 1997 年底，全省完成清产核资的乡镇企业有 3.7 万家，占乡村集体企业的 43.5%；实行各种形式产权制度改革 2.4 万家，占计划改制企业的 58.2%，其中：实行股份制和股份合作制的 9097 家，占改制企业的 37.9%，募集股金 24 亿元；拍卖企业 2790 个，拍卖资金 8.4 亿元；兼并、破产企业 793 个，破产总金额 6.3 亿元；租赁、承包企业 7910 个，租赁费和风险抵押金 7.9 亿元。在推动乡镇企业改革、改制时，各地从有利于促进生产力发展出发，紧紧抓住产权制度改革这一核心，“因企制宜”确定改制形式，在鼓励企业推行以股份制和股份合作制为主要形式的同时，针对企业实际，能卖则卖，该破产则破产，对股不起来、卖不掉又不该破的企业，积极探索兼并、租赁、承包、托管、协商转让等其他形式，千方百计盘化存量，扩充增量，增强发展后劲。广德县乡镇企业改革采取了“民进公退”的办法，确立了“能售不租、能租不包、能破则破、宜股则股”的改革思路，引导个体私营企业租购国有、集团企业376家，盘活存量资产5.6亿元。霍山县的乡镇企业集体股由职工买断，全部改为自然人持股，同时针对企业改制平均持股出现的股权分散及新的“大锅饭”弊病，在企业内部实行“决策层控股，自然人持大股”的办法，既有效调动了民间资本投资企业的积极性，又从产权关系上切断了政企不分、政府干预的脐带。1978年，全省只有为数不多的农村社队企业，年收入仅9亿元。到1997年，全省乡镇企业发展到86000多户，实现营销收入4400亿元，工业产值2500亿元、利税345亿元，名列全国第9位。乡镇工业总产值占全省工业总产值的64%。

近年来，政府鼓励乡镇企业发展向园区集中，全省经整顿验收的乡镇企业园区有397个，进园企业2.66万家，园区内乡镇企业当年实现营业收入和上缴税金分别为497.2亿元和14.6亿元，分别占全部乡镇企业的16.4%和20.3%。经过改革、改制、重组和兼并、破产，安徽乡镇企业基本实现了由集体企业为主到个体私营企业为主的转变：2003年，全省乡镇企业中有个体私营企业79.4万个，实现营业收入2356.8亿元，增加值676.7亿元，占乡镇企业经济总量的比重已达到78%。乡镇企业的迅速崛起，加快了农业工业化、产业化、市场化、城镇化进程，不仅有力促进了农村经济发展，增加了农民收入，而且成为安徽经济持续快速增长的重要推动力量。可以说，没有乡镇企业的崛起，就没有部分农村地区的率先富裕，就没有安徽今天的发展成就。

安徽以农业产业化经营为突破，用科学发展观统筹城乡经济社会发展，用工业理念抓好农业农村经济工作，加快农业产业战略性调整，发展一体化、市场化、园区化、标准化农业，提高农民的组织化程度，由此提升农业效益，带动农民增收。早在改革开放初期，随着市场化改革的不断深入和农村经济的快速发展，小生产和大市场不相适应的矛盾逐步显露出来。

一方面，生产者规模小、抗市场风险能力差，生产决策具有一定的盲目性；另一方面，加工商和销售商虽然掌握着经销渠道和市场信息，但却无法控制原料供应。在这种情况下，生产者、加工者和经营者都希望建立一种以市场为导向、稳定的一体化的经营体制。1991 年省委、省政府的 1 号文件，将社会化服务体系建设纳入农村经济发展的重要内容，使农科教结合、贸工农一体化、产供销一条龙的社会服务组织和体系建设得到长足发展，农业的产前、产中、产后服务得到明显加强。从实践效果看，这种以贸工农一体化为主要内容的农业产业化意义重大。一是突破了所有制的界限，将国营、集体、个体经营联结起来；二是突破了行政区域的界限，将县内外、省内外以至于国内外的企业和市场衔接起来；三是突破行业隶属关系的界限，将农、工、商、贸等不同行业结合起来；四是突破了城乡分割的旧体制，促进了城乡间生产要素的流动，也促进了产业结构的合理调整。

90 年代中期，农业产业化进入了成长阶段。1997 年 3 月，省委、省政府作出《关于实施农业产业化战略的决定》，开始组织实施“8152”工程，即“大力发展优质水果、优质黄牛、中药材、优质米和优质油、水产品、林牧产品、茧丝绸、蔬菜等 8 大主导产业，重点抓好 10 个农业产业化试点县（市），发展壮大 50 个省级农业产业化龙头企业，争创 20 个农业名牌产品”。大大推进了安徽农业产业化、市场化进程。此后，农业产业化继续得到政府的鼓励和支持，但又表现出一些新的特点：一是政府特别重视农业产业化重点龙头企业的发展，也相继出台很多具体的扶持措施；二是订单农业作为推动农业产业化经营的重要环节，得到了政府的提倡和鼓励；三是农业产业化龙头企业开始向优势产业和优势区域集中；四是工商资本开始进入农业产业化领域，创新了农业经营理念。

2002 年初开始，省委、省政府将建设优质安全农产品生产加工供应基地纳入“861”行动计划，加快农业结构调整，实施畜牧渔业富民工程，做大做强一批骨干龙头企业，加快农业产业化步伐。2003 年，省政府制发了《关于进一步加快发展农业产业化经营的实施意见》，明确了新形势下全省农业产业化经营的指导思想、发展目标、重点环节、保障措施，主导产业进一步优化。按照国家优势农产品区域布局，根据安徽农业产业化发展基础和市场前景，确立了水果、畜牧、优质粮、优质油、渔业、茶叶、蔬菜、棉花、中药材、茧丝绸等十大主导产业，其产值已占全省农林牧渔业产值的70%。农业产业化综合发展水平大大提高。到2007年底，全省养殖业占农业比重达到42.9%，“121”强龙工程目标任务超额完成，年销售收入超亿元的龙头企业达150家，其中超10亿元的15家，农民专业合作组织超过5000个，农产品加工产值突破1000亿元，形成了龙头企业带动型、中介组织带动型和专业市场带动型等多种农业产业化的经营组织。

示范县示范带动作用进一步显现。全省10个农业产业化示范县（市、区）根据自身优势，确立了示范重点，并与农业产业化总牵头单位省农委签订了农业产业化示范项目目标管理责任状，重点在名特产品、无公害蔬菜标准化、绿色通道、生态农业产业化、农民经纪人协会、利益分配机制、柳编产业协会、水禽和水果产业化等方面开展示范。至2003年底，10个示范县（市、区）农业产业化龙头组织发展到1223个，营销收入达79.3亿元，出口创汇1.13亿美元，利税总额9.8亿元，建立生产基地42万公顷，带动农户52万户。继续采取公开评审、专家评审等方式，重点扶持12个规模大、示范带动能力强的省级龙头企业，对发展潜力大、产品科技含量高、机制活的中小龙头企业开展扶持和引导，用于扶持龙头企业和示范县的财政资金达1400多万元。省农业银行选择17个信誉好的龙头企业公开授信，总额达10多亿元。

特色优势农产品的发展。1991年，安徽省政府发出了发展优质高产高效农业的通知，在全省掀起了发展“三高”农业的高潮。1994年，省委、省政府作出加快发展“三高”农业的决定，指出区域化生产和企业化经营是发展“三高”农业的基本途径。多年来，全省各地根据本地实际，因地制宜，扬长避短，发展具有当地特色的优势农产品，在农业内部，大宗农作物开始向优质高产高效、专业化和区域化方向发展，初步形成了淮北地区优质专用小麦，江淮及沿江江南高档优质稻米、优质“双低”油菜，皖东北优质花生，沿江及淮北地区的优质棉花，皖南和皖西山区的优质茶叶等10个优势作物产业带。随着农业产业化的进一步推进，区域化和专业化生产将更有市场竞争优势，成为增加农民收入的重要保证。

2000年以来，安徽农业结构进入了实质性的调整阶段。党的十六届五中全会提出了推进社会主义新农村建设的目标任务。省委、省政府按照“生产发展、生活宽裕、乡风文明、村容整洁、管理民主”社会主义新农村建设方针，坚持“五个统筹”和“工业反哺农业、城市带动农村”的发展思路，以农业产业结构调整为主线，以农民增收为核心，以生产发展为首要任务，以加快推进农业产业化为突破口，全省新农村建设取得了显著成效。上个世纪末，安徽以粮食为主的主要农产品生产得到了稳定增长，农产品的供给基本有了保障，农产品市场进入了买方市场，同时随着生活水平的提高，人们对农产品的品种、品质、安全等方面的要求也越来越高了，农产品卖难问题频繁出现，因此及时引导农民顺应市场变化，发展适销对路品种、提升产品品质就成为实现提高农业效益、促进农民增收的最有效途径。这期间，全省各地不断调整优化农业结构，大力发展“三高”农业，在粮食生产中增加优质水稻的面积、减少三级谷的面积，同时大力发展经济效益较高的优质水果、蔬菜、茶叶等经济作物和畜牧、水产品。此后，各地面向市场，深化农业结构调整，加快农产品优势区域布局，发展壮大优势产业，促进农业结构调整向内涵式方向发展，效益农业和特色农业得到较快发展。实践证明，不断调整优化生产结构，是适应市场发展，念活“农经”的有效手段，全省农业结构调整由数量、规模型向质量、品牌、效益型转变，特色农业地位显著提升，农业经济实力明显增强，第一产业彻底改变了种植业一业独支的格局，形成了多业并举、竞相发展的新局面。在农林牧渔业总产值中，种植业产值比重下降，林业、牧业、渔业比重上升，农业在农林牧渔总产值中所占比重由1978年的83.7%下降到2007年的50.9%，下降了32.8个百分点；林业则由1.6%上升到4.9%，上升3.3个百分点；牧业由14.2%提高到30.8%，上升16.6个百分点；渔业由0.6%提高到9.4%，上升8.8个百分点。种植业出现以粮食生产为主，多种经营、特色农业蓬勃发展的格局，粮食作物播种面积减少，经济作物播种面积不断扩大，粮经比例由1978年的77.2∶22.8调整为2007年的73.2∶26.8。

（2）调整成效

新中国成立60年来，安徽农业经济从单一的抓粮食生产转变为粮经作物并重，从偏重于农作物种植转变为注重农、林、牧、渔业全面发展，全省农村经济总体上步入了质量和效益全面提升的新阶段，产业结构不断优化。

经济总量迅速增加，产业结构逐步优化。新中国成立60年来，安徽农业和农村经济总量得以迅速提升。2007年，全省农林牧渔业总产值达到

2070.1亿元，其中，农业1054.0亿元，占50.9%；林业100.5亿元，占4.9%；牧业637.4亿元，占30.8%；渔业195.0亿元，占9.4%；服务业83.2亿元，占4.0%。按可比价计算，与1978年相比，总产值增长了374.4%，年均增长5.3%。其中，农、林、牧、渔四业分别增长233.2%、476.3%、573.4%和3997.5%，年均增长4.1%、6%、6.6%和13.2%。从产值结构看，农业产值所占比重逐步下降，林、牧和渔业产值比重逐步提高，表明产业结构逐步优化。至2007年，农业产值比重下降了32.7个百分点，林业、畜牧业和渔业比重分别提高了3.3、16.6和8.8百分点。在行业布局调整的同时，农业区域化布局、专业化分工的趋势逐步显现，长期以来形成的“大而全、小而全”农业生产格局被不断打破。主要农产品生产逐步向优势区域集中，农产品集中度不断提高。以林业为例，安徽林业在向社会提供大量的木竹及其制品、林副产品的同时，分别建成了1500万亩商品用材林和经济林基地。皖南、皖西山区以松、杉、竹和干果为主，淮北地区以杨树、泡桐和水果为主，毛竹、板栗、酥梨等产品成为名扬全国的品牌。安徽淮北市和蚌埠市的石榴基地，合肥市及沿苏浙地区、沿江地区的苗木花卉基地，皖南和大别山山区的竹类、油茶、板栗基地，天日山区的山核桃基地等都已形成规模，且日益壮大。

农产品产量大幅提高，品种结构不断优化。新中国成立60年来，安徽农业综合生产能力在推进结构调整中不断加强，主要农产品产量实现稳定增长。2007年，全省粮食总产由1978年的297亿斤提高到580亿斤，增长95.3%，平均每年提高9.8亿斤，年均增长2.3%，粮食总产位于全国第6位。城乡居民长期“吃不饱”的问题得到了彻底解决，实现了历史性转折。全省油料总产为199.2万吨，比1978年增长了5.1倍，年均增长6.4%；全省棉花总产达37.4万吨，比1978年增长2.3倍，年均增长4.3%。油料和棉花总产分别约占全国的7.8%和4.9%，位于全国第5位和第6位。全省肉类总产量323.6万吨，比1978年增长5.5倍，年均增长6.7%；生猪出栏2363.1万头，比1978年增长2.4倍，年均增长4.3%；禽蛋产量达108.6万吨，比1982年增长6.2倍，规模化养殖比重达到35%。全省水产品产量达166.5万吨，比1978年增长32.3倍，年均增长12.6%，全省名特优水产品养殖面积达到380万亩。

产业化水平不断提高，农产品品质结构不断优化。新中国成立60年来，安徽农业产业化经营从小到大，从弱到强，不断取得新进展。在推进农业结构战略性调整中，各地注重完善农村基本经营制度和经营方式，积极发展农业产业化经营和农产品加工业，农业产业化经营规模不断发展壮大，产业化经营的组织方式呈多元化发展态势，以“公司+农户”、“公司+基地+农户”为主的龙头企业带动型，以“合作社+农户”、“专业协会+农户”为主的中介组织带动型和专业市场带动型经营模式蓬勃发展。在农业结构调整中，集中扶持具有显著带动作用的农业产业化龙头企业，龙头企业与农户的利益连接方式日益紧密，合作方式多种多样，迅速形成了以市场带龙头、龙头带基地、基地连农户的多元化经济格局。伊利、蒙牛、雨润、黑牛、温氏、汇源、光明乳业、宝迪、新希望、千喜鹤等国内外知名企业纷纷入户安徽，对安徽农业发展起到了积极作用。截止 2007 年，全省年销售收入超亿元的龙头企业达到 150 个，超 5 亿元的达到 40 个，超 10 亿元的达到 15 个。全省各类农民专业合作经济组织发展到 5000 多个，比 2005 年增加 1100 多个；特色产业专业村 1420 个，专业乡镇 109 个，专业村、专业乡镇农民纯收入分别高于全省 25% 和 21%。

3. 工业结构调整：由“适应性”调整向优化升级迈进

新中国成立 60 年来，安徽工业坚持以市场为导向，积极推进工业改革和制度创新，大力推进结构调整，实现了从农业社会到工业化社会的历史性跨越，从工业小省到工业大省的历史性跃迁，形成了空间布局合理、产业特色鲜明、经营机制灵活、多种经济成分竞相发展的工业化新格局，走出了一条符合实际、富有特色的工业化道路。

（1）工业发展和结构调整历程

从 1949 年到 1978 年期间，安徽工业处于波浪式前进时期。1949 年，全省工业总产值 3.63 亿元，仅占工农业总产值的 17.0%，只相当于江苏省的 24.7%、浙江省的 39.0%，工业基础极其薄弱。经过 3 年的经济恢复，工业生产以年均 25% 的速度增长，1952 年全省工业总产值 6.5 亿元，占工农业总产值的 22.7%。1953 年，国家发动了以大规模工业建设为主要内容的第一个五年计划。根据国家部署和安徽矿产资源的条件，安徽重点投资建设了煤炭、电力、化工等能源和原材料工业，不仅原材料工业发展迅速，而且重工业也得到了发展。到 1957 年，重工业产值占工业产值比重由 1949

年的14.7%上升到1957年的33%。“一五”时期产业结构的变动说明，以重工业发展为标志，安徽的工业化从一开始就踏入了产业结构“重型化”的过程。

从1958年开始，安徽进入“二五”时期，中共安徽省委根据中共八大二次会议精神布置大炼钢铁，经济发展被简单化为发展重工业，发展重工业被简单化为发展钢铁工业，导致国民经济和产业结构严重失调，农业发展跌入低谷。1961中共八届九中全会决定对国民经济实行“调整、巩固、充实、提高”的“八字”方针，对国民经济进行全面调整。安徽主要采取努力加强农业，缩短工业生产建设路线；整顿工业企业，对一些企业实行关、停、并、转等措施。1962年8月，安徽省人民委员会批准了省计委《关于工业企业调整方案的报告》，提出了工业企业调整的原则，关、停、并、转、改的企业占原企业总数的51.1%。随着调整的深入，各部门比例关系逐渐趋于协调，并在此基础上有重点地发展了支农工业和轻纺工业。但1962年全省工业总产值20.01亿元，只及1958年的三分之二。后又经历了“文化大革命”的10年徘徊，工业生产忽冷忽热，增长速度忽高忽低。经过1953年至1978年20多年的曲折发展，安徽在经济建设上取得了很大成就，基本建立起相对独立的工业体系，1978年工业总产值107.11亿元，轻重工业产值比由1949年的89∶11逐步调整为50.5∶49.5。

1978年至1992年，以增强企业活力为特征的扩权让利阶段以及轻工业加快发展阶段。

1979年，伴随着联产承包责任制在农村的推广，安徽在城市围绕搞活企业、扩大企业自主权进行了一系列试验性改革。1979年10月，全省先后对174家工商企业进行扩权试点，1980年开始推行经济责任制，主要是国家对企业实行利润留成、盈亏包干和定额补贴。1983年1月和1984年10月实行了两步利改税，1984年，合肥和蚌埠被确定为全国综合改革试点城市，两市的部分企业试行厂长负责制。到1985年，全省约有60%的企业实行了承包经营责任制，1600多个企业推行了厂长负责制。1986年，全省开展横向联合的企业已达2570多个，与23个省、市、自治区建立了经济技术协作关系。承包经营责任制以契约的形式确定了国家与企业的责、权、利关系，进一步调动了企业的生产经营积极性，全省国营工业企业承包经营责任制全面展开。到1989年底，全省预算内工商企业的承包面已超过

90%，其中大中型工业企业全部实行承包，50%左右的小型商业企业推行租赁经营责任制。1991年底，全省第一轮承包到期的国营工业企业和商业企业中分别有93%和73%签订了新的承包合同。实行承包经营，进一步明确了企业利益的主体地位，企业有了使用、支配生产资料的权利，成了自主经营、自负盈亏的相对独立的商品生产者和经营者，较大地激发了企业领导和职工的生产、经营和自我发展的积极性，使得生产大幅增长。随着国有企业改革的不断深入，全省工业增长速度继续加快，1992年工业增加值293亿元，为1983年的3.4倍，年均增长14.4%。

在此期间，轻工业发展加快。为了扭转“过分强调积累抑制消费”所带来的弊端，补充消费品的不足，采取了压缩基本建设、扶持轻工业发展的方针，80年代中后期，安徽轻工业发展经历了小高潮。1978年12月，党的十一届三中全会作出了把全党工作重心转移到经济建设上来的重大决策。1979年4月，中共中央工作会议提出了对国民经济进行“调整、改革、整顿、提高”的方针，决定用3年的时间调整国民经济，把严重失调的经济比例关系基本上改变过来。1979年5月，中共安徽省委召开工作会议，对国民经济调整提出了初步意见，即在3年调整期间，全省粮食平均每年增长6%左右，轻工业平均每年增长10%以上，煤、电、交通运输和建筑材料都要保持一定的增长速度，把安徽农业和工业、轻工业和重工业、燃料动力原材料工业和加工工业、积累和消费之间的比例关系，基本上改变过来，使整个国民经济逐步走上持久的、按比例的、高速度的发展轨道。在1979年和1980年初步调整的基础上，又经过1981年的进一步调整和1982年至1984年的继续调整，安徽国民经济中的一些重大比例关系开始得到改善，并逐步趋于协调发展。至1992年，全省轻重工业比例已调整为51.1∶48.9。

1993年至2003年，以建立现代企业制度为目标的深化攻坚阶段及重工业加快发展阶段。

邓小平同志视察南方重要讲话和党的十四大的召开，给安徽工业经济注入了新活力。企业改革不断深化，现代企业制度试点稳步推进，乡镇工业异军突起，农村大批剩余劳动力向二、三产业转移。1996年，全省工业企业数达到2.7万家，工业增加值634.2亿元，为1992年的1.8倍，年均增长16.5%。自1997年以来工业企业效益持续4年低迷，亏损面居高不下。为改变这一被动局面，安徽以“七个一批”政策措施为抓手，大力实施了国有企业扭亏增盈工作，国有企业三年改革和脱困目标如期实现，企业债转股、兼并重组和压缩淘汰落后生产能力成效明显，现代企业制度建设步伐加快。全省工业增加值由1997年的703.7亿元增加到2003年的1255.8亿元，年均增长10.1%。工业增速比前期虽有所回落，但工业经济在调整中质量得到逐步提升，工业增加值迈上了千亿元台阶。

建立现代企业制度。1993年11月，中共十四届三中全会通过了《关于建立社会主义市场经济体制若干问题的决定》，明确指出，中国国有企业改革的方向是建立适应市场经济要求的“产权明晰、权责明确、政企分开、管理科学”的现代企业制度。1994年，安徽确定了32户国有大中型企业进行现代企业制度试点，其中中国扬子集团公司、安徽开元集团公司被确定为全国“百家试点”企业。试点工作的一项重要内容就是将国有独资企业改制为有限责任公司或股份有限公司，试点企业集团开始建立以资本为主要纽带的母子公司体制，到1997年底，全省试点企业已达62个，其中，改建为国有独资公司的25个，占40.3%，改建为多元投资的股份有限公司和有限责任公司的37个，占59.7%。合肥、芜湖、蚌埠、铜陵、滁州、六安、安庆7城市先后进入国家“优化资本结构”试点城市行列，成为全国试点城市最多的省份之一。1997年9月，党的十五届一中全会上，提出了国有企业改革和发展3年两大目标，即力争用3年左右的时间，使大多数国有大中型企业摆脱困境，大多数国有大中型骨干企业初步建立现代企业制度。安徽重点抓了3年改革脱困的工作，同时采取了债转股、技改贴息和兼并破产等政策措施，优化了全省国有经济结构，提高了企业素质。

加快国有大中型企业的兼并重组，组建企业集团。从“八五”开始，安徽部分企业在开展经济联合的基础上，以资金、产品、生产技术协作、技术开发、信息、销售、服务等为纽带，成立了具有半紧密或松散联合性质的多层结构的经济组织，形成了早期的企业集团。经过10多年的发展，安徽企业集团的功能得到了发挥，对全省经济发展起到了骨干和带头作用。1996年，安徽提出“运用整体合力，推动重点突破”和“把国有资产从一般竞争性行业中转移出来，集中到需要扶持的重点行业；把国有资本从中小企业中转移出来，集中到大中型骨干企业”的改革思路，到年底，全省共有各类企业集团310个，其中年销售收入超过5亿元的34个，有13个企业（集团）进入了全国500个最大工业企业行列，安徽海螺集团被列入国家百户重点企业集团，初步形成了一批在市场上具有一定竞争力的企业集团。但从总体上看，全省大多数企业集团规模较小，市场组织程度不高，集团发展过程中的投入和生产结构还不能适应市场需求的变化。为了加快企业集团的发展，1997年，省政府下发了《关于组建和发展省级重点企业集团的实施意见》，首批选择马钢集团、美菱集团、新集集团等15个企业集团为省级重点企业集团试点，并制定了相关的政策措施。到2003年底，省属国有及国有控股企业集团达到35家。

安徽以培育一批主业突出、拥有自主知识产权、具有核心竞争力的大企业大集团为目标，坚持“先分离、后兼并，先分流、后重组，先破产、后收购”的原则，围绕70个骨干企业，按照产业关联、产品相近、优势互补的原则，大力实施企业兼并重组，推进优质资产向优势企业和优势产业集中，促进国有经济战略性调整和国有经济战略性改组。截至2007年，全省共实施企业并购重组270余例，盘活存量资产230多亿元；上市公司已达53家，数量居全国第十位，其中在中小板上市的8家，居全国第五位。通过对22个企业集团实施债转股，减少企业负债133.8亿元，企业资产负债率平均下降了25个百分点，年平均减少财务费用支出6.5亿元左右。

一是推动重要骨干企业特别是省属大企业收购、控股省内外企业，实现低成本扩张。2004年，省委办公厅、省政府办公厅转发了省国资委《关于加快推进省属国有企业改革的意见》，有力地推动了省属企业的改革。据不完全统计，几年来，仅海螺、江汽、合力、丰原、国风等省重要骨干企业就成功实施兼并收购70余例，盘活存量资产45亿元，其中海螺、江汽等省属大企业实施兼并收购40余例，盘活存量资产25亿元。海螺集团采取投资、收购、兼并等方式在沿海省市建立了宁波海螺水泥有限公司、上海海螺水泥有限公司、南京海螺水泥有限公司、张家港海螺水泥有限公司等一批粉磨站或混料厂，确立了集团在市场上的战略优势地位。

二是紧紧抓住国家实施国有企业战略性改组的机遇，鼓励省内外优势企业并购省内困难企业、破产企业的有效资产。据不完全统计，1998年以来，省内外企业收购重组省内困难企业、破产企业90余例，盘活存量资产40亿元。

三是推动省内外国有、民营企业收购重组省内外中小国有企业，使一批长期亏损企业成为新的经济增长点。如浙江耀华集团收购重组合肥高压开关厂、昌河飞机制造公司兼并淮海机械厂、上海华源集团公司收购安徽纺织厂和东至纺织厂、合肥六方深冷股份公司收购合肥化工机械厂等等。

四是利用省外民营资本重组省内上市公司。几年来，黄山金马、长江农业装备、美菱股份、鑫科新材料、芜湖港储等上市公司，通过引进省外优势民营资本进行战略重组，实现国有股权转让，优化了股权结构，提高了上市公司的盈利能力和资产质量。

五是推动利用外资嫁接改组国有企业。新加坡佳元公司全资收购安徽开元公司、西门子公司收购扬子冰箱厂等，为进一步利用外资改组国有企业积累了经验。

加快中小企业改革和发展。1992 年以前，安徽国有小企业的改革主要采取放权让利、承包与租赁等形式，改革的结果并没有改变中小企业亏损的局面。党的十五大以来，全省各地通过改组、联合、兼并、租赁、承包经营、股份合作、出售等多种形式，加大了放开搞活国有中小企业的力度，提出了“减少国有企业数量、提高国有企业素质、减少国有资本在传统产业中的比重、提高国有资本在新兴产业和高新技术产业中的比重，提高国有经济的控制力”的目标。1995 年 9 月，省政府下发了《关于加快国有小型企业改革若干问题的通知》，提出了以国有工业小企业为主，实行“扶持壮大、挂靠联合、出售改制、兼并划转、承包租赁、合资嫁接、退二进三、分立重组、破产淘汰”等“九个一批”的改革形式，3 年基本完成小企业改革的目标，在全国引起广泛的关注。全省国有工商小企业有 4121 户实行了“九个一批”的改革，约占总数的 98%。1997 年，以股份合作制为主要形式的国有小企业改革蓬勃发展，全省 2061 个国有小企业的改制面达 90% 以上。2000 年下半年，省委、省政府提出用两年左右的时间使国有工业中小企业基本改革完毕，同时适时推进集体企业改革，按照出售改制一批、承包租赁一批、嫁接改造一批、剥离分立一批、“退二进三”一批、破产退位一批等搞活中小企业的“七个一批”的政策措施，到 2002 年底，全省保有的 1204 户国有中小企业已基本完成了多种形式改革，其中绝大多数退出了国有序列，是全国中小企业改革力度较大的省份之一。

加快对传统行业的技术改造。一是努力争取国家项目和政策支持。从 1999 年，党中央、国务院决定从新增发的国债拿出部分资金用于企业技术改造的贷款贴息，安徽把握国家采取积极财政政策支持企业技术改造的机遇，积极争取国家项目和政策支持。到2002年底，全省共争取国债贴息技改项目87个，总投资182亿元，项目数和投资额均居全国第八位。这些项目投产后，使一批重点企业的市场竞争力明显增强，一批老企业重新焕发了青春，经济效益显著提高。二是加快先进适用技术对传统生产线的改造工作。采用政府推动、产业政策导向、公开评选择优予以财政补贴的办法进行，利用高新技术对全省传统的生产线进行改造，使一批中小企业的技术水平得到了升级和提高。从1979年至2003年，全省企业完成技术改造投资1832.66亿元。三是加强一批重大项目建设。自1998年以来，安徽瞄准国际先进水平，实施了一批重大项目。马钢公司投资近100亿元建设薄板、平改转、高炉改造及大修等28个项目，钢材生产能力达500万吨；国风集团实施了总投资14亿元的非金属矿超细粉、新型塑料燃气管、大口径塑料双壁波纹管和塑膜等项目，使双壁波纹管、塑料薄膜分别居全国同行业第一、第五位；铜峰集团投资近10亿元，围绕电工薄膜及电容器实施系统改造，形成4000吨电工薄膜能力，居全国第一位；华茂集团投资10亿元，建设国产化棉纺成套设备试验基地、精密纺、高档面料等项目，保持了行业效益领先地位。加强以企业为中心的技术创新体系建设。到2003年，全省经国家认定的企业技术中心有12家，省一级政府认定的企业技术中心已超过204家。

重工业再次加快发展。经过“六五”、“七五”时期的消费“补课”与轻工业优先发展，生活资料的供求形势发生了巨大变化，众多消费品由供不应求变为供求基本平衡，个别商品甚至出现供过于求的情况。为进一步理顺基础产业和加工工业之间的关系，尽快完成产业结构的合理化任务，1989至1991年3年治理整顿工作完成以后，全省工业结构由轻工推动型向重工带动型转变。全省自1995年以来重工业比重逐渐提高，轻重工业比例由1995年的52.4∶47.6改变为2002年的36.3∶63.7。重工业中加工工业占全部工业总产值的比重上升较快，由1998年的23.2%上升到2001年的27%；轻工业中以非农产品为原料工业的发展快于以农产品为原料的工业，占全部工业的比重由1998年的11.3%上升到2001年的12.1%；以农产品为原料工业的比重迅速下降，由1998年的33%下降到2001年的26.7%。

2003年以后，安徽国有企业改革发展和工业经济发展进入一个崭新的阶段。安徽以工业化为核心，加快经济结构升级，深化企业三项制度改革，推进企业并购重组，并全面实施“861”行动计划，加快重大项目建设，着力培育了一批在国内有地位、具有国际竞争力的大公司、大集团，发展了一大批“专、精、特、新”的中小企业集群。2003年，安徽制定了《2003—2007年安徽省国有企业改革规划纲要》，2007年省委、省政府出台了《关于工业强省的决定》，将工业强省摆在战略核心地位，安徽工业经济增长方式进一步转变，工业推进的力度进一步加大。随着各项改革的进一步深化和工业强省战略的稳步推进，政策累积效应得到了集中释放，全省工业经济出现重大转机，工业增加值由2004年的1488.9亿元增加到2007年的2752.1亿元，比1978年增长37倍，年均增长13.4%，占GDP比重由1978年的31.8%上升到37.4%，对GDP增长的贡献率已提高到55.5%，成为推动全省生产总值跨越7个千亿元平台的主导力量。安徽工业经济迈入了厚积薄发、加速崛起的新阶段。

劣势企业退出市场，积极稳妥地实施政策性关闭破产。近年来，安徽积极开展企业关闭破产工作，稳妥实施政策性关闭破产项目。全省建立了省统一领导、市组织实施、项目单位具体操作的三级工作保障体系，明确了企业关闭破产项目实施工作责任制，认真制订企业破产实施方案，抓住职工安置资产重组等重点环节，想方设法筹措资金解决企业关闭破产费用，做到破产费用不落实和职工安置、资产重组方案不落实的企业，不得进入破产操作程序。在具体操作过程中，把稳定工作贯穿于企业关闭破产项目实施全过程，切实加强稳定工作的组织领导，强化项目实施全过程的监督检查，严格按照国家政策规范操作，切实落实职工安置政策，妥善安置职工，确保企业和社会稳定。同时，认真进行破产重组工作，引导优势企业收购、重组破产企业有效资产，组建多元持股结构的新型企业，盘活存量资产，培育新的经济增长点，为破产企业职工实现再就业创造条件。1998年以来，安徽坚持按对产业升级带动强、有利于重组成为新的增长点、确保社会稳定的原则，全省共争取列入全国企业兼并破产和职工再就业工作计划的项目162个。截止2007年，有105个项目已经实施终结，786户长期亏损、扭亏无望、严重资不抵债的企业实施依法破产，盘活存量资产112.9亿元，全省70%以上需要退出市场的国有困难企业和资源枯竭矿山已经实施了关闭破产，全省国有经济的布局和结构得到合理调整和优化。

坚持总量调控，淘汰落后“五小”。为改善供求关系，国家对纺织、煤炭、冶金和石化等行业实施了总量调控。关停了一批浪费资源、污染环境、工艺落后的小火电厂、小水泥厂、小玻璃厂、小炼油厂和小钢厂。1998 年以来，在淘汰落后方面，全省共关闭 865 处落后和存在严重安全隐患的小煤矿，关闭 264 户小水泥企业，淘汰落后生产能力 894.3 万吨，压缩落后棉纺 29.08 万锭，压缩落后缫丝能力 10 万锭；关停小轧钢厂、小冶炼厂、小铁合金厂共 96 户，一批劣势企业的关停，为优势企业发展腾出了市场空间。

重工化特征更为明显。进入新世纪以来，居民消费结构由吃、穿、用，向住、行升级和转变，从而使得房地产、汽车等产业成为新的高增长产业。由于房地产、汽车等行业具有产业链条长的特点，对相关产业的带动作用明显，尤其是对钢铁、机械、化工等重化工业产生了较大需求。市场需求导向的转变，加快了资本向重工业倾斜，促进了重化工业的快速发展。2007 年，安徽重工业增加值占规模以上工业的比重为 71.13%，安徽经济进入重化工业的新阶段。

（2）辉煌成就

新中国成立 60 年来，安徽不断加大工业结构调整力度，全省工业在轻重工业结构、所有制结构、行业内部结构、企业组织结构等方面都发生了显著的变化。

轻重工业比例关系调整呈现重型化特征。解放初期安徽重工业极其落后，基本上是以农副产品加工为主的轻纺工业和手工业。1980 年以后推行了优先发展轻工业的结构调整战略，同时对重工业加以改造，不断提高深加工程度，都取得了明显的成效。1995 年轻重工业结构比上升到 53.1：46.9，低加工度、重型化的工业结构有所改善，工业总体实力也不断增强。新兴轻工业发展迅速，特别是日用机械、家用电器、塑料制品和饮料制造业发展更快。1995 年，安徽轻工业总产值已居全国第十位，成为全国的轻工大省之一。近年来，随着工业化进程的加快，安徽工业重化趋势明显。规模以上工业中轻重工业比例由 1978 年的 50.5：49.5 转变为 2007 年的 29.4：70.6，重工业比重上升了 21.1 个百分点。其中，黑色金属冶炼及压延加工业、电力热力的生产和供应业、电气机械及器材制造业、交通运输设备制造业、有色金属冶炼及压延加工业、化学原料及化学制品制造业、非金属矿物制品业等7个行业创造的增加值占规模以上工业的50%以上。这种状况表明轻重工业格局已由改革开放之初的“轻重平衡”转变为“重高轻低”，拉动工业经济增长的主导力量已从轻工业转向重工业，工业化进程进入到重化工业的新的发展阶段。

高新技术产业快速发展，工业内部结构不断优化。改革开放以来，尤其是进入新世纪以来，为适应全球高新技术产业竞争发展的大局和趋势，安徽坚持体制创新与技术创新相结合，着力发展对经济增长有突破性重大带动作用的高新技术产业，有力地促进了产业结构调整。电子信息、生物工程、航空航天、医药制造、新能源和新材料等高新技术产业蓬勃发展。2007年，全省高技术产业1517家总产值达到2518.3亿元，增加值679.4亿元，占GDP的比重达到9.2%。从产出结构变动情况看，纺织等传统行业在全省工业中的比重明显萎缩，轻工、能源（包括煤炭、电力、供水）、建材、烟草和医药等行业所占比重相对下降；以冶金、机械、汽车和电子信息等为主的高附加值、高技术含量、高成长性行业的地位明显加强。在2002年产出结构中，比重居前五位的依次为轻工、能源、冶金、机械和化工行业，产值所占比重分别为24%、13.5%、11.9%、11.4%和10.8%；到2007年，比重居前的仍为这五大行业，但位次顺序发生了变化，依次为轻工、冶金、机械、能源和化工行业，比重分别为22.4%、18.8%、14.2%、12.9%和9.5%。5年间，冶金、机械两大行业比重分别提升了6.8和2.8个百分点，标志着工业技术水平的装备制造业（包括机械设备制造业、汽车和电子信息行业）在工业产出中比重由2002年的21.9%提高到2007年的24.3%，其工业增加值比重由18.7%提高到24.1%，已经成为全省工业第一支柱产业。

技术改造投资成倍增加，技术结构不断提升。1978年至2007年，全省企业完成技术改造投资4472.6亿元，改造重点生产线近千条。随着体制改革的进一步深化，工业企业技术创新能力逐步提高，企业技术创新服务体系建设和产学研联合进一步加强，有力地促进了科技成果的转化和企业竞争能力的提高，促进了中国产品技术水平和产品结构的完善。到2007年，省级以上工程（技术）研究中心、企业技术中心达285家，其中国家级企业技术中心12家，出现奇瑞、江汽、淮南矿业、科大讯飞等一批自主创新典型。

国有经济战略调整成效显著，企业组织结构趋于合理。解放初期，安徽的工业企业数量少规模小。50年代中期以来，国家投资主要建设了少数大型企业，对地方兴建的工业企业扶持力度不够，规模仍然偏小，加之体制上的条块分割、多层次管理，难以形成规模经济，不少企业存在着“大而全、小而全”的问题，投资效率偏低，发展能力不足，技术和管理水平也较落后。1980年以后，针对上述问题不断进行调整、改造，推行专业化协作，并通过合资、合作等多种方式增加对企业的资金注入，工业企业规模偏小的问题逐步得到改善。90年代以后，安徽按照党的十五大和十五届四中全会精神，坚持“有进有退、有所为有所不为”和“抓大放小”的方针，在培育大企业、大集团的同时，采取股份制、股份合作制、兼并、出售等多种形式，区别不同情况，有计划、有步骤地对安徽国有经济的布局和结构进行调整，对于浪费资源、技术落后、污染严重的小水电、小火电、小冶炼等企业，实行强制性关闭和转产，进行淘汰性退出；对于产品无销路、亏损严重的企业实行止损性退出，以防止国有资产进一步流失；对于机制不活、竞争力不强、不适合国有企业经营的中小企业，在严格规范程序，坚持公平、公正、公开的前提下，实行收缩性退出，从而不断提高国有资产运行的质量和效益，大大推进了国有经济的战略性调整，企业组织结构逐步趋于合理。1978年，全省大中小型工业企业数136957个，其中大中型企业88个；2007年全省规模以上工业企业8111家，其中大中型企业734家，主营业务收入超亿元企业达1011户，超百亿元的企业10户，马钢、铜陵有色、海螺集团、省电力公司销售收入超过300亿元，马钢达520.7亿元，铜陵有色达420亿元。在中国500强企业中，安徽拥有11家；在中国制造业500强中，安徽拥有13家，分别位居中部地区第一位和第二位。合力集团公司代表中国叉车工业成功跻身世界叉车制造业前10强。这些大中型企业和企业集团，已成为全省工业经济的中流砥柱，对工业经济的发展起到了有力的带动作用。

多种经济成分竞相发展，所有制结构不断完善。1956年在完成对资本主义工商业的社会主义改造以后，私营工业基本消失，一部分规模较大又有发展潜力的集体所有制企业逐步改造为国有企业，形成了单一所有制结构，主要为国有工业和集体工业。1979年后，随着改革开放的逐步深入，安徽突破了计划经济的体制束缚，冲破了单一国有制的经济结构，放手发展乡镇企业，推动农村工业化。随后，企业产权制度改革取得突破性进展，私营企业蓬勃发展。随着对外开放程度的提高，投资环境的改善，“三资”企业从无到有，从小到大，成为推动安徽工业发展的重要力量，形成了多种经济成分竞相发展的新格局。第一，企业的改革推进和发展民营经济的一系列政策的颁布，促进了安徽个体私营经济的快速发展。1978 年，全省个体户仅有 7049 人，私营企业基本是空白。至 2007 年底，全省注册个体工商户 122.3 万户，从业人员 266.9 万人，注册资金 201.05 亿元。注册私营企业 14.49 万户，从业人员 165.7 万人，注册资金 1876.46 亿元。楚江投资公司、鑫科新材料公司、宁国中鼎集团、华菱电缆公司等一批规模较大的非公有制企业集团脱颖而出。第二，非公有制工业呈现出蓬勃发展态势。截至 2007 年底，规模以上国有及国有控股工业企业由 1998 年的 1651 户减少到 2007 年的 581 户，集体企业由 1165 户减少到 236 户，国有和集体企业资产占总资产比重由 83.4% 下降到 13.2%。安徽规模以上工业企业中非公有制工业企业 7096 家，全年平均从业人员 99.2 万人，拥有资产 2782.6 亿元，实现工业总产值 3992.4 亿元，主营业务收入 3747.3 亿元，企业当年实现利润 173.5 亿元。目前，安徽非公有制工业经济已跨入历史发展新阶段，非公有制工业成为安徽工业经济的重要增长极。2007 年，全省规模以上非公有制工业实现增加值 1205.7 亿元，占全省规模以上工业的 47%，对工业增长的贡献率达 57.8%，拉动工业增长 15 个百分点，公有制经济与非公有制经济共同发展、良性互动的格局基本形成。

三　基础设施建设突飞猛进

新中国成立以来，安徽坚持统筹规划、科学布局、合理安排的原则，构建适度超前、功能配套、高效便捷的现代综合交通网络体系。经过大规模的投资和建设，全省基础产业和基础设施建设成就斐然，合宁高速公路、芜湖长江大桥、合九铁路等一大批标志性基础设施建设项目投入使用，初步建立起由公路、水路、铁路、民航等多种运输方式共同构成的综合交通体系，水利基础设施建设显著加强，邮电通信能力不断提高。基础产业和基础设施的快速发展为全省国民经济的发展和人民生活水平的提高提供了坚实的基础，如今的安徽已成为东中西部经济社会交流的“黄金走廊”。

1. 水利建设蓬勃发展

古人云，善治国者必先治水，兴国必先兴水。安徽地处华东腹地，长江、淮河横跨省境，将全省分为皖南、江淮之间和淮北三大区域。新中国成立60年来，安徽人民围绕除害兴利，筑堤建站修水库，大力发展水利建设，取得了辉煌的成就，有力促进了全省农业生产的发展，保障了广大城乡群众的安全用水，基本满足了国民经济健康持续发展的需要，对减轻水旱灾害发挥了巨大作用，取得了良好的社会效益、生态效益和经济效益。

（1）发展历程

1950夏，淮河流域洪灾严重，全省受灾面积3100万亩，受灾人口1000万人。中央人民政府政务院颁发了《关于治理淮河的决定》。1951年春天，毛泽东主席发出“一定要把淮河修好”的号召，大规模的治淮运动从此开始，拉开了全省水利建设的序幕。安徽实施山区修水库、沿淮修筑淮北大堤和主要支流堤防以及涵闸加固工程建设，初步形成安徽淮北平原以及津浦铁路的防洪屏障；进行西淝河等支流疏浚工程以及茨河等截源改道、调整水系工程；兴建城西湖等4处湖泊洼地蓄洪工程，开辟18处行洪区；实施五河以下淮河干流和支流漴潼河水系的内外水分流工程；建成佛子岭、梅山、响洪甸和磨子潭4座大型山谷水库，初步形成了蓄泄兼筹的淮河中游防洪工程体系。在长江安徽段治理中，对年久失修的无为大堤、同马大堤等沿江堤防进行堵口复堤和加高培厚；建成董铺、官沟等大中型水库和299座小水库；新建、扩建柏山渠、响水坝、佟公坝、七门堰等中型引水灌区以及众多塘坝等小型灌溉工程。在这期间建成的骨干工程，比较严格地执行国家制定的各项规章制度，通过实践提高了规划、设计和施工的水平，发挥了较好的工程效益。

从1958年“大跃进”开始到“文化大革命”结束，安徽水利建设在排除干扰中前进，建设了一批效益显著的大型水利工程。1958年开工兴建的淠史杭灌区，形成了全国最大规模的“长藤结瓜”式灌溉系统，灌溉面积达53.3万平方公里。1966年至1970年实施新汴河工程，被誉为豫、皖、苏三省团结治水的典范。建设龙河口、花凉亭、陈村、黄栗树和沙河集5座大型水库。1969年实施驷马山引江灌溉工程；1971年起治淮形成新的高潮，先后开工建设茨淮新河、怀洪新河等工程，建成中型水库70座，小型水库3738座，续建中型水库24座。

1978年，随着农村联产承包责任制的普遍推行和国家投资方向的调整，农田水利建设投资和规模一度出现低潮，一些地方基层水利设施管护有所放松。20世纪80年代后期，国务院发出了《关于大搞农田水利基本建设的决定》后，水利的国民经济产业地位得到确立，国家投资力度明显加强，安徽水利紧抓机遇，坚持农田水利建设与城市、工业供水建设并重，兴利与除害并重，防洪与抗旱并重，水利与水保并重，开源与节流并重，建立与管理并重的原则，把工作重点转向工程的完善配套和制度管理上来。安徽水利建设清理在建项目，停缓建一批工程，调整投资方向，加强工程管理，开展综合经营。在淮河治理中，重视行蓄洪区建设，重点解决群众生活问题，把治水与致富结合起来。在长江治理中，1978年开始建设凤凰颈引江抽水站、女山湖引淮灌溉等大型工程。1985年，从世界银行引进外资开展淠史杭灌区续建配套和巢湖治理，大大提高了淠史杭灌区的灌溉供水效益，兴建了凤凰颈排灌站，整治牛屯河、西河，改变巢湖流域防汛抗旱面貌。

1991年江淮大地遭遇特大水灾，国务院召开治淮会议，确定兴建19项治淮骨干工程，涉及安徽省14项。全省迅速掀起了以治淮为中心的大规模水利建设高潮。进行淮干整治工程，续建怀洪新河工程，开展包浍河初步治理工程、黑茨河初步治理工程、淮干行蓄洪区安全建设、湖洼及支流治理、高邮湖大堤加固等工程。

1995年，安徽成立省农田水利基本建设指挥部，集中力量抓农田水利建设，有效地推动了基层水利建设。

1998年，长江发生仅次于1954年以来流域性大洪水，2003年、2007年淮河两次发生特大洪水。在国家实施积极的财政政策下，安徽全面完成1000公里长江干堤除险加固，完成的土方量相当于历朝历代修堤土方量的总和。建成以临淮岗洪水控制工程为代表的治淮14项骨干工程，完成治淮投资超过200亿元。开展农村饮水安全工程建设，全面启动病险水库加固建设，相继被列入全省民生工程加快实施。

从1998年开始，随着水利基础产业地位的不断加强，安徽水利事业全面置身于社会经济发展之中，内容不仅包括河道治理、防洪保安、灌区整治、节水灌溉、农田基建、水库除险加固、农村饮水等水利工程建设项目，也涵盖了小流域综合治理、城市供水、小水电建设、水资源管理、水利经济、行业管理等诸多方面，使安徽水利建设步入一个新的全面发展时期，实施新中国成立以来规模最大的水利建设，完成以长江干堤加固、治淮骨干工程为代表的基础性、控制性工程，水利对经济社会发展的支撑和保障能力有了显著提高。

2003 年，水利部门及时探索“一事一议”等有效途径，引导群众筹资筹劳投入农田水利建设，深入推进小型水利工程产权制度改革。1993 年，宁国、涡阳、固镇等地出现了承包、租赁、个体独资等改革形式，在全省拉开了小型农田水利工程改革的序幕。1998 年 3 月，省政府办公厅印发《关于推进小型水利工程产权改革的通知》。2006 年 1 月，省政府办公厅出台了《关于进一步推进全省小型水利工程产权制度改革指导意见》，对改革提出了更加具体和明确的要求。至 2007 年，全省 100 多万处小型水利工程中，近 50% 完成产权改革，放开使用权，搞活经营权，促进产权流转，拓宽了农村水利建设投入渠道。

2008 年，省委、省政府出台《关于进一步加快全省水利建设和改革的意见》，从指导思想和目标任务、大力推进水利重点工程建设、落实水利建设扶持政策、深化水利改革、切实加强领导等五个方面，对进一步加快全省水利建设和改革作出部署。

（2）发展成效

新中国成立以来，安徽水利建设成效显著。全省累计建成各类堤防总长 2 万公里；水库 4836 座，万亩以上灌区 397 处，有效灌溉面积 2209 万亩。全省初步建立了防洪排涝工程体系、灌溉工程体系和防汛抗旱指挥工程体系。水利工程发挥了防洪、灌溉、供水、发电、航运、渔业、生态环境等综合效益，水资源综合开发利用水平不断提高。

防洪保安成效显著。安徽是一个水旱灾害频繁的省份。改革开放以来，在中央的大力支持和省委、省政府的领导下，全省防灾减灾工作取得了巨大成就。第一，长江干堤防洪能力显著增强。全面完成 1000 公里长江干堤除险加固，土方量相当于历朝历代修堤土方量的总和。建设沿江排涝泵站 10.8 万千瓦，新增、改善排涝面积 33.3 万公顷。实施长江平垸行洪、移民建镇工程，完成移民迁建 40 万人。第二，淮河中游防洪体系更加完善。至 2007 年底，累计完成治淮投资 193.05 亿元，临淮岗洪水控制工程、汾泉河治理、怀洪新河、包浍河治理、高邮湖大堤加固、洪汝河治理等6项工程通过竣工验收；淮干整治、奎濉河治理、湖洼地及支流治理等3项工程全部完成；涡河治理、淮北大堤加固、沙颍河治理、行蓄洪区安全建设、白莲崖水库等5项工程平均完成85%以上。实现国务院确定的近期治淮骨干工程建设任务。第三，城市防洪工程建设步伐加快。芜湖、安庆、铜陵、马鞍山、蚌埠、淮南等城市防洪主体工程基本建成，合肥、黄山、六安城市防洪加快实施，石台、南陵、郎溪、岳西、金寨、绩溪等县城防洪工程基本完成或正在建设。

水库建设与病险水库除险加固取得重大进展。到2008年底，全省兴建水库4836座，其中大型12座、中型100座；已建水闸1.09万座，其中蚌埠闸和临淮岗工程为淮河干流控制性枢纽工程；港口湾、大房郢水库先后建成。累计投入经费2.4亿元，完成3200座（次）小水库应急除险加固。1998年以来，陆续开展34座大中型水库除险加固。2007年，全面启动现有1909座病险水库加固建设，确保了度汛安全和人民生命财产安全，同时也为农业灌溉和农村饮水安全等提供了可靠水源。

农田灌溉稳步扩大。新中国成立60年来，安徽各类灌区在巩固中求发展，向管理要效益，管理水平和灌溉效益有了明显提高，尤其是自20世纪90年代后期陆续实施的灌区挖潜配套与节水改造项目、农业综合开发项目、国家大商粮基地建设项目等，加快了全省灌区水利工程的整治改造力度，有力促进了全省农业灌溉事业的稳步发展，保障了全省粮食和经济作物的持续增长。截至2008年，全省万亩以上灌区397处，有效灌溉面积2209万亩，其中淠史杭灌区设计灌溉面积1197万亩，为全国3个特大型灌区之一；固定机电排灌站1.63万处，装机容量159.8万千瓦，基本形成了比较健全的地表水和地下水相结合，大、中、小相结合，蓄、引、提相结合的农田灌溉网络。

农村水电建设保持较快增长。改革开放30年来，安徽因地制宜积极开发农村水电，20世纪80年代以来，大别山区、皖南山区发展了一批水电农村电气化县，为改善当地电力供应紧缺状况起到了重要作用。至2007年底，全省水电装机达91万千瓦，年发电量达12亿多千瓦时。

农饮工程改善民生。改革开放30年来，安徽始终把解决农村饮水安全问题作为重大民生工程来抓，通过采取签订责任书、资金扶持、技术指导、典型经验推广等措施，全面加快了全省农村饮水安全工程建设步伐。1978年至2000年，水利部门分期分批，累计解决了640万人饮用水困难。特别是从“十五”开始，通过农村饮水解困工程的实施，基本解决了全省农村群众有水喝的问题，实现了从解决农村饮水困难问题的第一步跨越，正向实现农村饮水安全的目标迈进。2005年，启动农村饮水安全工程建设。2007年，省政府将其列入全省12项民生工程，决定用5年时间解决全省1580万农村人口饮水安全问题。截至2008年底，已解决676万人饮水安全问题，被群众誉为民心工程和德政工程。

2. 公路建设四通八达

新中国成立60年来，安徽公路建设突飞猛进，通车里程大幅增长，技术等级显著提升，路网结构明显改善，服务功能日益增强，全省交通面貌发生了翻天覆地的变化。

（1）发展历程

1949年至1957年是安徽公路运输事业创建和恢复时期。新中国成立前，安徽仅有公路2088公里，全省48个县不通公路。新中国成立后，安徽的公路事业是在“大雨桥毁路断，小雨泥泞难行，没有一条公路能够晴雨通车”的基础上艰难起步的。为了经济恢复工作的需要，在道路建设上经历了抢修支前公路、皖南公路大整修和建设治淮公路三大战役，很快恢复了安徽的公路交通。到1957年，全省每个县都通了公路，特别是山区各县通汽车，这在安徽更是史无前例。全省公路里程达8328公里。由于公路建设的稳步发展，公路运输也全面恢复和发展。到1957年底，全省民用汽车已达2014辆，完成了对私营汽车运输业的社会主义改造。1952年，国营安徽省汽车运输公司成立，首次实行全省统一经营。1957年首批国产“解放牌”汽车在我省投入运输，揭开了安徽陆路运输史上新的一页。

1958年至1976年是安徽公路运输事业的调整和探索时期。1958年开始的“大跃进”运动，使安徽公路建设出现了浮夸冒进的势头，3年里虽然修建了公路5288公里，但新建的公路只求数量，忽视质量，有些公路建成后无法通车，给道路的改建和养护带来极大困难和浪费。同样，国营汽车运输企业在“大跃进”的影响下，盲目追求高指标高效率，严重违反科学，盲目蛮干，导致车辆严重损坏，运力、效益陡降。在党的八届九中全会决定的“巩固、调整、充实、提高”的方针指引下，国有汽车运输企业经过整顿，直到1965年各项经济技术指标才恢复到1957年的水平。正当公路运输业经过调整取得一定成果时，灾难性的“文化大革命”降临全国，安徽公路同样遭到干扰和破坏。

1978年至1990年是安徽公路运输事业的改革和提高时期。在农村联产承包责任制的启示下，全省公路部门对公路养护工作进行了改革。1978年，萧县公路站率先实行“三包、四定、一奖、一集中”的养路经济责任制；1980年，《安徽省公路养护道班“四定一奖”（试行办法）》在全省推行。这种以经济手段为主的改革公路养护的管理方法，即基本解决了养路工人长期“吃大锅饭”的问题，又较好地调动了养路工人的积极性和主动性，提高了工效和质量，降低了养护成本。

1980年7月安徽省公路管理局成立以后，首先恢复和健全规章制度，重点抓好养路费收支计划管理，同时加强工程、技术、养护、路政、机料、财务等工作的全面管理。同时，根据“用路者养路”的原则，安徽省计划委员会、交通厅、财政厅、中国人民银行安徽省分行联合颁发《安徽省公路养路费征收和使用实施办法》，将“行驶公路的车辆”改为“凡领有牌证的车辆”都应缴纳养路费。

1985年，安徽开始大力实施公路工程建设，主要包括对以合肥为中心、通往16个城市的18条干线公路实施全面拓宽改造；兴建安徽第一条高等级公路——312国道合肥至周庄段；利用世界银行贷款兴建皖西南6条山区公路；兴建贯通黄山、太平湖、九华山旅游区的7条旅游公路。至1990年，共改造拓宽公路1373公里，其中达到一、二级公路标准的有800公里，使全省国省干线公路质量上了一个新台阶。随着农村经济的发展，通过“民需民办、自建自养”，区乡公路发展较快，初步改善了“行路难、运输难”的状况，基本形成了“乡建道班，区（镇）建站”的管养模式。原宿县栏杆区在全省首先实现村村晴雨通车。

1991年至1997年是安徽公路运输事业的重点推进时期。随着社会主义市场经济体制的初步建立，传统的依靠财政投入的单一交通融资体制逐步向以市场为基础的社会融资渠道转变，逐步形成了国家投资、社会融资、群众集资、外商投资等多元化的筹资新格局。1996年11月13日，安徽皖通高速公路股份有限公司在香港联交所成功上市发行H股，开创了国内公路企业境外融资的先河。

一句“汽车跳、安徽到”，浸透了安徽交通设施落伍的苦涩。80 年代，当全国还在争论要不要修建高速公路时，安徽交通人就发扬“敢为天下先”的精神，掀开了安徽高速公路建设的序幕。1991 年 10 月 4 日，合宁高速公路建成通车，实现了安徽高速公路零的突破。

随着交通建设投融资体制改革不断深化，交通基础设施建设取得突破性进展，一批具有标志性的形象工程陆续建成，全省公路、桥梁、港口码头、航道、车站建设都发生了翻天覆地的变化，大大地改变了安徽的交通面貌。合宁、合巢芜高速公路，205 国道马鞍山过境线和天长段、104 国道文明样板路、318 国道宣广段、312 国道六叶段、合淮路改造工程完工或建成；铜陵长江大桥、黄山太平湖大桥、陇西立交桥、淮河蚌埠、凤台公路大桥、安庆皖河大桥等一批特大桥梁建成通车。1995 年铜陵长江公路大桥建成通车，安徽结束了境内 400 公里皖江无跨江大桥的历史。1995 年 12 月，安徽省第二条高速公路——合巢芜高速公路胜利建成通车。

1998 年至 2002 年是安徽公路运输事业的全面发展时期。1998 年，安徽加快公路建设步伐，建设投资逐年攀升，标志着全省交通步入全面加快阶段。1998 年至 2002 年全省交通固定资产累计完成投资 400.35 亿元，其中 2002 年，全省交通固定资产投资首次突破百亿元大关，达到 108.4 亿元。在这 5 年里，沿江二级公路、312 国道合叶段、南淝河航道、沪蓉路高界高速公路、南照淮河公路大桥、芜湖长江大桥南北岸接线、界阜蚌一、二期工程、318 国道宣城南环线、合徐路南段、连霍高速公路、合安高速公路等一批重点工程相继建成通车。1999 年 10 月，安徽交通人奋力拼搏，勇于创新，用3 年多的时间就建成了长达 110 公里的沪蓉路高界高速公路。被时任交通部部长黄镇东誉为国内水泥混凝土高速公路中的典范。2002 年 9 月，安徽第一个利用世界银行贷款的公路项目——合安高速公路全线建成通车。5 年来，安徽新增公路里程 4472 公里，其中，高速公路 601 公里，一级公路 148 公里，二级公路 2491 公里。至 2002 年底，安徽公路总里程达 67547 公里，其中，高速公路 866 公里，一级公路 300 公里，二级公路 7480 公里。全省不通公路的乡减少到 3 个，不通公路的村的数量由 1997 年底的 3373 个减少到 2001 年底的 1492 个。

2003 年至 2008 年是安徽公路运输事业的科学发展时期。进入 21 世纪，交通行业逐步由传统行业向现代服务业转变，由传统的注重基础设施建设向基础设施建设和管理服务并重方向发展。农村公路建设投资 270 亿元，全省争取中央投入农村公路建设资金 43 亿元，省交通厅投入资金 35.5 亿元，带动地方共计完成农村公路建设投资 269.8 亿元，是新中国成立以来安徽农村公路建设投资力度最大的时期。

高速公路建设实现质的飞跃。2003 年 12 月 18 日，合徐高速公路全线建成通车，安徽省高速公路通车里程突破 1000 公里，从此“皖境成通途，江淮一日还”。2004 年 10 月 18 日，连接着黄山、杭州这两个驰名海内外旅游城市的徽杭高速公路安徽段横空出世，黄山离“天堂”只要两个小时的车程。2005 年 6 月 29 日，投资最多、建设难度最大、满载着老区人民的期盼的高速公路——六潜高速公路拉开建设的序幕。2005 年 10 月 28 日，穿越大别山区腹地，桥隧比例居全省已建和在建的高速公路前列的六安至武汉高速公路安徽段正式开工。2005 年 12 月 28 日、2006 年 10 月 29 日，蚌明段、滁宁段高速公路分别建成通车，从此由蚌埠抵达南京只需一个多小时的行车时间，南洛高速公路安徽段全线贯通，又一条东西大动脉横亘在江淮大地。2007 年 9 月 28 日，安徽第二条利用世界银行贷款项目、串联黄山、九华山、太平湖等多个著名旅游景点的——铜黄高速公路建成通车。2007 年 11 月 28 日，国家西部大开发八条省际大通道之一的合六叶高速公路正式通车，安徽高速公路通车总里程跃居全国第九。2008 年 6 月 29 日，省“861”重点工程沿江高速与合淮阜高速同时投入运营。同年 11 月，安景高速公路安徽段、合肥绕城高速公路全线建成通车。

（2）发展成就

60 年来，安徽公路建设实现跨越式发展和历史性巨变。

公路网规模大幅增长。2008 年底，全省公路总里程达到 148827 公里，是 1949 年的 71 倍。全面完成国家五纵七横国道主干线和西部开发省际通道安徽段的建设任务；公路密度达到 106.8 公里/百平方公里，居全国第七位。按照行政等级分，国道 3241 公里（含国道主干线 677 公里），省道 8473 公里，县乡及以下公路 137113 公里，其中国省干线中二级及以上公路占 89%，居全国第 6 位。路网结构显著提升，整体通行能力显著增强。到 2008 年底，全省高速公路通车总里程达到 2508 公里，其中，六车道高速公路 165 公里，八车道高速公路 42 公里，位居全国第九位。基本实现安徽高速公路东西向3小时过境、南北向6小时过境，合肥至16个省辖市当日往返。全省农村公路里程135806公里，占全省公路总里程的91.3%。在农村公路中，县道23941公里，乡道36240公里，村道75625公里。全省乡镇公路通畅率为100%，建制村公路通达率为99.8%、通畅率为82.5%。全省最后3个不通公路的乡分别在2006年和2007年通上了沥青路。

道路运输迅猛发展。解放初期，全省拥有民用汽车403辆。到2008年底，全省营运车辆达到37.5万辆，增长了930倍。其中载客汽车7.99万辆，载货汽车26.87万辆，公路运输经营业户达到145092家，从业人员达到735502人；营运客车中，中高级客车1.35万辆，占客车总数的17.2%，省际班线中中高档客车已经超过83.9%；出租汽车46662辆，出租车公司222家，从业人员15万多人。安徽省交通集团汽运公司、合肥汽车客运总公司、阜阳汽运集团公司、芜湖汽运公司等四家公司相继取得一级客运企业资质。汽车维修业户达到7999家，综合性能检测站61个，机动车驾驶员培训机构166所，汽车租赁业公司219家。全省危货运输企业212户，从业人员达13140人；运输车辆5382台，其中危货专用槽罐车3313台，厢式车795台，集装箱车64台，专用车辆比重高达77.5%。全省道路运输完成的客运量9亿人次、旅客周转量683亿人公里、货运量8.2亿吨、货物周转量1166亿吨公里，分别是1978年的7.8倍、21倍、8.6倍和26.3倍。合肥、黄山、芜湖、安庆等7个国家级城市交通运输枢纽建设进展顺利。完成全省“五纵二横”高效率鲜活农产品流通“绿色通道”网络建设。旅游客运、出租客运、现代物流、货运代理等新型运输服务从无到有、不断壮大，成为全省道路运输的重要组成部分，大大提升了道路运输服务水平和供给能力。

农村客货运发展迅速。到2008年底，全省共开通农村客运班线3504条，农村班车17333辆，座位248186座，1340个乡镇100%通了班车，21700个行政村中通班车的行政村达到19681个，建制村班车通达率为96%。

桥梁建设日新月异。30年前，八百里皖江，没有一座大桥。1995年铜陵大桥竣工，皖江架起了第一条南北快速通道，2000年和2004年，芜湖、安庆再架两座跨江飞虹。1978年，淮河安徽段只有3座桥梁，到2008年已猛增到12座。到2008年底，全省共有桥梁27362座，总长1088633米。从此，“一桥飞架南北，天堑变通途”。

交通规费收入大幅增长。公路养路费从2001年的123361万元增加到2007年的288151万元；公路通行费从2001年的119961.25万元增加到2007年的302554.33万元。

2009年初，国际金融危机继续向全球扩散和蔓延，国家及时出台进一步扩大内需的政策措施，保持国民经济平稳较快增长，交通运输迎来了又一个新的历史机遇。早在2004年11月，安徽省委、省政府挥出大手笔，安徽省“四纵八横”高速公路网规划正式出台。到2020年，全省高速公路将达到5500公里，密度为3.9公里/百平方公里，东向出口达到24个，相邻长江公路大桥之间的平均间距小于50公里；淮河上新建4座高速公路大桥，相邻淮河公路大桥之间的平均间距小于30公里，高速公路与重要港口均在20公里以内，民航机场、铁路枢纽半小时内上高速公路，形成“两沿、三纵、六横、九连”，承东启西、连接南北、结构合理、协调配套、高效快捷的现代化高速公路网络体系。

3. 铁路建设成就斐然

（1）发展历程

新中国成立后，安徽铁路建设开始进入抢修和恢复铁路运输生产时期。安徽省全境解放时，铁路仅有淮南线和津浦线、宁芜、陇海诸线的皖境段，总长719公里，铁路密度每百平方公里仅有0.517公里。

1978年，中央作出“中取华东”开辟“南北第二通道”的战略部署以后，安徽铁路建设掀开新的一页。1979年，苻（离集）夹（河寨）、青（龙山）阜（阳）、芜（湖）铜（陵）、大（通）张（楼）等新线相继建成并交付使用。1984年，皖赣铁路正式运营，芜湖至黄山一线通了火车，促进了皖南经济的发展和旅游资源的开发。1986年，安徽第一条地方铁路——漯阜铁路动工兴建。到1988年底，全省铁路里程达2252公里，每百平方公里的铁路密度已达1.62公里，是1949年的3.13倍。全省旅客发送量和货物发送量分别达3150多万人次和4380多万吨，是1951年6.4倍和12.3倍。1995年，合九铁路建成通车，结束了安庆不通火车的历史，对带动皖西南地区经济发展、沟通南北地区物资交流，作用巨大。

随着改革开放的推进，人员流动越来越活跃，铁路运输压力增大，中国政府以贯通中国南北的京九线等12项工程为重点，展开了铁路建设大会战。1996年9月1日，途经安徽的京九铁路全线开通，将皖南和皖北连通，成为通往华北的“第二通道”。到2003年底，全省铁路运营里程2340公里，车站244个。

2004年，宁西铁路通车。但老京沪线、京九线都不走合肥，宁西线不到芜湖，全省甚至没有一条横贯东西的铁路。安徽铁路整体等级低，线路散，断头路多，不成体系。要发挥安徽的区位优势和资源优势，必须构筑出行新时空，建设现代化铁路网。

2008年4月28日，国内首批客运专线、全长160公里的合宁铁路通车；8月1日动车组驶上合宁线，穿行于合肥、南京、上海之间，安徽开启了高铁新时代。上世纪70年代，从合肥坐火车去南京，先从蚌埠转到南京浦口，再坐火车轮渡过江。轮渡是“夜间不渡、大雾不渡、涨潮不渡”，就算一切顺利，从合肥到南京也要7至8个小时。现在从合肥坐火车经南京只要1小时，到上海仅3小时。

2008年7月，连接皖赣的铜九铁路正式开通货车，皖江铁路从此东西贯通，150万池州人民从此告别了不通火车的历史，结束了安徽最后一个省辖市不通火车的历史。

2009年4月，合武高铁开通，合肥、武汉形成令人目眩的“2小时通道”，每天8对动车组在安徽大地上风驰电掣。合宁、合武、铜九线3条区域性大“动脉”一年内相继落成，意味着人们孜孜以求的安徽铁路“1234”出行格局将形成前“123”，即合肥至南京1小时，至武汉2小时，至上海3小时。随着合武铁路的通车，安徽铁路通车里程达2880公里，其中包括331公里新建高速铁路。

（2）发展成就

新中国成立60年来，安徽铁路事业经历了恢复发展、加快发展、快速扩充等几个重要阶段。改革开放以来，铁路建设投资不断加大，“六五”至“七五”时期，相继建成了皖赣线、阜淮线、界阜线，“八五”至“九五”时期铁路建设开始加速，建成了合九线、商阜复线、阜淮复线、阜九线、青芦线。“十五”以来，铁路进入大规模建设高潮，陆续建成了合西铁路、宣杭复线、铜九线、合宁高铁、合武高速铁路。到2008年底，铁路营业里程由1949年的719公里增加到2871公里。2008年9月17日，省政府与铁道部签署安徽省新一轮《加快安徽铁路发展战略合作会议纪要》，本次纪要凸显出了安徽铁路建设的8大亮点：第一次提出了以合肥为主枢纽、以加快铁路和运煤通道为主骨架，与国家干线铁路相互衔接的现代化铁路网，全面提升安徽在全国铁路网中的地位；第一次提出了高速铁路网将覆盖全省各个地市的概念；未来几年安徽省内将贯通所有快速铁路通道，同时完善合肥现代化城市在全国的枢纽地位；全面提升安徽运煤通道的能力以及火车站场的枢纽运输地位；对于铁路的运行能力也全面提升为电气化，同时，通过安徽与铁道部两轮协议纪要中的铁路项目投资也创下了历史新高。经过计算，两轮铁路项目协议中的项目投资达到2000亿元，安徽的铁路建设里程达到3000公里，为安徽经济发展托起了钢铁脊梁。未来几年，安徽铁路建设将进入一个黄金发展期。

4. 水运建设突飞猛进

新中国建立60年来，安徽大力推进航道等级化、船舶标准化、港口机械化建设，建造上规模、有特色的安徽船队，积极发展集装箱、油品等特色运输，不断优化水上运力结构，加快港口建设。安徽水运事业，上台阶、迈大步，一年一个样，60年大变样。

（1）发展历程

安徽境内江河纵横交错，湖泊星罗棋布，有大小河流300多条，分属长江、淮河、新安江三大水系，水运条件优越。但解放初期，安徽的水路航道多数处于自然状态，不上等级。全省水运以木帆船为主，木帆船3.05万艘，港埠设施简陋。新中国成立后，随着对航运完成社会主义改造后，航运有了较快发展，水路运输弥补了铁路、公路运输能力的不足，为城乡物资交流、便利行旅交通发挥了重要作用。从1952年至1957年，安徽通过疏浚南淝河、颍河、涡后河等大小河流12条，延长通航季节，提高船舶通过能力；1958年，裕溪口建起了国内第一座内河机械化煤炭专用码头，缓解了华东地区能源运输紧张的局面。1958年至1976年，通过人工开挖水道增加航道里程，全省人工开挖水道465公里。1971年通航的长148公里的人工河道——新汴河，被誉为贯穿淮北，沟通豫、皖、苏三省水上交通的“黄金水道”。到1978年，全省通航里程达有5524公里。

1978年党的十一届三中全会后，按照“对外开放、对内搞活”的方针，水路运输空前繁荣。在“有路大家行车，有河大家行船”和“国营、集体、个体三者一起上”的原则指导下，安徽水路运输打破了单一所有制的禁锢和交通部门包办运输的封闭状态，引入多种经济成分，鼓励全民、集体、个体三者共同经营，基本形成了一个多层次、多渠道的水上运输市场，极大地调动了人们的生产积极性。国营、集体、个人运输主体都得到快速发展。1982 年中国远洋运输公司安徽省公司成立，首次开辟了安徽至香港、东南亚、日本、朝鲜等国家和地区的远洋航线，从此，安徽打开了对外水上交通大门。1982 年，安庆、芜湖大件码头先后建成，结束了安徽无大件码头的历史。1980 年和 1985 年，芜湖、安庆、马鞍山港口先后经国务院批准为对外贸易港。新建的芜湖朱家桥码头有两个万吨级泊位，接纳来自世界各地的万吨轮。1988 年，人工兴修派河 20 多公里，全省通航里程包括长江 401 公里在内已达 5926 公里；有通航建筑物 33 座，其中船闸 29 座、升船机 4 座；实现渠化航道 2400 公里，占通航总里程的 44%。1990 年底竣工通航的茨淮新河位于淮北平原西部，起自阜阳茨河铺与颍河相接，流经阜阳、利辛、蒙城、凤台、淮南、怀远 6 个县（市），在怀远荆山南入淮河，全长 134.2 公里，达到 5 级航道标准，给沿线人民带来极大的效益，结束了淮北无水运的历史；枞阳、杨桥船闸的建成使用，使通航条件大大改善；全国交通重点工程——淠淮航道沟通工程的积极推进，必将结束六安地区封闭的水运史。至 1990 年，全省共有各类船舶 199 万吨，居全国第三位，其中专业运输船舶达到 1.22 万艘、88 万吨。

1992 年，随着邓小平南方谈话和党的十四大将建立社会主义市场经济制度作为经济体制改革的目标的确立，安徽的水运事业发展迅速。从 90 年代开始，先后改建和扩建了安庆、马鞍山、铜陵、蚌埠、阜阳、巢湖等一大批港口码头，全省初步形成了大中小配套的港口体系。1998 年，安徽航道建设以“江淮水运振兴工程”为重点，围绕全国“一纵两横两网”和安徽水运主通道建设规划，按通航 300～500 吨级为标准，重点建设了长江淮河水系主要支流航道，并将重点转移到淮河及其重要支流。“九五”期间，全省水运建设总投资为 9.8 亿元，其中航道建设投资 6.2 亿元，相继建设了合裕航道、芜太运河、颍上船闸等一批重点工程，提高航道等级里程 116 公里，分别建设 1000 吨级船闸 2 座、300 吨级船闸 3 座。港口建设投资 3.6 亿元，新增码头泊位 190 个，新增吞吐能力 1340 万吨。1998 年，南淝河航道改造工程完工，合肥与长江的水运通道通畅，给全省的水运事业带来了勃勃生机。到2001年底，全省内河航道总里程达6504公里，通航里程超过5600公里，分别居全国第七位和第八位。

2002年，安徽水运进入高速增长的新时期。“十五”以来，安徽水运坚持“为地方经济服务，确保干线航道畅通”的方针，重点整治了合（肥）裕（溪口）航道，改善航道里程116公里，新增通过能力8000万吨，较“九五”增长了67%。“十一五”是安徽水运大建设、大发展的黄金时期，重点建设长江、淮河、芜申运河、合裕线、沙颍河“两干三支”骨干航道，以及整治浍河、石门湖、青通河、顺安河、兆西河航道等干支联动工程。到2008年底，共完成投资28亿元。港口建设也开始全面提速，安庆马窝港区主体工程竣工，芜湖朱家桥集装箱码头开工建设，马鞍山港改扩建工程完成投资19665万元，颍上船闸主体工程基本完成，巢湖港巢城港区一期工程和铜陵港件杂货码头改建工程开工兴建；全省小港站建设项目共完成投资1220万元。这些项目完成后，将改善航道里程550公里，全省四级以上高等级航道里程达到1400公里，基本建成省内国家高等级航道网，为安徽水运腾飞插上金色翅膀。

（2）发展成就

航道一年年延伸。新中国成立60年来，全省航运通航里程大大提高，航道等级也有大幅度提升。到2008年，全省航道总里程达到6507公里，通航里程5596公里，是建国初期的5.5倍。其中一级343公里，三级391公里，四级350公里，五级688公里，六级2527公里，七级707公里，七级以下590公里。长江、淮河、沙颍河、合裕线、芜申运河被国务院列入全国内河高等级航道里程达1122公里、占全省通航里程的五分之一。全省完成水运建设投资23.6亿元，创下历史新高。

客货运量一年年增长。新中国成立60年来，安徽内河运输船舶发展经历了从小到大、从木质机帆船到水泥挂浆机船再到钢质内舱机船的过程。1949年，全省营运船舶39.4万载重吨，2008年达到1420万载重吨，营运船舶30518艘、平均吨位达475吨，载重吨跃居全国内河前列，较1949年增长了36倍，分别是1978年的1.5倍和42.33倍。2008年，全省完成公路水路客运量9亿人次、旅客周转量683亿人公里、货运量8.2亿吨、货物周转量1166亿吨公里，分别是1978年的7.8倍、21倍、8.6倍和26.3倍。

港口吞吐能力一年年扩大。安徽港口码头大体经历了“利用天然岸坡作为靠泊装卸点、岸边筑石级踏步和砌石护岸、木质趸船连接栈桥的浮式码头、钢质趸船和钢筋混凝土结构的多种长久性码头设施和大型重件码头”的过程。截止2008年底，全省有港口17个、码头泊位1281个，其中5000吨级以上泊位58个，年港口吞吐量达到2.7亿吨，是改革开放初期的24倍；位居全国内河第三位，中部六省第一位；芜湖、马鞍山、铜陵、安庆、池州港已成为一类开放口岸；芜湖、合肥、马鞍山、安庆、蚌埠为全国内河主要港口。芜湖港口吞吐量达到4680万吨，位居全国内河十大港口行列。沿江1000吨级及以上泊位超过200个，港口数量居中西部地区第一位。

5. 航空发展方兴未艾

（1）发展历程

1949年至1977年是安徽民航事业的起步时期。解放初期，安徽无航空可言。1952年，安徽组建安庆航空站；1956年，合肥组建航空站；1957年组建阜阳航空站，安徽省内第一条航线合肥——阜阳通航。1958年，合肥成立中国民航安徽省管理处，1960年扩编为中国民用航空安徽省管理局。随着安徽民航管理局的成立，民航局积极开展了民航基础设施建设，组建了芜湖和屯溪航空站，开辟了合肥至北京、上海、济南、阜阳、芜湖、屯溪的航线，安徽民航事业初具雏形。到1977年，全省共有航线9条，全年客运量20153人，货运694.6吨。

1978年至1991年是安徽民航事业的改革时期。党的十一届三中全会后，中国的民航业进行了改革，核心内容是“军改民”，实行企业化改革。1980年3月5日，国务院、中央军委发出《民航总局不再由空军代管的通知》，决定从1980年3月15日起，将中国民航总局由中国人民解放军建制改为国务院直属局。民航总局下属的民航安徽管理局，开始正式实行企业经营管理体制，走上企业化道路。

1992年至2000年是安徽民航事业的探索时期。从1998年起，随着中央进一步加大对民航产业的行业管理体制改革的力度、推进政企分开、积极转变职能，民航安徽管理局也同时开展改革工作，按照市场竞争原则，应对新的挑战。随着市场的开放，安徽航空公司独家经营的航线政策性保护格局被打破。安徽民航的领头人转变思维，摒弃了“坐商”的经营思路，走访各家航空公司，分别引进国际、北方、南方等十几家航空公司的飞机经停合肥、黄山，新辟温州、汕头、昆明、重庆等10多条航线。1978年建成投入使用的合肥骆岗机场，1997年完成投资1.67亿元的改扩建，机场等级为4D级，设计年旅客吞吐能力180万人次，皖南的黄山机场再行扩建。

2001年至2008年是安徽民航事业的创新时期。2002年，在中国民航领域掀起了以“航空运输企业联合重组、机场属地化管理”为主要内容的新的体制改革。按照国务院《民航体制改革方案》，2003年11月25日，省局撤销，改制为国有独资的安徽民航机场管理有限责任公司，由国家民航总局移交安徽省人民政府，实行属地化管理。2005年11月8日，通过引入安徽省高速公路总公司作为战略合作伙伴，改制为股权多元化的安徽民航机场集团有限公司，依据《公司法》，建立以资本为纽带、产权明晰、权责明确、运转协调的新型母子公司体制。按照业务相近、主辅分离的原则，对原省机场管理公司下属合肥、黄山2个机场和其他17个子公司进行整合归并，形成合肥机场、黄山机场2个分公司和安徽民航机场实业有限公司、安徽民航客货销售有限公司和安徽民航机场建设有限公司等3个经营性子公司，不断壮大机场集团公司发展规模和竞争实力。

黄山屯溪机场于2004年11月8日完成了投资2.1亿元的第四次改扩建，机场等级为4C级，设计年旅客吞吐能力90万人次。2008年8月19日，合肥骆岗机场改扩建工程正式开工建设。本次改扩建总投资概算8818万元，主要项目有：新扩建航站楼面积6960平方米，使机场航站楼总面积达到18780平方米，候机楼登机廊桥从2座增加到5座，可满足高峰小时1800人次的旅客流量；改扩建飞行区机坪40000平方米，使飞机停靠机位由9个增加到17个（主要增加B737-300以上大中型机停靠机位）；公共停车场面积增加25000平方米，停车位达到800多个；机场路主干道由双向两车道的水泥道面拓宽改造为双向四车道的沥青路面，并对道路两侧绿化带重新改造，着力打造景观式园林格局；同时，还新增4个安检通道、4个值机柜台、3个自助值机柜台；对整个航站楼安检监控系统、广播系统、航班动态管理系统以及消防系统全部实施了改造；对老航站楼进行了全面更新；优化候机楼前的公共停车场和出租车停车场布局。“十一五”期间，随着投资40亿元的合肥新桥国际机场顺利开工，一个年旅客吞吐量上千万人次的现代化空港即将展现在皖人面前，安徽对外空中联系由此将发生质的飞跃。

（2）发展成就

经过多年的建设，到2008年底，现有合肥、黄山、安庆、阜阳等民用机场中合肥、黄山两个机场为对外开放航空口岸。航空运输线实现了与全国多个大中城市直接连接，开通了国际航线。安徽民航先后打造了合肥往返上海、北京和深圳的三条“城际穿梭快线”；恢复了中断多年的合肥与济南、南昌航班，与国内17个直辖市和省会城市直航；吸引国航在成都往返合肥的航线上加班，密切了安徽与大西南的联系；恢复了黄山往返厦门、沈阳、晋江的航班，增加了黄山往返广州、上海的航班，并在历史上首次开通了与韩国仁川的国际包机。2007年，开通了第一条由境外航空公司执飞的航线航班（香港航空公司的香港—合肥—香港）；黄山机场开通由东航、大韩等中外航空公司开通黄山至日本、韩国等地的阶段性国际定期包机往返共318架次。

2007年全省民航机场旅客吞吐量达255万人，货运吞吐量3.3万吨。其中合肥机场连续19年保证航空安全无事故，空防安全连续实现第48个安全年。在航空运输市场发展方面，自2003年以来，合肥机场年旅客吞吐量以每年超过20%以上的幅度持续快速递增，2004年首次突破百万人次，2005年实现151万，2006年达到185万，2007年11月又突破200万人次大关，创历史新高。

6. 邮电通信日新月异

新中国成立以来，安徽邮电通信事业发生了翻天覆地的变化，全省邮电通信事业步入跨越式发展的轨道，传输网、交换网、移动网、数据网覆盖能力得到大幅度提高，技术层次和服务水平实现质的飞跃，行业综合竞争力不断提升，邮电通信产业链触角渗入社会各行各业，在全省经济社会发展中发挥了重要的基础性、先导性、战略性和支柱性作用。

（1）发展历程

解放初期，安徽的邮电通讯业极其落后。1949年，全省邮政运输仅31辆自行车及37头役畜，只有合肥、芜湖、蚌埠、安庆、淮南、屯溪、宿州、宣城等8个城市有市内电话，且只是落后的磁石手摇机，总机容量仅

1900门；长途交换机仅11部、190门；电报通信使用的是莫尔斯符号人工机。1952年12月16日，安徽邮政管理局成立，实行了集中领导、专业分工、邮电合一、邮发合一的体制。

改革开放初期，安徽通信基础设施较为落后，通信网络覆盖面十分狭窄，硬件设施绝大部分设在城市，农村地区通信交流极为不便。1978年，全省市话和交换机总容量只有14万门，拥有电话机3.42万部；全部邮电业务收入不到3400万元，邮电固定资产总值仅1亿元。至1980年末，全省电话用户总数为10.87万户，只有8个地市级城区开通了以电磁继电器为主要元器件的步进制或者纵横制自动电话，其余城市都是俗称“摇把子”的磁石式或者共电式人工接续电话；电话局容量很小，县城一般三五百门，省辖市两三千门，合肥市也只有六七千门，只有党政机关和企事业单位才能装上少量电话，一个工厂、机关、学校只有一部电话是很普通的现象，在这样的紧张情况下，普通市民对家庭装电话只能是一种梦想。长途通信也非常落后，省际、省内长途电路总共不到2000条，长途通信传输主要靠6000多公里的架空明线线路。农村通信更为落后，有许多乡镇根本就不通电话，只能靠邮政人员传送信函与外界联系。面对这种被动落后的局面，安徽邮电业按照邓小平同志“先把交通、通信搞起来，这是经济发展的起点”和党中央、国务院关于发展通信的指示精神，全面贯彻落实“两个六条指示”和“四个一起上”的方针，以增强长途通信和市话交换能力为重点，积极引进先进的通讯技术，通信能力不断提高。1984年合肥长话枢纽工程建成投产，开展国际、省际、省内长话等通信业务，提高了通信水平。1986年合肥市引进万门程控长话、市话交换设备竣工投产，安徽通信技术水平开始跨进世界80年代先进行列。到1990年底，全省市话交换机总容量增至22.08万门，其中自动交换机容量为20.54万门，分别是1985年的3.58倍和3.54倍，最大限度地缓解了经济、社会、文化和人民群众对通信的需求，为安徽的改革开放和经济发展作出了贡献。

1990年7月，安徽省委制定了“开发皖江、呼应浦东”的战略决策，邮电面临新的发展机遇。安徽邮电部门加快通信建设步伐，通信整体实力实现历史性跨越，电信服务水平明显提高。“八五”期间，全省邮电主要通信能力和业务量在“七五”基础上翻了两番以上，初步建成一个“通信能力强、技术层次高、业务种类多、服务手段新”的现代化立体通信网。

1992 年全省实现了地市电话程控化和县城电话自动化的目标，同年以合肥为中心的 900 兆赫移动通信正式建成。1993 年，安徽邮电通信实现“两化一覆盖”，即当年 11 月 25 日，实现县以上电话交换程控化、长途传输数字化，12 月 30 日，实现 900MHz 蜂窝状移动通信网覆盖所有地市县；1994 年，全省本地网电话号码全部统一升至七位数字。1995 年全省所有地市本地电话网全部建成，基本完成由人工交换、模拟技术向自动交换、数字技术的快速过渡，乡镇均已开通电话，凤台县成为全省第一个村村通电话的县。国家引进的宁汉光缆、京沪数字微波两条数字通信干线双双途经安徽；国家重点科技攻关项目、中国第一条单模长波长 140Mbit/s 长途直埋光缆试验段在合肥至芜湖成功投产运行；建成了合芜屯数字微波和省内南北两个环型速率为 2. 5Gbit/s 以及数十条 622Mbit/s SDH 光传输通信网等省内通信干线；全省所有地（市）县都由大容量、高质量的光缆及数字微波干线连通，京济宁、沪汉、合西等国家一级通信干线光缆均经过安徽，为全省长途传输实现数字化奠定了基础。1996 年 3 月，坚持开通了 GSM 数字蜂窝移动电话，大大提高了通话质量和网络容量。到 1998 年底，全省已拥有邮电局所 3422 个，数字程控电话交换机总容量 430. 43 万门，移动电话交换机容量 123. 90 万户，长途程控电话交换机容量 12. 1 万门，长途光缆线路达到 5552 公里。全省电话用户达到 332. 9 万户，所有乡镇均已开通电话。邮电通信业为全省国民经济社会提供全方位、多层次服务的能力进一步增强。

按照国家关于电信体制改革的总体部署，电信业于 1998 年实行寻呼剥离、邮电分营，于 1999 年实行移动分离。此后，通信行业又经历了政企分开、企业重组等一系列重大变革，2000 年组建成立安徽省通信管理局，逐步形成了电信、移动、联通、网通、铁通、卫通六大基础电信运营企业以及增值电信企业相互竞争、共同发展的格局。“十五”以来，省委、省政府提出加速推进国民经济和社会的信息化，是产业结构优化升级和实现工业化、现代化的关键环节。2003 年，省委、省政府提出了建设“数字安徽”的五年（2003—2007）规划，提出以电子政务、电子商务、农村信息网建设、重点产业信息化改造为突破口，充分发挥信息技术在全省经济建设和社会发展中的重要推动作用，实现社会生产力的跨越式发展目标。把“数字安徽”作为构建全省社会经济发展的新平台、改善发展环境的六大基础性工程之一，邮电通信业得到突飞猛进的发展。目前全省已形成程控电话网、长途传输数字网、移动通信网等相结合的现代化主体通讯网，“数字安徽”框架基本建立，光纤通信线路通达全部行政村，宽带数据网覆盖所有乡镇和大部分行政村。

（2）发展成就

邮政业务稳步扩大。近年来，全省邮政业务历经改革向商业化经营转变的步伐加快，通过大力发展电子邮政，不断赋予邮政新的内涵。邮政信息传递、物品运送、资金流通三大功能得到进一步丰富和拓展，邮政业务的现代化进程进一步加快。开展仓储+配送+增值服务一体化物流服务，加大现代信息技术改造、提升传统邮政物流，提供仓储、包装、运输、配送、货款结算和客户信息反馈等“第三方”物流服务，为皖企产品销售和外地产品入皖开辟了快捷的“绿色”通道。加强省内网与全国区域集散中心的连接，17个市局、53个县局全部纳入长三角“次晨达”业务覆盖范围；所有市县局全部纳入“全夜航”覆盖范围，省内发往全国137个重点城市的特快邮件实现“次日递”。优化网络结构和生产作业流程，省内城市间特快、物流邮件实现100%次日递和95%次晨达。广告信函、邮政礼仪、邮购、邮政储蓄等新业务层出不穷，使邮政业务量不断上升。全省邮政业务收入由独立运营初的8.64亿元增加到2008年的25.47亿元，收入绝对值列全国第15位。大力推进邮政运输网络和营投网络建设，全省邮政营业局所达2108处；邮路达696条，邮路总里程22433公里；投递线路达177000公里；拥有邮运火车邮厢6节，邮运汽车1350辆；固定资产原值由独立运营初的16亿元增加到现在的26亿元，全员劳动生产率由独立运营初的5.87万元增加到8.78万元。

通信业务发展迅猛。电信业务从最初的电话、电报业务发展到包括无线寻呼、移动电话、会议电视、可视电话、计算机互联网等在内的面广量大的业务家族，基本满足了经济发展和人民群众对邮电通信多样化、多层次需求。尤其是以网络化为有效手段，形成了以光纤通信地面骨干传输网络，数字微波为有效补充，宽带综合信息接入为发展手段的立体型、交叉覆盖的高科技、大容量、现代化的通信网络。2008年，安徽省固定电话局域交换机容量从1978年的5.67万门增加到1834.0万门；移动电话从无到有，交换机总容量达到2017.4万户；长途光缆线路总长度2.6万公里，光缆纤芯长度达到71.0万芯公里；本地光缆线路总长度18.0万公里，光缆纤芯长度达到252万芯公里。2007年末，光缆线路已经通达全部行政村。2008年全省电信业务总量达到470亿元，电信业务收入超过200亿元，全省固定和移动电话用户总数达到3000万户。电信业高速健康的发展，为拉动经济增长、提高社会运行效率、减少交易成本、方便人民群众生活，起到了积极的促进作用。

互联网发展突飞猛进。安徽邮政依托遍及城乡的邮运网、安全先进的信息网和联系千家万户的投递网，打造省内一流的电子商务配送服务平台，与大型购物网站、电视台开展深度合作，向社会提供网上购物、电视购物等新型服务，让广大用户尽享现代购物新时尚。全面代理“家家购”电视购物配送服务，日均配送量超千件。与淘宝网徽商联盟建立战略合作伙伴关系，还先后与安徽日报“中安在线-喜购网”、芜湖电视“精美购物”等电视购物商建立合作关系，成为省内电子商务、电视购物最大的电子商务配送服务商。互联网用户呈现突飞猛进的发展态势，移动通信基站星罗棋布，全省建有13200多个，移动短消息中心处理能力达到8496万条/小时；互联网宽带用户达到180万户，互联网网站超过4万家。基础电信运营企业计算机互联网宽带接入用户155.9万户。

邮电通信业的快速发展，不仅为全省国民经济发展提供全方位、多层次的服务，而且必将给人民的生产和生活带来更多的便利和快捷。

第三章 文教昌盛

安徽的传统文化、教育和科学技术领域具有相对优势，重视教育、传承文化已经成为安徽人千百年来的传统价值追求。但是，由于战乱带来的社会动荡和一百多年来经历的国家危亡、民族灾难，传统的教育、文化和科学技术也日趋衰落。60 年前，新中国的成立，给文教事业和科学技术带来重振雄风和创新发展的巨大空间，改革开放更将文教事业和科学技术推向繁荣发展的鼎盛时期。60 年来，就安徽文化、教育、科学技术事业的发展历程和发展成果来说，安徽始终是一块孕育着文教昌盛的沃土。

一 文化事业繁花似锦

1. 文化事业的恢复和初步繁荣

新中国建立后，安徽开始了新文化的建设，改变了原来文化设施严重缺乏和破败的状况，建立起了文化站、文化馆、俱乐部、图书馆等基础文化网点。皖北成立了皖北实验文工团，皖南成立了皖南文工团。皖南和皖北行署合并后，两团合并为治淮文工团。不久，成立了安徽省话剧团。安徽的文化事业得到恢复，开始步入新的发展时期。

安徽是戏剧之乡，地方戏剧种繁多，黄梅戏、庐剧、徽剧、泗州戏、淮北梆子、坠子戏、花鼓戏等都很有影响。解放初安徽有 77 个民间戏剧班社。政府采取措施大力恢复和扶持这些戏剧艺术，抢救一些濒临灭绝的剧种，安徽戏剧初现繁荣局面。1951 年，省文化局开始“改人、改制、改戏”活动，废除职业戏班老板制、养女等封建陋规，同时，将民间戏剧班社和民间艺人集中安排生活和学习。以庐剧作为改革试点，把合肥庆寿班改为安徽省地方戏实验剧场，后改称安徽省庐剧团。1953 年，安徽省黄梅戏剧团在合肥成立。合肥等地市县也相继成立了黄梅戏、庐剧、徽剧、泗州戏和京剧等剧团。为挽救濒临灭绝的徽剧，1956 年冬，安徽省徽剧团成立。到1956年，全省专业剧团发展到134个，其中国营剧团22个，有6900多人。1957年后，安庆、徽州、六安、滁县、巢湖、芜湖等专区的部分县先后建立了职业性黄梅剧团。泗州戏、皖南花鼓戏、淮北梆子戏，也成立了10多个到20多个专业剧团。地方剧种呈现一派勃勃生机。艺术的发展离不开人才培养。1956年，安徽艺术学校创办，设有黄梅戏、庐剧、泗州戏、民乐、声乐、键盘乐、绘画、舞台艺术等八个专业。

为了繁荣安徽戏剧，各戏剧团对传统剧目进行整理和改造，推陈出新。黄梅戏是安徽影响最大的地方戏，省黄梅戏剧团挖掘、整理和改编了许多优秀传统剧目，如《天仙配》、《女附马》、《罗帕记》、《打猪草》和《夫妻观灯》等。《天仙配》和《夫妻观灯》拍成电影后，风靡全国。合肥庐剧团整理和演出的《梁山伯与祝英台》及传统剧目《休丁香》、《讨学钱》、《借罗衣》和《打芦花》等深受群众喜爱。1957年，庐剧团赴京参加中南海怀仁堂演出，受到毛泽东、周恩来和刘少奇的接见。泗州戏，安徽四大优秀剧种之一，流行于淮河中下游地区，原名“拉魂腔”，新中国成立后为体现剧种的地方特色，改名泗州戏。50年代初，蚌埠泗州戏剧团演出的现代戏《小女婿》获得成功。安徽省徽剧团抢救、挖掘和整理了一批传统剧目，并尝试演出现代戏，先后在上海、北京演出，获得成功。其他地方剧种也焕发生机。如流行于皖西北的曲剧和梆剧经过改造，编演了一些有影响的曲目，如曲剧的《李素萍》和《访松江》和梆剧《捻军颂》等。民间艺术的发掘和整理成绩显著。民间舞蹈《刘海戏金蟾》、《采茶扑蝶舞》、《花鼓灯》等享誉全国。花鼓灯老艺人冯国佩、陈敬芝名扬两淮。优秀歌手姜秀珍、殷光兰、胡吉英等受到毛泽东、周恩来等中央领导人的接见和表扬。这些改造使安徽的戏剧重获旺盛生命力，许多优秀的演员和艺术家脱颖而出。在1954年华东地区戏曲观摩演出大会上，著名黄梅戏表演艺术家严凤英、演员王少舫和潘璟琍，庐剧演员王本银和丁玉兰，泗州戏演员李保琴、霍桂霞，曲剧演员郭立仙、蒋华池，梆剧演员郑连馨，均获得演员一等奖。

文艺创作百花齐放。1952年，《安徽文艺》创刊，后成为省文联的机关刊物。1954年12月，安徽省文艺工作者第一次代表大会召开，成立了省文学艺术工作者联合会，改变了旧中国安徽无专业创作队伍、无专业文学报刊、无文学社团组织的局面。通过发展，一支专业文学创作队伍形成，他们以极大的热情创作出诗歌、小说、戏剧、电影等多种文艺形式的作品，讴歌社会主义革命和建设成就，涌现出一批在当代文学史上有较大影响的作家和诗人，如陈登科、鲁彦周、吕宕和严阵等。陈登科的小说《活人塘》、鲁彦周的话剧《归来》、吴晨笳的短篇小说《姐妹》、曹玉模的短篇小说集《七月的长江》、吕宕的电影文学剧本《鸦片战争》（拍摄成电影后改名为《林则徐》）等在全国文坛获得好评。1954 年，诗人严阵发表的长篇叙事诗《老张的手》成为当时全国最佳诗作之一。鲁彦周的话剧《归来》在 1956 年全国话剧会演中获剧本一等奖，这是安徽文学作品首次获国家奖项。同年，他的首部电影文学剧本《春天来了》被搬上银幕。

歌舞和杂技初显生机。1949 年初，解放军和北方老解放区干部南下，把北方的腰鼓和秧歌带进安徽，很快在全省流传开来，有力推动了群众性舞蹈活动和专业舞蹈演出。1953 年起，报刊和杂志发表不少评论文章介绍安徽民间舞蹈和整理民间舞蹈的经验。1955 年，出版安徽省民间舞蹈专辑。1956 年，在治淮文工团基础上，充实力量组建了安徽省歌舞团。全团 300 人，半数以上是艺术院校毕业生，以创作演出民族民间舞为主，同时演出大型歌舞、歌剧和交响乐。省歌舞团成立后对安徽地方民间歌舞进行采风和观摩演出，发掘和整理花鼓灯艺术遗产，先后成功演出《抢板凳》、《双回门》、《凤阳花鼓》、《摸花轿》等糅粗犷奔放的艺术风格和浓郁的淮水风情为一体的花鼓灯歌舞剧目。杂技是安徽文艺园地中的一朵奇葩。新中国成立后，全省民间杂技队伍迅速壮大。1949 年至 1955 年，先后成立了宿县钢铁马戏团、大众马戏团等 10 余个民间职业表演团体。1956 年 12 月，安徽省杂技团成立，后又相继成立安庆专区和芜湖专区杂技团，结束了安徽没有国家专业杂技艺术表演团体的历史，杂技和其他艺术一样登上了艺术殿堂，重获新生。

电影事业获得很大发展。解放初，安徽只有 11 家简陋的私营电影院。1950 年皖南、皖北行署文教处等电影队先后建立。1951 年，在南京和无锡培训的两批电影放映员回安徽，组建了安徽第一支国家电影放映队，并建成第一个由国家投资的电影院——合肥市解放电影院。1952 年，放映队分为 12 个小队到全省农村巡回放映，极大丰富了群众的文化生活。1953 年，安徽与江苏在扬州联合培训的第三批电影放映人员结业后，电影放映队增加到 30 多个。1957 年，全省电影放映单位发展到 323 个，城市电影院 43

座；安徽还成立了电影放映公司，创办了安徽省电影学校。

群众文化组织和设施开始大踏步建设。建国初，政府除接收和改造旧政权遗留下的几处民众教育馆外，还新建了一批文化馆和文化站。到1956年，全省共有文化馆91个、文化站620个、俱乐部648个。这些文化组织和机构除宣传党和政府的方针政策外，在介绍新的生产技术、开展扫盲和文化娱乐活动方面也发挥了很大作用。图书馆建设在改建和扩充旧馆的同时，兴建了一批公共图书馆。1953年8月，皖北区合肥图书馆改建为安徽省图书馆，成为全省最大的综合性公共图书馆，建筑面积1.6万平方米，书库大楼6层，藏书167.3万册。

2. 文化事业的曲折发展与文艺的百花凋零

1956年5月，中央宣传部长陆定一在京作了题为《百花齐放　百家争鸣》的报告，系统阐述了“双百”方针。安徽省委迅即向全省科教界、文艺界等传达了“双百”方针。“双百”方针在文艺界引起热烈争鸣。1957年2–7月，《江淮文学》发表了几十篇争鸣式的文艺作品和文章，就贯彻“双百”方针中如何“放”和“鸣”展开讨论。5月，省文联和《安徽日报》编辑部联合召开座谈会，讨论如何在文学艺术中贯彻“双百”方针的问题。

4月27日，中央发出《关于整风运动的指示》，要求全党开展一场普遍深入地反对官僚主义、主观主义和宗派主义的整风运动。安徽省委于5月3–20日召开宣传工作会议，传达学习毛泽东《关于正确处理人民内部矛盾的问题》和《在中国共产党宣传工作会议上的讲话》。15–18日，文教界的部分代表讨论了如何评估安徽贯彻“双百”的情况。代表们意见不一，批评意见不少。会议结束时，省委书记曾希圣谈到贯彻“双百”方针时，认为安徽的鸣放还不够，党委要加强领导，支持鸣放。5月25日到6月10日，省委统战部邀请了省暨合肥市各民主党派及无党派人士座谈，以帮助中共整风。为解除人们的顾虑，6月2日，《安徽日报》发表社论《解除顾虑、大胆批评》。省委开诚布公的态度对文化艺术界参加整风起了推动作用。然而，6月8日毛泽东却起草了党内指示《关于组织力量反击右派分子的猖狂进攻的指示》，同日，《人民日报》发表了《这是为什么?》的社论，一场全国规模的反右派斗争开始了。安徽省委学习中央反右斗争的指示后，对安徽的反右做了统一布置。由于文艺界在“双百”方针的讨论中最激烈，因此，反右斗争首先在文艺界展开。7月中下旬，省文艺界召开五次反右座谈会，受批判的人愈来愈多，火药味愈来愈浓。批判中认定省文联存在一个以文联主席和党组书记戴岳为首的，包括叛徒、特务、胡风分子、流氓、汉奸和脱化分子组成的“反党集团”，他们有计划地向党进攻，在《江淮文学》上发表了几十篇有毒和反动的作品。反右斗争使安徽文艺事业遭受打击，一些优秀文艺作品被诬蔑为“大毒草”。

这一时期安徽的文化事业虽然遭受了反右斗争和“大跃进”运动的冲击，但仍取得了不少成就。广大文艺工作者仍坚持创作，1959年，根据陈登科、鲁彦周的电影文学剧本改编、由安徽电影制片厂和上海电影制片厂联合摄制的《风雪大别山》在全国上影，反响热烈。随着社会主义制度的建立，1958年全省各级剧团全部实行全民所有制。1956年至1959年，先后出版了《安徽省传统剧目汇编》和《中国地方戏曲集成·安徽省卷》。1958年，安徽艺术学校改为安徽艺术专科学校，两年后，皖南大学艺术系并入，学校扩建为安徽艺术学院。1962年全国高校调整，学院又改为安徽艺术学校，杂技艺术空前活跃。从1958年起，省杂技团先后4次招收艺徒，培养了近百名杂技演员。该团在努力提高技巧难度时，注意将花鼓灯、凤阳花鼓等安徽民间舞蹈素材糅进杂技，伴奏乐上采用黄梅戏、庐剧和泗州戏等地方戏曲音调，形成了别具特色的艺术风格。1959年，安徽举行首届杂技会演，这是建国10年安徽杂技艺术成就的一次检阅。在省杂技团影响下，安庆、宿县、蒙城等地专业杂技团采取大篷演出，组成小分队到全国各地演出和深入城乡演出，十分火爆。电影事业更上一层楼。1958年，筹建安徽电影制片厂，开始拍摄新闻纪录片、舞台艺术片，并与上影、北影联合拍摄故事片。但是，1962年制片厂撤销。电影放映单位继续发展，安徽第一个社办电影队在休宁县流口区诞生。随后，大批由群众兴办的电影队陆续建立。从60年代开始，城市机关礼堂、俱乐部相继对外开放，一批新建电影院投入运营，大大增强了城市放映力量。

1961年初，随着社会主义建设进入调整期，安徽的文化事业开始缩小规模，提高质量。在剧团体制调整上，将县级剧团改为集体所有制，一批升格的剧团重新归地市管辖。根据业余、自愿、不妨碍生产的原则，开展业余文化活动。文学艺术家创作出一些优秀作品。江流1962年创作的中篇小说《还魂草》、陈登科1964年创作的长篇小说《风雷》均受到全国文学界的瞩目，并很快被改编成戏曲搬上舞台。另一方面，随着文化思想领域“左”的错误不断发展，文化艺术受到愈来愈大的冲击。安徽文化界和戏剧界开始批判戏剧舞台上的“封、资、修”，提出戏剧要大力宣传革命斗争，反映现代社会和无产阶级英雄人物，改变帝王将相、才人佳子统治舞台的状况。1964年9月，全省戏剧界举办现代戏观摩演出，各地剧团演出的13个剧目全是反映革命战争年代和社会主义时期英雄人物的革命现代戏。文艺界还开展了对电影《北国江南》和《早春二月》，小说《三家巷》和《苦斗》等的批判。《安徽日报》等报刊相继开展了“中间人物论”和“现实主义道路广阔论”的批判。

文化大革命的十年，安徽的文艺园地百花凋零。在“斗、批、改”中，一大批作家和艺术家被打成“黑线人物”，陈登科的《风雷》、江流的《还魂草》和电影《风雪大别山》等被诬蔑为“反党反社会主义”的“大毒草”，或被查禁，或被销毁，作家被下放或关押。戏曲损失难以估量，剧团纷纷解体，人员受到摧残。黄梅戏、庐剧、徽剧等被禁演，几乎所有剧目都被当作“毒草”受到大批判。如《天仙配》被视作“复辟资本主义招魂幡”。表演艺术家严凤英被揪斗和审查，1968年4月被迫害致死。艺术舞台除了几个样板戏，几乎看不到其他作品。70年代以后，各地市成立了文工团，舞蹈创作多是反映工农兵生活，片面强调表现革命的激情和舞蹈艺术的革命化。图书馆破坏严重。县级图书馆除无为、天长两馆保留外，其余均划为县文化馆图书室。杂技在“文革”前期备受摧残。1972年，根据周恩来总理提出“要恢复传统杂技节目”的指示，才给杂技带来生机，安徽专业杂技团很快恢复一批传统节目。1976年3月，在北京的全国杂技调演中，《单杠》、《吊环》等节目受到好评。电影事业有一定发展。1969年末，安徽第一个8.75毫米电影队在无为黑沙洲公社建立，随后大批8.75毫米电影队相继建立。到1976年底，全省共有各类电影放映单位2760个。

3. 文化事业步入改革发展的春天

“文革”结束后，全国逐步开展了全面的拨乱反正工作，平反冤假错案是其中的重要内容。在安徽文化领域，极“左”文艺思潮得到清算。1978年5月，严凤英被平反昭雪，安庆市菱湖公园为她塑立了一座雕像，以纪念这位人民艺术家。1979 年 2 月，省文联召开的文艺座谈会宣布了《中共安徽省委关于坚决推倒“文艺黑线专政论”，为安徽省文联彻底平反的决定》，为在历次政治运动中受到错误批判的文艺工作者和打成毒草的作品平反。随着改革开放的春风吹遍江淮大地，安徽文化事业开始步入繁花似锦的春天。

新时期文学环境得到很大改善。1979 年 7 月，省作协主办的大型文学双月刊《清明》正式创刊，该刊立足现实、关注生活、贴近群众，推出了一大批优秀文学作品和文艺人才，成为有全国影响力的文学期刊。1985 年，《诗歌报》创刊，是中国最有影响的诗歌报刊之一。同年，安徽在全国率先成立文学院，集中了一批有创作潜力和培养前途的青年创作者。改革开放的新时代，激发了广大作家的创作热情，一大批歌颂改革和弘扬时代精神的文学艺术作品喷涌而出。安徽作家或皖籍作家的作品争奇斗艳，在中国文学界独领风骚，被称为中国现代文学界的“皖军”。80 年代以来，他们的小说、诗歌以及由小说改编的电影文学剧本获得诸多奖项。1977 年，鲁彦周的中篇小说《天云山传奇》在《清明》创刊号发表后引起高度赞扬，1981 年获中国作协颁发的中篇小说一等奖。后改编为电影，获首届中国电影金鸡奖。张弦的短篇小说《被爱情遗忘的角落》，1981 年获全国优秀短篇小说奖。高尔品的短篇小说《细胞闲传》发表后，被《新华文摘》等七、八家报刊相继转载。其他有影响的小说还有陈登科和肖马合作的《破壁记》、鲁彦周的《彩虹坪》、肖马的《钢挫将军》、祝兴义的《抱玉岩》、刘克的《丫丫》和石楠的《张玉良传》等。电影文学创作异军突起，1979 年至 1985 年间，每年都有二、三部安徽作家的电影文学剧本被拍成电影，享誉影坛，被电影界称为“皖军突起”。陈登科、鲁彦周等合著的《柳暗花明》、金海涛和方义华合著的《月亮湾的笑声》、曹玉模的《鼓乡春晓》等是其中的代表作。电影界将安徽作为电影文学剧本的生产基地之一。诗歌创作上，公刘的《沉思》、张万舒的《万里风云录》、梁如云的《湘江夜》、梁小斌的《雪白墙》和韩瀚的《重量》等获全国中青年诗人优秀新诗奖，占全国获奖诗人的 1/6。少儿文艺作品创作取得重要成果。在 1980 年至 1981 年全国优秀少儿读物评奖中，方君默和张子仪合著的《神奇的黄山》获优秀读物一等奖，严阵的《荒漠奇踪》、刘先平的《云海探奇》等获优秀读物。其他一些优秀文学作品，如张锲的《热流》获全国优秀报告文学奖，江流的报告文学《春到皖东》和那沙的多幕话剧《种子洒向人间》也获得好评。上述作品有些已成为中国当代小说和诗歌的名篇，它们既具有拨乱反正和思想启蒙的重要意义，又热情歌颂和全面展现了中国农村改革的宏大历史。

戏剧艺术重新焕发生机。“文革”中被摧残的剧团得到恢复和扩建，到1985年，全省22个剧种共有127个剧团，人员9460人。由于人员老化和剧团供过于求，到1988年，全省剧团调整为95个，人员减至5640人。改革开放的大好形势，使戏曲表演生机盎然。黄梅戏《天仙配》、京剧《丹枫岭》、泗州戏《淮上风雷》恢复演出。戏曲新作不断出现，先后产生《摔猪盆》（泗州戏）、《失刑斩》（黄梅戏）、《百花赠剑》（徽剧）等15个剧本。黄梅戏迎来了第二个艺术春天，涌现出《失刑斩》、《龙女》、《借官记》、《母老虎上轿》、《郑小姣》、《香魂曲》、《孟姜女》和《风尘女画家》等大批优秀剧目。其他剧种的剧目演出也异彩纷呈，如京剧《憨郎与紫薇》和《孙悟空大闹无底洞》、庐剧《妈妈》、泗州戏《摔猪盆》、皖南花鼓戏《春嫂》等。1990年，徽剧折子戏参加全国纪念徽班进京200周年演出。80～90年代，安徽涌现出一批才华横溢、誉满全国的优秀中青年演员。1985年，安徽包揽了全国黄梅戏中青年演员广播大奖赛的“十佳”演员，马兰、黄新德、韩再芬等成为继严凤英之后的黄梅戏新秀。1986年，马兰获第四届中国戏剧梅花奖，是安徽演员中获此殊荣的第一人。黄新德和马兰主演的《红楼梦》获文华大奖、梅花奖。徽剧的李龙斌、章其祥、王丹红、张敏，泗州戏的陈若梅、陶万侠，庐剧的胡拥军、张国英、陈久梅，梆子戏的戴彩凤、李金桥，京剧的董成、万惠民，话剧的朱海燕、宋红玲等也享誉全国戏剧界。

歌舞艺术百花争艳。从1979年到1982年，文艺工作者对安徽民歌进行了普查，编辑出版了《安徽民歌一百首》、《安徽民间音乐》（第三卷）、《中国民歌集成·安徽卷》和《王三姐赶集》等专集。1983年以后，民间舞蹈活动走向活跃，怀远县农民花鼓灯艺术团被安徽圣泉啤酒集团吸收为该集团专业的艺术团，成为全省首个专业企业艺术团，引起全国舞蹈界的广泛关注。1984年，举办了首届“江淮之秋歌舞节”，涌现出歌舞《玩灯人的婚礼》、《冰湖上的篝火》、舞剧《冬兰》、舞蹈《东渡》等创新节目，并在全国性调（汇）演中获奖。歌曲《啊，樱花》、《红花草》、《年轻的留学生去远方》获奖，《月亮走我也走》成为最流行的歌曲之一。省歌舞团大力发掘地方戏剧及民间艺术，创作和演出了一批富有艺术性和时代性的歌舞，赢得广泛赞誉。1985 年，舞剧《冬兰》和 1 台安徽民间歌舞进京汇报演出。同年，由李惠兰、迟黎明、潘嫦青等一行七人组成的中国音乐家小组在蒙古首都乌兰巴托举行的亚洲音乐论坛（音乐节）上演出，获蒙古人民共和国颁发的优秀演出证书。声乐演员潘玲馨、申保山等先后赴朝鲜、日本和非洲、欧洲的一些国家演出。群众性歌舞、戏剧演唱十分活跃，宣城地区一年一度的“宣州之声”音乐会深受欢迎。1985 年，广德县和定远县业余作者创作的皖南花鼓戏《儿女包办》和黄梅戏《玉洁兰香》获全国农民业余戏剧创作三等奖。1986 年月，怀远县常坟乡农民演出的《花鼓灯锣鼓》在全国民间音乐舞蹈比赛中获大奖。1987 年 12 月，历时五年的《中国民间舞蹈集成·安徽卷》稿本资料编写完成。

杂技事业大胆创新，走向辉煌。省内各类专业杂技艺术表演团体逐步恢复，纷纷拿出好戏登台亮相。1978 年秋，省杂技团首次代表安徽参加广州第 44 届中国出口商品交易会的演出，连演 12 场，获香港《大公报》、《澳门日报》、《经济导报》等媒体的高度评价和赞扬，为安徽杂技步入对外文化交流、走向国际演出市场开辟了道路。1979 年 10 月，省杂技团出访西非 6 国，成为全省首个出访的大型艺术团。此后，地、市级杂技团纷纷出国演出。据统计，1979 年至 1990 年有近 30 个团队、500 多人次到 20 多个国家、地区进行演出。富有中国气派和民族特色的杂技受到各国人民的广泛欢迎。为了更好发展安徽的杂技事业，1982 年 3 月，安徽省杂技艺术协会成立。1984 年，省杂技团被省政府授予先进单位称号。这个时期的安徽杂技大胆创新，成就斐然。省杂技团的《大跳板》、《双人椅技》分获第一届吴桥国际杂技艺术节金、银奖。安徽杂技还常在国际比赛中折桂。1987 年，首次代表国家参赛的《女子排椅》夺得巴黎国际首届“未来”杂技大赛金奖中的首奖。《高台定车》获巴黎国际“明日”杂技大赛银奖第一名。安庆杂技团的《滚杯》1991 年初参加第 14 届法国巴黎国际杂技大赛，勇夺金奖的首奖——法兰西总统奖，为安徽文艺界创造了一个辉煌。为适应杂技艺术日新月异的发展需要，省杂技团大胆创新，开始举办主题杂技晚会。1985 年，省杂技团应西德 MAMA 演出公司邀请，赴西德、瑞士、奥地利商演，杂技晚会节目以奥地利著名歌舞剧导演安德烈·赫乐的“梦——

天赋健美”为主题贯穿始终。在慕尼黑首场演出获得意外成功，谢幕 28 次。结果，原定两个月的演出续至五个月，在三国的 22 个大中城市巡演。

文化事业机构和基础设施建设不断完善。1980 年，全省文化事业机构达 5850 个，其中艺术表演团体 137 个，艺术表演场所 108 个，公共图书馆 80 个，博物馆 12 个，文化馆 100 个，文化站 1718 个。80 年代，文化事业机构有了更大发展。“七五”（1986—1990）以来，随着艺术表演团体体制改革的不断推进，全省艺术表演团体布局日趋合理，各地有重点地扶持了一批代表地方特色的剧种，各级专业表演团体通过深化改革、加强管理、引进竞争机制、开展横向联合等来增强自我发展潜力。图书馆是群众公共文化设施重要组成部分。安徽计划“七五”期间县县都建图书馆。到 1990 年，全省共有 84 个公共图书馆，其中省级公共图书馆 1 个。除黄山市无市级公共图书馆外，地市级公共图书馆 9 个，县级公共图书馆 74 个。1989 年 4 月，芜湖市图书馆、太湖县图书馆、东至县图书馆、蚌埠市图书馆被文化部授予“文明图书馆”称号。

广播电视和电影事业开辟新局面。安徽贯彻“四级办广播电视，四级混合覆盖”的方针，调动地、市、县办广播电视的积极性，初步建立起由多种传输手段组成的广播电视网络。1983 年，全省有广播电台 28 座，电视台 20 座，县、市有线广播电台 67 座。始于 1977 年发展起来的安徽有线电视，到 80 年代末发展到 600 多家，入户数 30 多万户。电影事业获得更大发展。省文化局制定了“调整国办队，发展社办队，兴办影剧场”等措施和规定，推进安徽电影事业的发展。1980 年，全省电影管理站改为电影发行放映公司，电影发行形成了省、地（市）、县三级管理机构格局。在城市增加各种放映单位，1985 年达 6222 个。利用电影发行的利润留成和地方自筹资金，在 1980 年至 1987 年间，新建、改建、翻建、购买（指买断产权）一大批城市和农村集镇电影院，出现了立体电影院、球幕电影院、豪华型多厅多功能电影院等。支持农民联户或个体经营电影放映业务，大力发展农村影剧场。在影视制作方面，1982 年，安徽电影制片厂恢复，主要从事纪录片和电视片的生产。80 年代先后拍摄出一批新闻、纪录、科教、故事片，同时开始制作电视片和电视剧，成绩显著。

加强对群众文化事业的领导和管理，文化馆、站统一实行文化经营许可证制度。群众文化事业方面，形成了以天长县郑集等为代表的农村集镇文化中心，以阜南县农民为代表创办的民办文化专业户，以合肥和铜陵等市为代表的推行“城市群众文化工作社会举办”模式等。群众文化事业的改革和发展冲破了单纯依靠国家举办的旧模式，形成了多体制、多渠道、多层次、多形式的新格局。到1988年底，全省有省群艺馆12个，县（市、区）文化馆101个、乡镇文化站3038个、集镇文化中心977个、文化专业户7590户。

90年代，随着安徽改革开放的深入和经济社会的发展，文化艺术事业继续发展。“九五”期间，安徽提出了“打好徽字牌，唱响黄梅戏，建设文化强省”的文化发展战略，文化艺术发展基本满足了群众要求，文化事业发展迈上新台阶。

20世纪90年代的安徽文学虽然不像80年代在国内文坛占据显赫地位，但仍在发展。这一时期的主要作家潘军、许辉、季宇、陈源斌等多出生于50年代。他们或受过大学教育，在文学观念和小说叙事方面进行探索，成就突出，成为先锋小说的代表作家，如潘军；或融现代意识于创作之中，在思想探索、人性开掘和艺术表现方面有突出的表现，如许辉、季宇；或得地域文化之灵气和韵味，在现实的叙写中呈现独特的文化魅力，如陈源斌等。他们是90年代以来安徽文学的中坚力量，在全国有一定知名度。在文学创作态势上，呈现宽容的多元化格局，小说、诗歌、散文、戏曲和儿童文学创作等都取得长足发展。

戏剧艺术硕果累累，文艺演出好戏连台。各剧种表演团体趋向择优集中，艺术上力求改革，以适应新形势的需要。《雷雨》、《徽商胡雪岩》、《潘张玉良》和《女驸马》一批新戏曲享誉全国。一些大剧团进京、出国频频获大奖，安徽戏剧誉满海内外。一批黄梅戏电视剧接连获得“大众电视”、“金鹰奖”和“飞天奖”，其中，《红楼梦》获文化部“文华”大奖和中宣部“五个一工程”奖。其他剧种也取得重要成就，1997年隆重推出的徽剧《刘铭传》一举囊括“五个一工程”奖、曹禺戏剧奖、文化部文华奖等七个国家级大奖。京剧《程长庚》获得“五个一工程”奖。不少地、县级剧团则常年活跃在乡镇、工厂、农村，满足广大人民群众对戏剧艺术的需要。各地以文化搭台、经贸唱戏的形式举办丰富多彩的文艺活动，如，安庆黄梅戏艺术节、淮南豆腐节和花鼓灯会、芜湖菊花节、蒙城黄牛节、亳州中医文化节等，这些文化活动既取得了良好经济效益，又极大丰富了群众的文化生活。省杂技团继续打造主题杂技晚会。1993 年，编创了《魂》的主题杂技晚会，受邀赴英国演出。1997 年，又编创了《乐舞百戏》的主题杂技晚会，沿着中国杂技发展的脉络，演绎既古老又年轻的杂技艺术，在安徽剧院首演引起观众极大兴趣。

群众文化事业开创了新局面。1992 年以来，随着全省乡镇机构进行改革，部分乡镇文化站出现较大滑坡。对此，安徽推出了以省花“杜鹃花”命名，以文化站为龙头，推动农村科教一体化建设，以点带面的“杜鹃花工程”。1994 年以来，全省广泛开展以“送书、送戏、送电影”为标志的文化三下乡活动，深受农民喜爱。全省涌现出一批“书画艺术之乡”、“先进文化县”等。公共图书馆建设加速进行。到 1999 年底，全省公共图书馆发展到 83 个，图书总藏量达 7851 千册。在 1998 年全国县以上图书馆评估中，全省有 40 所被评为上等级图书馆，与“八五”相比增长 42%。广播电视取得突破性进展，1992 年 12 月，开通了全省广播电视微波专线，与原有的合肥—淮北线相接，形成南北两个环路。到 1995 年，全省建有广播电台 69 座，电视台 45 座。广播和电视人口覆盖率分别达到 82% 和 79%。1997 年 10 月，省电台、省电视台上广播电视节目播出和随后进行的节目创优工程后，安徽广播电视事业迈上新台阶，收视率和各项收入在全国位居前列。

随着全面建设小康社会的到来，中国社会经济结构发生一系列调整和变化，文化产业的崛起是这种调整和变化的重要表现。“九五”期间，全国国有文化单位和企业新创增加值 1020 亿元，相继出现一批大型文化产业集团，成为经济增长的新平台和结构调整的新亮点。安徽有深厚的文化底蕴和丰富的文化遗产，为发展文化产业提供了宝贵资源。在文化市场发展上，由单纯国有向集体、个人、外资等多成分转变，文化市场的内容和形式由传统的电影、戏剧和“老三摊”（小人书摊、棋摊、民间卖摊）扩展为包括演出、电影、娱乐、音像、书报刊、美术、文物、中外文化交流和文化艺术培训在内的综合性市场体系。到 1999 年底，全省各类文化产业机构达 9460 个，文化市场经营单位 7 千余家，从业人员 2.6 万余人，初步形成了机构较为健全、布局较为合理的新格局。为了更好地发展文化产业，安徽不断加强文化市场管理，相继制定一批法规和政策性文件，使文化市场管理逐步走向法制化和规范化，初步形成了省、地（市）、县（市）、乡（镇）四级文化管理网络。各地进一步深化艺术表演团体管理体制的改革，积极推进社会办团，倡导文企联姻，鼓励艺术表演团体拓宽渠道，以大力发展文化产业。1995年，安徽艺术表演团体改革有新进展，上半年制定的《省直剧团（院）管理暂行办法》对省直剧团继续实行“四定一奖”的考评目标管理。经过多年的探索和发展，一些文化企业和单位取得较好经济效益和社会效益。如安徽新闻出版局的直属8家出版社、2个印刷厂、17个市级新华书店和61个县级新华书店，组建出版集团，从业人员共6000人，2000年各项指标综合在全国同行业中排第3位。

“九五”中后期，省委、省政府根据安徽经济社会和文化发展的形势，提出了新的文化发展战略。1997年3月，省政府出台了《关于进一步加快文化事业发展若干经济政策的通知》。8月，全省文化工作会议在合肥召开，会议根据省委和省政府的指示和要求，明确了全省跨世纪文化发展的目标任务，提出了“打好徽字牌，唱响黄梅戏，建设文化强省”的文化发展战略，决定把黄梅戏艺术作为安徽文化领域优先发展和重点扶持的对象，确立以黄梅戏艺术为龙头、带动文艺事业整体繁荣的发展思路，会后省委、省政府联合下发了《关于进一步加快文化事业改革和发展的决定》。这次会议是新中国成立以来省委、省政府首次召开的带有全局指导意义的文化工作会议，在安徽省文化发展史上具有里程碑意义。新文化发展战略的提出，是省委、省政府为把安徽这一文化大省建设成为文化强省，在世纪之交提出的重大战略决策。会后，全省各地深入贯彻会议和文件精神，大部分地市相继召开文化工作会议并做出相应决定，加大文化投入，加快发展步伐，全省文化事业呈现出加快发展的良好势头。

为了实施这一文化战略，安徽为再度繁荣黄梅戏做了大量工作。1998年，被列为“黄梅戏艺术年”，这年推出了八台大型新剧目，安徽省黄梅戏剧院创演了新编古代剧《秋千架》，新编清装剧《风雨丽人行》，现代戏《木瓜上市》，现代剧《啼笑姻缘》。安庆市黄梅戏一团创演了现代剧《柳暗花明》、芜湖市黄梅戏剧团创演了清装剧《斛擂》、马鞍山市黄梅戏剧团创演了清装剧《乾隆辨画》，安庆市黄梅戏二团创演了清装戏《徽州女人》。这批戏于1998年底至1999年初在合肥连续演出。1999年，被列为“黄梅戏展示年”，自6月起，将八台戏分三批在首都舞台亮相，八台黄梅戏新颖别致的艺术风采赢得观众喝彩，再度名震京华。《徽州女人》获第六届中国艺术节大奖，“文华新剧目奖”及多个单项奖，“曹禺戏剧文学奖”、

“梅花奖”、“白玉兰奖”，《风雨丽人行》获“五个一工程奖”。1999年，省政府颁发了《安徽省黄梅戏艺术事业振兴发展纲要》，指出：“黄梅戏是我省具有代表性的优秀戏曲剧种，在全国戏剧艺术中占有重要地位，并已成为我省标志性的文化形象。”像这样以省政府名义颁发对一个地方剧种提出全面系统发展纲要的做法实属罕见。黄梅戏实现“梅开三度”，既是文化强省建设的重要成就，也成为带动安徽文化的发展的重要途径。

4. 走文化强省之路，文化事业全面繁荣

进入21世纪，特别是中共十六大和十七大以来，省委、省政府以邓小平理论和“三个代表”重要思想为指导，深入贯彻科学发展观，扎实推进“打好徽字牌，唱响黄梅戏，建设文化强省”的文化发展战略，将致力建设文化强省作为安徽发展的重要工作。经过努力，“十五”以来的安徽文化事业发展呈现重点突破、整体推进、全面繁荣的良好局面。

不断优化政策环境，逐年增加文化建设投入，到“十一五”中期，文化事业达到新规模。省委、省政府制定并出台了有关文化体制改革和文化产业发展的系列文件和政策措施。各级财政对文化事业投入明显加大，文化建设基础更加巩固。2002年至2006年，全省累计投入文体广事业费75.7亿元，年递增18.38%。其中，2006年投入21.6亿元，较上年增长30%。省财政安排省级宣传文化发展专项资金1.5亿元、文化事业建设费1.2亿元。2006年，全省文化事业费4.41亿元，比上年增长15.8%。文化事业发展达到新的规模。2007年，文化事业单位13906个，从业人员62038人。其中，艺术事业机构175个，从业人员6085人（艺术表演团体87个，从业人员4276人，戏曲剧团56个，从业人员2393人）；剧场和影剧院88个，从业人员1809人；群众文化事业机构1469所，从业人员4592人；文化站1350所（乡文化站1247所），从业人员3111人（乡文化站2942人）；艺术教育事业单位6家，从业人员507人。省级公共图书馆1家，地市级公共图书馆15家，县级公共图书馆69家，省级公共图书藏书2673千册，地市级公共图书馆藏书3307千册，县级公共图书馆藏书4059千册。图书的出版数量3378种，杂志出版176种，报纸发行数99种。

为早日实现建设文化强省目标，省委、省政府提出文艺创作要“先行一步”，要通过几年努力推出一批在全国占领先地位的优势门类，推出一批在全国有很强竞争力且思想性、艺术性、观赏性相统一的标志性作品，推出一批德艺双馨的代表性作家。为此，省委、省政府创新文艺生产的体制，通过建立多种符合新形势的新机制来构建优秀作品的起飞平台。优化文艺生产的外部环境，通过建立和落实促进文艺发展的多项政策形成文艺繁荣的保障机制。2001 年，安徽从宣传文化发展资金中划拨 100 万元补充“黄梅戏艺术生产专项资金”。继续实施政府奖项“安徽文学奖”，并设立同级别的“安徽艺术奖”。为加强文艺创作阵地建设，对《清明》、《安徽文学》《艺术界》、《诗歌月刊》、《文化月报》进行补贴和扶持。坚持以人为本，通过省内选拔培养和全国招聘等多种渠道建设人才成长系统工程；相继实施文艺高层次拔尖人才和优秀青年人才培养工程、精品创作重点扶持制度等。

在上述政策和措施的保障和扶持下，以“徽”字为特色的文艺创作获得大丰收，精心打造出一批有安徽特色的文艺品牌。安徽连续两届在全国“五个一工程”评奖的所有 7 个奖项中榜上有名；黄梅戏、戏曲电视剧、少儿舞蹈、中篇小说、儿童文学等文艺创作取得明显突破，形成了一批在全国颇具影响的优势门类。一批文艺作品分获文化部“文华奖”、中国戏剧奖、中国戏曲“梅花奖”等。黄梅戏在全国戏曲中的地位得到巩固和提升，《雷雨》、《长恨歌》、《孔雀东南飞》、《男子汉行动》等新作相继在全国产生影响。花鼓灯舞蹈《乡舞乡情》和《徽女》参加上海国际艺术节引起轰动，2005 年演出 321 场。杂技艺术再接再厉，向更高的艺术层次攀登，1999 年创作了主题杂技晚会《黄山魂》连续两年在欧、美市场演出。2000 年 5 月—2002 年 9 月，省杂技团派出节目参加由葡、美、俄等国演员和节目参加的《时间》主题晚会演出，在葡萄牙连续演出两年四个月，创下中国杂技出国演出时间最长纪录。省杂技团编创的主题杂技晚会《黄山》将黄山美景和徽州风情融入杂技，2004 年以来在美、日、德、法及东南亚地区演出，轰动一时。文艺“皖军”创作群体不断壮大。2003 年，沉寂多年的安徽文学轰动全国。许春樵的长篇小说《放下武器》、潘军的长篇小说《死刑报告》在全国产生重要影响。文艺演出丰富多彩，2004 年以来相继开展了“走进基层看安徽”、“大练兵”和“江淮情”等大型文艺演出。纪念中国共产党建党 80 周年、庆祝中华人民共和国成立 55 周年、纪念中国人民抗日战争暨世界反法西斯战争胜利 60 周年等主题文艺晚会取得成功。各艺术表演团体锐意进取，不仅取得了艺术的丰收，也取得了重大的社会经济效益。

基础设施建设加强，公共文化服务取得新成效。全省公共文化体系建设以文化先进县创建为龙头，以“文化信息资源共享工程”、农村文化“杜鹃花工程”和农村电影“2131”工程、“非物质文化遗产保护工程”建设为抓手，以文化队伍和基础设施建设为重点，扎实推进。到2005年，全省有15个县（市、区）成为全国文化先进县，3个县成为全国文物先进县，28个县（市、区）成为省文化先进县。在基础工程建设上，按照“统筹规划，突出重点，多元投资，分步实施”的思路，完成了安徽省图书馆扩建工程，省黄梅戏剧院艺术馆、省话剧团剧场的建设和安徽大剧院、江淮大戏院的维修改造，启动安徽省文博园建设。合肥市图书馆、淮北市博物馆、安庆市赵朴初故居、蚌埠中国花鼓灯第一村、寿县博物馆、宁国市文化活动中心、桐城市图书馆、太湖县文化中心等陆续建成。“十五”期间，全省42个县级文化馆、图书馆得到新建或扩建，建设规模达7.98万平方米，总投资近亿元。2007年，安徽有群众艺术馆、文化馆118个，图书馆86个，博物馆、纪念馆58个，乡镇文化站1417个，农村电影放映单位784个，乡镇影剧院404个，城市放映单位213个，文化市场管理机构108个，其他机构183个，文化信息资源共享工程省级中心1个，市级中心和基层服务点83个。安徽民歌歌会等大型群众文化活动逐步成为省内外有影响的群众文化品牌活动。村镇文化、社区文化、校园文化、广场文化、企业文化、节庆文化日趋活跃。

安徽是农业大省，约70%的人口在农村，加大农村文化服务建设是全省文化建设的重要工作。省委、省政府将实施“杜鹃花工程”工程列入政府任期目标，省财政设立专项经费，对批准为省级点的乡镇文化站给予支持。不少市、县将该工程列为优先发展目标。到2007年，有“杜鹃花工程”省级点225个，占全省文化站的1/6，在农村文化建设中发挥了传播文化、服务农民、以点带面的作用。推进“2131工程”解决农民看电影难问题。“十五”末，全省有农村电影队1496个、乡镇影剧院404个。“十五”期间，共分配国家资助的16毫米放映机242台（套）、流动放映车40辆、放映大篷8套、16毫米拷贝647部，全省农村电影放映60多万场，观众达1亿人次以上。发展壮大民营艺术表演团体，“十五”末全省民间艺术表演团体1301个，每年演出30多万场，从业人员3.34万人。民营艺术表演团体机制灵活、流动性强，演出贴近农民和农村生活，深受农民喜爱。为更好建设基层文化设施，加大农村文化建设专项资金投入力度，2007年投入为1千万元，2008年递增到1.5千万元。

文化共享工程建设取得突破性进展。文化部统一实施的文化信息共享工程，旨在利用高新技术手段，将各类文化信息资源进行数字化处理，通过覆盖全国的网络系统，实现优秀文化信息全国范围的共建共享。2002年12月，安徽省级分中心在省图书馆成立。到2006年底，全省已建成分中心、基层服务点81个，初步完成基础网络建设，省图书馆徽文化资源数据库初具规模：完成安徽美术、安徽路桥、安徽文化概览等专题数据库；在建资源库有安徽戏曲、安徽名人、安徽家谱、安徽刻书、徽派朴学、桐城文派等。2007年4月，全国文化信息资源共享工程会议在安徽召开。会后，省文化厅和财政厅按照“突出重点，整体推进”的思路和“加强合作，共建共享”的模式，选定首批30个县、448个村来推进安徽文化共享工程建设。到2008年初，已建成省级分中心，市、县支中心，乡镇、社区及村基层服务点108个，加之与省农村党员干部现代远程教育工程合作共建，基本形成全省文化共享工程服务网络，为传播先进文化、倡导科学健康生活方式、帮助农民劳动致富发挥了积极作用。远程教育方面，2007年，安徽远程教育终端站点达23575个，完成全部2.8万个站点建设的84%，其中乡镇基层服务点覆盖率达98.7%，受到文化部通报表扬。

中共十七大报告指出：“要充分发挥人民在文化建设中的主体作用，调动广大文化工作者的积极性，更加自觉、更加主动地推动文化大发展大繁荣，在中国特色社会主义的伟大实践中进行文化创造，让人民共享文化发展成果。”实施不同形式的“文化惠民”工程已成为保障人民文化权益、满足多样化文化需求的重要载体。安徽正在大力实施的“文化惠民”工程，既面向城市，开展各种形式的文化活动，满足市民多样性需求，又立足农村，加强农村文化基本设施建设，保障农民的基本文化需求。安徽确定的目标是加快建设文化惠民五大基本工程，即：到2010年，基本建立起城乡公共文化服务体系，构筑起建设“文化强省”的坚实基础；基本实现全省1240个乡镇都有综合文化站的目标，建成乡镇文化事业发展平台；基本完成全省农村数字化放映工程，根本解决全省4.1千万农村人口看电影难问题；基本实现专业剧团每团一辆流动舞台车；基本建成全省文化信息资源共享工程，形成资源丰富、技术先进、服务便捷、覆盖城乡的数字文化服务体系。五个“基本”工程的目的就是要让更多的百姓共享丰盛的文化“盛宴”。

文化体制改革逐步推进，文化企事业单位改革逐步展开，文化单位活力不断增强。省直文艺表演团体按照省政府《关于进一步深化省直六家艺术表演团体改革的若干意见》和《安徽省文化厅直属艺术表演团体任期目标责任制管理考核实施办法》的要求，建立新的艺术生产机制，改革成效显著。从 2004 年下半年开始，安徽确定在合肥、芜湖、安庆、淮北、黄山和省直艺术院团、新安晚报社自主开展文化体制改革试点。2006 年又增加两市，并扩大到省直三个文化产业集团及省直广电系统经营单位。合肥市制订了试点方案，并将宣传文化系统的 10 个单位列入经营性事业单位改革。安庆市从 2005 年起实施市直文艺演出团体改革，新组建的四家文艺表演团体实行名人领衔制。省委、省政府尊重艺术发展规律，有效整合艺术资源。将安徽艺术学校与安徽省电影学校合并，组建了安徽艺术职业学院。将省徽剧团与省京剧团合并，成立安徽省徽京剧院。优化资源配置，着眼于艺术事业繁荣和文化产业发展，形成安徽演艺集团组建试点方案。一些市县实施地方艺术表演团体改革，积极推进经营性文化单位转企改制。改革优化了资源配置，一批文化单位焕发了生机活力。

文化市场日趋繁荣，管理机制逐步健全。安徽以中共十六大提出的“健全文化市场体系，完善文化市场管理机制”为目标，坚持以开放促发展，以管理促繁荣，全省文化市场初步走上健康有序的发展轨道，由总量扩展阶段向层次提高阶段过渡，从初级市场形态逐步走向完善。文化市场管理法规体系基本形成，全省持续开展网吧、音像、娱乐市场专项整治，市场面貌大为改观；开通 12318 文化市场举报电话，建立义务监督员制度，成立行业协会，长效管理机制逐步形成。娱乐市场呈现质量竞争、品牌竞争的格局；演出市场逐步开放，活跃有序；音像连锁、音像超市、电子商务初显活力，正版占有率不断提高；网吧市场向规模化、连锁化、品牌化发展，经营行为逐步规范。文化产品流通能力显著增强，文化消费水平明显提高。2007 年，全省文化经营单位约 2 万家，年上缴税收近 2 亿元，解决就业 14 万多人。文化市场的发展，促进了文化事业的繁荣和文化产业的发展，丰富了人民群众的精神文化生活，扩大了社会就业。安徽文化市场建设的目标是：到2010年，将建成门类齐全，结构合理，供求关系均衡，政府调控与市场机制有机结合，统一、开放、竞争、有序的社会主义文化市场体系。从人民群众最关心、最直接、最现实的利益出发，进一步丰富娱乐市场，繁荣演出市场，拓展音像市场，提升网络文化市场，培育艺术品市场。

“十五”期间，安徽文化产业发展初具规模，产业体系逐步完善。文化产业是传统与现代结合、产业内涵广泛、市场规模巨大、投资回报丰厚的朝阳产业，是21世纪最具生机和活力的产业。安徽文化底蕴丰厚，发展文化产业潜力巨大。省委、省政府高度重视，提出了“文化产业大省”的战略目标。从2002年起，省直三大文化企业集团——安徽日报报业集团、安徽新华发行集团、安徽出版集团等大型文化企业集团相继挂牌成立，建成了具有活力、实力和竞争力的骨干文化企业和企业集团。2003年，省委、省政府把文化产业作为支柱性产业列入围绕安徽经济发展实施的“861”行动计划。为实现跨越式发展，安徽采取一系列政策措施，完善文化产业政策，着力优化文化产业发展环境。一些地方积极征集文化投融资项目，举办文化产业项目推介会。各文化企事业单位面向市场，拓展业务，积极参加招商引资活动。民营资本参与文化建设的积极性逐步提高，若干有示范作用的文化产业发展基地建成，成为引领全省文化产业发展壮大的重要力量。到2004年底，全省共有各类文化产业机构1.8万多家，从业人员12万余人，文化系统的文化产业增加值7.24亿元。2005年，全省文化产业增加值达112.89亿元，约占全省GDP的2.1%，接近发达省份水平。文化产业门类齐全，基本形成娱乐、演出、音像、网络文化、美术品、文物、艺术培训、影视放映等市场体系，产业项目不断增加，产业收入明显增长，融资能力不断增强，就业人数显著增多，在国民经济和社会发展中的地位日渐重要。

“十一五”以来，安徽加大文化体制改革步伐，以国有文化产业为主体的多元投入、多种所有制共同发展的文化产业格局正在形成，文化产业显示出强劲发展势头。2006年1月，中共中央、国务院下发了《关于深化文化体制改革的若干意见》。9月，省委、省政府制定了《关于深化文化体制改革的实施意见》和《关于支持文化体制改革 促进文化产业发展的若干规定》等文件，提出九大措施支持安徽文化产业发展。经过改制，全省有139家国营性文化单位实现转企改制，省直三大文化企业集团迅速崛起。2006年，安徽日报报业集团资产总额6.42亿元，营业收入4.11亿元，利润同比增长20%，均超过全国同行业平均水平。安徽新华发行集团销售收入和利润双双跨进全国“五强”。安徽出版集团累计实现利润1.89亿元，同比增长208%，被新闻出版总署、国务院新闻办等列为全国改革试点单位和中国图书对外推广计划重点单位。2005年至2007年，安徽文化产业增加值年均增幅30.3%，高于同期GDP增长15个百分点。2006年，全省文化产业增加值约159亿元，同比增加46亿元，文化产业增加值占全省GDP的2.5%。全省还命名了10个省级文化产业示范基地，其中2个为国家级文化产业示范基地。到2010年，安徽文化产业发展的目标是：全省文化产业增加值将在现有基础上翻两番，超过400亿元，文化产业将真正成为新的经济增长点和支柱性产业。

文物和文化遗产的保护和利用取得佳绩。安徽文物资源极其丰富，截止2008年，全省共有各类文物遗存1.7万多处，国有文物收藏单位收藏可移动文物55万多件，其中一级品1284件，全国重点文物保护单位56处，省级重点文物保护单位454处，市级文物保护单位2千处，全国历史文化名城5座，省级历史文化名城11座。为保护和开发这些宝贵的文化资源，重新修订了《安徽省实施〈中华人民共和国文物保护法〉办法》、《皖南古民居保护条例》，在全国率先以政府规章形式颁布了《安徽省建设工程文物保护规定》。“十五”期间，新增国保单位21处、省保单位120处，维修保护省级以上文保单位100余处，超额完成省政府的任期目标任务。调查古遗址、古墓葬数百处，组织考古发掘项目150余项，出土文物1万多件。建成一批博物馆和文物开放点。完成国保单位“四有”档案备案、馆藏一级文物藏品档案备案、馆藏文物腐蚀损失调查等一批国家项目。博物馆和文物库房建设、文物鉴定、社会文物管理、文物外事工作、文物安全防范和打击文物犯罪等取得可喜成绩。2005年底，在全国首批非物质文化遗产名录推荐项目中，安徽19个项目入围公示。

2006年10月，省第八次党代会对安徽文化建设做出了重要规划，会议的报告从安徽文化资源丰富，文化底蕴深厚和具备建设文化强省的独特优势和良好基础出发，把实现从传统文化大省向现代文化强省的跨越，作为全省“十一五”期间要实现的“四大跨越”目标之一。2007 年 10 月召开的中共十七大，提出了“推动社会主义文化大发展大繁荣”的文化发展方针。十七大后，安徽把十七大精神与加快科学发展、建设文化强省、推动安徽文化大发展大繁荣结合起来，谋划工作思路。目前，安徽为加快文化强省建设，正积极和全面推进“八大文化工程”：文化创新引领工程、文化品牌示范工程、文化龙头带动工程、文化产业振兴工程、文化建设惠民工程、文化外向拓展工程、文化环境优化工程和文化人才兴皖工程。通过八大文化工程建设，将形成城市带动农村，各方优势互补、良性互动的文化发展格局；公有制为主体、多种所有制共同发展的文化产业格局；统一、开放、竞争、有序的文化市场格局和民族文化与地域文化为主体、吸收外来有益文化的文化开放格局。放眼江淮大地，安徽正在由文化大省向文化强省阔步迈进！

二 教育发展谱写新篇

1. 新教育的建立和初步发展

民国时期，安徽教育事业基础差，规模小，发展慢，落后于全国平均水平。1949 年安徽全境解放时，只有 3 所高校，在校生 1052 人，各类中等学校 167 所，在校生 1.6 万多人；小学 1.24 万所，在校生 6.6 万多人。全省 2787 万人，青壮年文盲有 1 千万以上。

新中国成立后，各级党委和政府部门在接管和改革教育的基础上，按照国家计划和建设需要，进行高等教育的调整和普通教育的规划。确立以毛泽东思想为教育工作的指导思想，坚持教育与生产劳动相结合、教育与大众相结合的方向，采取一切学校“向工农开门”的新教育方针，对旧教育制度和体系进行全面改革，初步建立起初等、中等、高等三级教育体系，形成了成人教育和普通教育并举的基本格局，各级各类教育获得初步发展。

在小学教育上，改变了大部分乡村子弟不能进新式小学的局面。各级文教部门接收并改革原有小学，废除旧课本，整顿教师队伍，将普及小学教育作为重要任务。土改后，为满足广大工农子女上学要求，各地农村大力兴建民办小学，实行“民办公助”。到 1952 年，安徽小学增长到 2.3 万所，学生数比新中国成立前增加了5倍。

在中等教育上。普通中学方面，政府接收了公私立中学和教会中学。在公立中学设立公费生，吸收和帮助困难工农子女上学，整顿和积极发展师范教育。到1952年，全省中学增加到235所，学生数比新中国成立前增加了3倍；中等师范学校63所，在校生1.39万。到1957年，初中数增至164所，在校生达12.94万，教师增至4893人。在中等职业技术教育上，1952年，全省有中等职业技术学校25所，在校生7606人，教职工1010人。后来，又创办了一批半工（农）半读学校和职工技术学校。到1957年，中等职业技术教育稳步发展，在校生14106人，教职工2465人。在中等师范教育上，对原有11所师范学校进行接管和改造，有计划地在高师附设中学教师短训班，在一些中师附设专业性的一年制高师速成班，创办师专，在各地、市建立中师，在一些县设立初师（班）或举办中师速成班。1952年，全省有中师63所，在校生1.39万，初步缓解了小学师资的供求矛盾，一大批失业教师和失学青年得以就业。1953年，全省初级师范撤销或合并为中师学校，或改作轮训小学教师的场所。到1957年，全省中师减少到53所，在校生却增加到2.18万人。

高等教育稳步发展。1949年1月，人民解放军淮南煤矿军管会接管了淮南工业专科学校，后更名为淮南煤矿工业专科学校。6月，皖北行政公署接管了国立安徽大学和省立安徽学院。12月，安徽大学由安庆迁到芜湖，与安徽学院合并，成立新的安徽大学，为安徽唯一的综合性大学。12月，上海私立东南医学院迁到怀远县，成为安徽第一所高等医学院校。1952年下半年，国家开始进行大规模高校院系调整，上海私立东南医学院迁到合肥，更名为安徽医学院，改为公办。安徽大学院系调整更大，先后从复旦大学、南京大学、金陵大学调整进一些院系，又调整出一些院系到南京大学、复旦大学、华东政法学院和浙江农学院。此外，将成立不久的安徽师范专科学校并入。调整后的安徽大学，设有师范、农学二个院，共9个系和11个专科。院系调整推动了安徽高等教育的发展，学生数比新中国成立前增加3倍。1954年2月，政务院决定安徽大学师范学院和农学院分别建校，农学院迁到合肥成立安徽农学院，在芜湖的安徽大学本部则改名为安徽师范学院。物理等系师生和部分干部搬迁到合肥，另选新址迁建安徽大学。1955年4月，淮南煤矿工业专科学校迁至合肥，改名为合肥矿业学院。

1956 年，成立合肥师范专科学校。至此，安徽高校扩展到 5 所，在校生 8632 人，教职工 2569 人，专任教师 1310 人。

在成人教育方面，吸收老解放区教育经验，创办工农速成中学，开展工农教育和农村扫盲运动。1950 年全国第一次工农教育会议后，安徽的工农教育得到很大发展，1951 年工农在学人数达 400 万，是 1949 年的 5 倍。1952 年 2 月，省政府发布《关于推行速成识字法、开展扫除文盲的指示》，确定工农干部、产业工人、青壮年农民为扫盲重点，在省、专（市）、县、区、乡和有职工 300 名以上的厂矿、企业单位分别建立扫除文盲运动委员会。1956 年，工农扫盲毕业人数达 27.54 万人，达到高小毕业的 1.91 万人。1957 年，成人教育学生数由 1952 年的 400 万增加到 600 多万。

2. 教育的曲折发展和惨遭破坏

然而，安徽教育的发展并不是一帆风顺的。在社会主义建设探索期的十年，安徽教育的发展有起有伏，是波浪式前进的。

教育的发展首先受到反右运动的冲击。1957 年 4 月 27 日，中央发出了《关于整风运动的指示》，要求在全党开展一场整风运动。安徽省委积极响应，在邀请合肥矿业学院等 4 所高校及省科学研究所的高级知识分子与中共党组负责人座谈时，省委恳请党外人士打消顾虑，大胆向中共党组织和党员提出批评意见。5 月下旬到 6 月上旬，省委统战部又邀请了省暨合肥市各民主党派及无党派人士举行座谈，帮助中共进行整风。然而，风云突变。6 月 8 日，毛泽东为中共中央起草了党内指示《关于组织力量反击右派分子的猖狂进攻的指示》，同日，《人民日报》发表了《这是为什么?》的社论，一场全国规模的反右派斗争开始了。安徽省委急忙转向学习研究中央反右斗争的指示，并就安徽的反右做了统一布置。6 月中下旬，高校的反右斗争由各单位内部进行转为公开报道，反右斗争迅速升温。7 月 4 日、5 日、10 日，《安徽日报》连续发表三篇关于反右斗争的社论，反右斗争在安徽大张旗鼓地开展起来。8 月以后，反右斗争蔓延到中小学。许多教授、副教授、党外人士和部分学生在运动中受到错误批判和打击，给安徽教育的正常发展带来严重冲击。

1958 年，随着声势浩大的“大跃进”运动在全国的兴起，安徽也全力投入到运动中去。3 月 1 日，省委发出《关于开展工农业生产大跃进宣传运动的指示》（简称《指示》），号召在全省大张旗鼓地开展工农业生产大跃进的宣传运动，来一个思想大跃进。《指示》发出后，文教和科技部门积极投身到运动中去。4月初，在全省宣传教育座谈会上，休宁、巢县等10个县联合向全省各县发起关于宣传文教工作大跃进的倡议，提出在扫盲和普及教育、除四害讲卫生、群众宣传、文化工作等方面开展大竞赛和大跃进的5项具体措施。

安徽教育的大跃进主要表现为，不考虑安徽的经济承受能力和师资力量，盲目兴办各类学校。3月下旬至4月上旬，萧县和芜湖专区分别宣布实现乡乡建有农业中学。来安县宣布3天内实现社办中学，民办和业余中学达到100余所。10月，刘少奇视察蚌埠第三中学，充分肯定勤工俭学和半工半读职业学校。此后，安徽的农业中学和职业中学迅猛发展。1958年，全省兴办农业、职业中学976所，在校生达7.48万人；中等技术学校发展到343所，在校生7.78万人。为响应中央“两条腿走路”办学和依靠群众办学等原则及全国普及教育的目标，小学盲目扩张到3.13万所，在校生达414.93万人。师范教育方面，1960年，全省中师学校89所，在校生6.14万人，为1957年在校生的3倍。高等教育方面，为贯彻中央和国务院《关于教育工作指示》中大力发展高等教育的精神，1958年下半年，全省新建29所高校，基本是每个地区有一所师范专科院校，大部分地区有农业专科学校，每个市有1~2所专科学校。省会合肥成立了交通学院、轻工业学院、机械学院、体育学院、艺术学院，安徽大学于这年迁建合肥，合肥师专改名为合肥师范学院，合肥矿业学院改名为合肥工业大学。到1960年底，安徽高校猛增到44所，在校本、专科生达2.3万人。成人教育方面，受盲目追求高速度、高指标的浮夸风的影响，工农扫盲教育有名无实。

在“大跃进”中，安徽不仅违反教育规律和不考虑实际盲目发展，而且停课参加炼钢及其他工农业生产劳动。在全民大炼钢铁热潮中，学校师生积极参与。合肥工业大学学生发明了吹氧炼钢技术。学校借鉴外省经验，成功试制出可简易炼铁的坩埚。为满足全省大炼钢铁的需要，学校集中2500人全力制造坩埚和砌炉。10月9日，学校创下一只坩埚出铁7斤的纪录，用瓦罐炼铁也取得成功，称瓦罐炼铁比坩埚效果还要好，成本低、出铁快。安徽农学院把教室变成破碎矿石车间，数百名学生每天要砸碎6吨矿石。总体看，学校参与工农业的“大跃进”，打乱了正常的教学秩序，给教育带来的破坏是主要的。

为扭转“大跃进”和人民公社化运动给国民经济和社会发展带来的严重困难，1961 年 1 月，中国的社会主义建设进入了全面调整时期。安徽教育确定的调整原则是：从当时的经济实力出发，适当照顾今后的发展需要，进一步压缩公办教育事业规模，停办一批在大跃进中勉强上马的高等学校，适当调整各地各类学校的比重和布局，集中力量，提高教育质量。在中小学方面，到 1963 年，小学调整到 2. 47 万所，在校生降为 202. 44 万人；农村职业中学和中等技术学校分别调整为 130 所和 44 所。在中等师范方面，1963 年，中等师范学校由 56 所减少到 26 所，到 1965 年，中师进入健康发展轨道，办学质量得到提高。高校调整方面，1962 年 7 月，决定将 1958 年以来发展起来的高校调整为 13 所（包括中央部门所属院校 2 所），中等专业学校由 138 所调整为 59 所，减少大专院校招生数。1963 年，高校招生维持在 1962 年 3200 人的数量，中等专业招生数（不含中央直属学校）为 4180 人，比 1962 年减少 277 人。到 1965 年，全省有高校 15 所，在校生 1. 93 万人，教职工 8042 人，专任教师 3361 人。在成人教育上，到 1962 年冬，工农扫盲教育逐步恢复。1963 年，在学人数接近 6 万人；职工扫盲成就显著，达 14. 67 万人，达到小学毕业程度的 1. 67 万人，达到初中毕业程度的 1800 人，达到高中毕业程度的 460 人。1965 年，农民在学人数达 125 万。安徽倡导在政府领导下，由群众举办各类教育事业，允许私人办学，发展半日制学校及夜校、函授、广播等各种形式的业余教育。1964 年以后的教育发展，主要是抓巩固和提高，高校重点抓定任务、定专业、定规模、定编制等工作；注意中等专门人才的培养；有计划地发展职业技能教育。这些措施纠正了“左”的错误和违背教育教学规律的做法，使安徽教育发展质量稳步提高，调整后的安徽教育呈现出结构合理、运作正常、协调发展的态势。

与此同时，文化教育领域“左”的错误却不断发展起来。1962 年中共八届十中全会接受了毛泽东关于社会主义时期阶级斗争扩大化的理论。此后直到“文革”爆发，文化教育领域阶级斗争扩大化的错误不断发展。教育领域在调整和压缩的同时，开始推行半农半读、半耕半读、半工半读的教育与劳动相结合的两种教育制度和劳动制度。1964 年 5 月，中央工作会议提出培养“又红又专”的革命事业接班人，要求各地发展半工（农）半读教育。7月，刘少奇来安徽视察，进一步提出要推行两种教育制度和两种劳动制度。为此，省委决定试办农垦、厂办职业中学、社办农业中学。全省兴办了一大批半工（农）半读学校，一些全日制中专和技校也改为半工半读学校。到1965年，半工半读学校和农业、职业学校达2722所，在校生13.2万。1965年，建立了第一所半农（工）半读的安徽劳动大学。由于这两类学校兴办之始便受“左”的思想支配，一方面把学生单纯当作劳力，限制了学生受教育的机会，另一方面把这种制度视为消灭三大差别、防止修正主义的重要措施，结果难免走向失败。

十年“文革”使安徽教育遭受严重摧残。“文革”中，14所高校中有8所被砍，11所校舍被占用，面积达19.39万平方米。高校中断招生4年之久，1970年才开始招收工农兵学员。教学仪器设备流失和破坏严重，合肥工业大学等4所高校的图书资料、仪器设备损失达1733万元。这一时期高等教育的唯一亮点是，1970年中国科学技术大学迁至合肥，增强了安徽高等教育的实力。1975年，邓小平主持中央工作后提出教育要整顿，安徽恢复和设立了部分高校。到1976年，全省有高校11所，在校生1.83万，教职工1.34万，专任教师5032人。大批中专学校被砍，农村职业学校和半工（农）半读学校被取消，全省187所中等技术学校被砍掉177所，农业、职业中学几乎停办或改为普通中学。中等教育结构单一和畸形发展，普通中学盲目兴办，10年间增加了12.2倍，高中生增加了近10倍。中等教育结构单一，大量高中毕业生既不能报考大学又无法就业，只能下放农村“接受贫下中农再教育”。大批小学被砍，在校生大幅度下降，1970年，学龄儿童入学率下降到70.8%。幼儿教育和特殊教育基本停滞。成人教育长期被取消。整个教育呈现门类不全，结构不合理，比例不协调和体系不健全的状况。同时，教育领域不断批判修正主义路线，批判“智育第一”和“师道尊严”等，倡言“灵魂深处闹革命”。一个接一个的运动不仅搅乱了人们的思想，破坏了学校正常秩序，而且败坏了社会风气，“读书无用论”、“知识越多越反动”等错误论调泛滥成灾。教育质量全面下降，教育事业急剧倒退，安徽教育元气大伤。

3. 教育事业的迅速恢复和大发展

“文革”结束后，特别是1978年十一届三中全会以来，安徽教育领域开始大力拨乱反正，整顿各级各类学校，恢复大、中学校考试制度，恢复职业教育和成人教育；平反冤假错案，提高教师待遇和政治地位；整顿各级学校领导班子；充实和加强师资队伍，恢复中断近20年的职称评定；加强教育立法等。制定和颁发了一系列重要规定和法规，为安徽教育的全面恢复和发展创造条件。同时，广泛深入进行教育改革，加大教育投入，鼓励多渠道和多形式办学，国家和社会办学并举。优化教育结构，大力加强基础教育，积极发展职业教育、高等教育和成人教育，建立起比较完整的国民教育体系。确立教育以经济建设为中心，为社会主义现代化服务的方针，教育事业得到快速恢复和发展。

初等教育和中等教育发展迅速。1981年，为贯彻中央和国务院《关于普及小学教育若干问题的决定》，全省教育工作会议对普及小学教育做了全面部署和规划。1983年6月，省委和省政府做出《关于加强和改革普通教育的决定》。1984年10月，省人大通过《安徽省普及初等义务教育若干规定》。有计划、有步骤地实施九年义务教育是全党全国的一件大事。1986年4月，六届人大四次会议通过《中华人民共和国义务教育法》，在我国首次把免费义务教育用法律固定下来。安徽是经济落后的农业大省，基础教育面广、点多、摊子大，“普九”教育任重道远。为此，省六届人大五次会议通过了《安徽省实施〈中华人民共和国义务教育法〉办法》，相关部门又制定和颁布了《安徽省中小学办学基本标准》等配套文件，明确了各级政府及学校、家庭的职责和义务。1987年，制定了普及九年义务教育的规划，要求到20世纪末，全省普及初等义务教育，占全省人口70%的城镇和经济比较发达的农村地区要普及初中阶段义务教育。

改革开放十多年间，学前教育、初等教育获得快速发展。到1990年，全省有幼儿园1763所，在园幼儿49.6万人，与1980年相比，增加幼儿数35.6万人。小学生入学率、巩固率、毕业率稳步上升，全省有小学3.51万所，在校生633万人；学龄儿童入学率98.2%，学生毕业率97.1%，初等教育普及率96.4%。安徽紧随教育科技化潮流，1984年起在全国率先开始中小学计算机教育和装备工作。中等教育走向健康发展轨道。1978年，恢复举办重点中学，1980年确定了省属首批重点中学22所，市重点中学55所，有步骤地将部分普通中学由五年制改为六年制。从1980年起，有计划压缩高中和整顿初中，分期分批撤并小学附设初中，合理调整学校布局，基本做到乡乡有初中。经过调整和发展，1985 年，全省普通高中比 1977 年减少 931 所，初中增加了 1720 所，既改变了单一化的普通高中教育结构，又发展了初中教育。到 1990 年，这一比例更得到优化，普通高中 619 所，在校生 27.45 万人；普通初中 3756 所，在校生 190.72 万人。

中等师范类和职业技术教育受到重视。1978 年，全省师范工作座谈会召开，会后对全省中等师范进行恢复和整顿。1980 年 9 月，全省师范教育工作会议制定的《全省师范教育工作会议纪要》对新时期中师布局设置、规模、领导管理及招生对象和范围做了规定。到 1983 年，全省中师学校达 60 所，在校生 2.18 万人，总体规模接近全国平均水平。1985 年，省教育厅制定了《安徽省中等师范学校学生基本功十项要求》，各学校认真拟定了细则，以保证逐步达标。全省中师还改革招生和分配办法，开展教育改革试点，加强专业思想教育和改革教育实习办法，采取多种形式鼓励和支持广大在职教师参加各种培训进修。通过这些措施，中小学教师合格率有很大提高，到 1988 年，小学教师合格率达 63.43%，初中教师合格率达 37.11%，高中教师合格率达 56.36%，分居全国第 22 位、第 17 位和第 4 位。1990 年，全省中师毕业生 10.33 万人，基本满足了普及初等教育的需要。在职业技术教育方面，1979 年，全省开始试办一批农业中学和职业中学。1980 年，将 157 所普通高中改办为农业、职业中学。1982 年以后，这两类教育发展迅速。蚌埠、合肥、滁州等先后作出劳动制度、教育制度同步改革的尝试。为发挥各方面积极性，多途径兴办职业技术教育，安徽还推广滁州市部门办学、联合办学的经验，使城市职业技术教育有新突破；总结休宁县溪口区实行普教、职教和成教“三教统筹”和农科教三位一体的经验，努力建立适应地方经济发展的农村教育体系，农村职业技术教育改革不断深化。到 1990 年，全省有中等技术学校 90 所，在校生 5.66 万人。技工学校 166 所，在校生 4.43 万人。农村职业初中 226 所，在校生 7.73 万人；农村职业高中招生 34089 人，占高中阶段招生总数的 22%。职业技术教育的大发展为全省各行各业输送大批有技术的劳动者。

普通高等院校扩大办学规模，积极发展研究生教育和高等专科教育，根据经济和社会发展需要进行教育结构调整，使科类、层次比例和学校布局得到改善，初步建立起较为完整的高等教育体系。1977 年，安徽大学、安徽师范大学、安徽医学院和安徽农学院被确定为省重点院校。从 1978 年起，新建一批高等院校。积极探索高校办学新路，1980年8月，创办了短期职业大学——合肥联合大学，学校实行省和合肥市双重领导、以市为主的领导体制，校内实行董事会领导下的校长负责制，学生全部走读，教师实行聘用制。1985年以后，安徽调整高等院校专业设置，压缩长线专业，增设和发展一批适应经济建设和社会发展的专业。同年，省政府将安徽农学院皖北分院改建为安徽农业技术师范学院。1980年至1990年间，学校从22所增加到36所，其中省属院校从15所增加到28所；本、专科在校生从9492人增加到62448人；在校研究生由300人增加到720人。10年累计向社会输送本、专科毕业生15万人。高校科研水平不断提高，成果丰硕。1985年至1989年，全省高校承担国家、中央部委、省（市）和大中型企业等各级科研课题739项，签订成果867项，其中国际水平37项，属国内首创和先进水平493项。经鉴定并获奖435项，其中获国家自然科学奖7项，国家级科技进步奖10顶，省、部级奖387项。高校积极探索产、学、研三结合新路。在1985年全国科技成果交易会上，安徽高校交易项目385项，交易额2045万元，占全省交易总额的57%。“七五”期间仅转让科研成果一项，学校纯收入就达1001.9万元。

高等师范教育取得长足发展。1977年，经省政府批准，安徽师范大学在滁县、六安增设教学点，在巢湖、宿县、芜湖地区和芜湖、马鞍山开办专科班，安徽劳动大学在池州和徽州开办专科班，安徽大学在合肥、蚌埠、铜陵、淮南开办了师资专科班。1978年，省政府决定将安徽师范大学阜阳分校扩建为阜阳师范学院，淮北分校交由煤炭工业部改建为淮北煤炭师范学院。恢复合肥、六安、芜湖3所师范专科学校建制。此后，又将铜陵师专、马鞍山师专分别改建为铜陵财经专科学校和马鞍山商业专科学校。1978年，恢复安徽省教育学院，新建蚌埠、芜湖、阜阳、淮南教育学院。全省教师进修院校在籍学员达3.7万人。1980年以后，全省每年培养师范毕业生1.5万人。为保证他们能充实到中小学第一线任教，逐步改革师范院校招生和毕业分配制度，实行定向招生和分配。这一制度坚持10多年，加上其他优惠政策，老、少、边、穷地区的师资有所改善。1985年，创办了淮北、宿县、宣州教育学院。为改变师范学校教学设施不足、办学条件较差的状况，加大对师范学校的投资，使新办师范专科学校建设加快，多数初具规模，老师范院校办学条件有了改善，办学潜力得以发挥。在高师教育层次上，稳定本科，重点发展专科教育；在科类结构上，压缩长线专业，增设短缺专业，大力加强薄弱学科建设。到1989年，全省有13所高等师范院校，其中本科院校5所，年招生7400多人，在校生2万多人，占全省高校在校生总数的32.3%，初步形成布局和层次结构趋向合理、总体规模较为适宜的高等师范教育体系。

成人高等教育得到恢复和发展。1979年，创办了安徽广播电视大学，设立地、市分校和辅导工作站，形成了总校、分校、工作站、教学班一体化的电化教育网络。经国家教委批准备案的高校函授部有13个，夜大学16所。1984年，开办了高等教育自学考试。到1990年，有1.93万人获得大专以上文凭，55.3万人获得单科合格证书。全省开展了成人高等教育"专业证书"制度，按照"专业对口、按需培养、从严要求、保证质量"的原则，先后在民政、商业、科技、医药、统计、财政等54个部门举办了专业证书班，入学人数达2.6万人。全省共有成人高校28所，在校生5.06万人，总体规模与普通高校大体相当，每年培养1万多名专科以上毕业生。1980年至1990年，成人高校共向社会输送专业人才10万多人。

扫盲教育和农民技术教育受到高度重视。1979年，省政府在省扫盲工作会议上提出扫除文盲、提高成人文化水平的主要任务在农村，确定了农村扫盲教育的重点对象和规划。1980年春，全省农村约有80万人参加扫盲。1988年，繁昌、泾县、天长和五河被评为全国扫盲先进县。到1990年，全省1278所成人中小学有扫盲班1890个，学生41.04万人，10年间共扫除文盲248万人，文盲率下降到24%。90个有扫盲任务的县（市、区）经过验收，58个达到国家规定的扫盲标准。农民技术教育发展很快，满足了改革后广大农民迫切需要学习和掌握更多农业科技知识致富的愿望。1981年春，金寨县梅山、六安县三十埠、天长县新华公社等地出现以技术教育为重点的农民业余技术学校。1982年4月，省教育厅召开农民教育会议，着重研究了农民教育问题，农民技术教育更加受到重视。1987年，国家《乡（镇）农民文化技术学校暂行规定》颁布后，省教委分别在泾县和马鞍山召开乡（镇）农民文化现场会，进一步促进农民技校的发展。到1990年底，全省各地乡（镇）农民文化技术学校发展到1千多所，80多万农民接受了实用技术培训。

这一时期安徽省教育的快速发展得益于教育事业经费的逐年增加，办学条件的不断改善。1983 年 6 月，安徽省《关于改革和加强普及教育的决定》中要求："今后若干年内教育经费的增长率要略高于经济发展的增长率，切实从经费上保证教育这个战略重点。""六五"期间，普教事业经费每年比上年实际指标增长幅度不低于 8%。此外，各市、县地方机动财力用于教育的比例不少于 20%。1985 年 8 月，安徽在《关于教育体制改革若干问题的决定》中规定，省、市、县三级从当年开始，在今后一定时期保证教育拨款的增长高于财政经常性收入的增长，并使在校学生平均的教育费用逐步增长。1987 年 4 月，省人大六届五次会议通过的《安徽省实施〈中华人民共和国义务教育法〉办法》中，对全省征收教育费附加、学校勤工俭学、社会集资办学、教育经费使用管理等问题作了具体和明确的规定，正式把多渠道解决教育经费问题纳入法制轨道。其中，通过开展勤工俭学和发展校办产业筹措教育经费取得重要成绩。到 1990 年底，校办产业总产值达 41564 万元，纯收入达 8761.1 万元，比 1980 年增长了 15.4 倍。10 年中，学校勤工俭学收入达 3 亿多元。

进入 90 年代，省委、省政府将"科教兴皖"战略作为安徽跨世纪发展的首要战略，把教育作为安徽现代化建设的先导工程列为"九五"规划的重要内容，并就安徽高等教育、职业教育、成人教育、中等及中等以下教育的改革与发展以及增加教育投入等做出重大决定。各级党委和政府把教育改革与发展列入任期目标，扎实推动教育事业的健康发展。

1989 年 10 月 30 日，由中国青少年发展基金会实施、以救助贫困地区失学儿童为宗旨的大型扶贫项目"希望工程"拉开序幕，安徽有幸成为这项工程的起点。1990 年 5 月，全国第一所希望小学金寨县希望小学在革命老区落成。之后，希望之火在江淮大地熊熊燃烧。1993 年 2 月，中央和国务院颁布了《中国教育改革和发展纲要》。省委、省政府根据《纲要》，在 10 月全省高等教育工作会议上作出了《关于高等教育改革和发展若干问题的决定》，对安徽 90 年代乃至 21 世纪初的高教的发展速度、高教结构、高教管理、教学改革、师资队伍、招生和毕业生就业制度、高校科技以及高教投入等提出了全面要求。为落实《纲要》提出的中小学"两基"目标，省政府进一步调整了全省"普九"教育规划，把教育发展和教育体制改革作为当届政府的重要任期指标。1994 年 11 月，全省教育工作会议制定了全面实施《中国教育改革和发展纲要》的具体部署及政策措施，讨论了省委、省政府《关于加快中等及中等以下教育改革及发展若干问题的决定》等文件，提出到20世纪末安徽教育发展总目标是：全民受教育程度和劳动者素质明显提高，各类专门人才的拥有量基本满足现代化建设需要，与经济社会发展相互促进，各类教育协调发展，面向21世纪的教育体系框架基本形成。

1995年以来，安徽加强“普九”义务教育，全省上下按照以点带面、分类指导的原则，通过加大政府行为、建立双线承包责任制、大力抓好义务教育阶段学额巩固工作、多渠道筹措经费、建立健全督导评估制度等措施，大力实施九年义务教育。与此同时，加强素质教育，省教委制定并下发了《安徽省中小学素质教育实施意见》和《安徽省中小学各学科素质教育基本要求》。1999年，省委、省政府发布《关于贯彻〈中共中央国务院关于深化教育改革全面推进素质教育的决定〉的意见》，以实现进一步转变教育观念，深化教育教学改革的目标。

高等教育办学体制改革进一步深入。1995年，安徽分别与机械工业部、中国科学院协议共建合工大和中国科大。教育教学改革得到深化，各校陆续出台了教学改革措施，全省普通高校增设适应经济建设和社会发展急需的学科专业12个。为加强教学管理，省教委制定了《关于加强高校重点学科建设的意见》等文件，评选出首批省级重点学科22个。从1997年开始，全省高校按照省委、省政府的要求启动新一轮内部管理体制改革，开始实施定编、定岗和定员。1998年，省教育厅提出“以现代化教育技术装备为突破口，全面推进教育现代化进程”的工作思路，积极开展现代教育技术装备工作，全面实施电教设备达标学校建设。1999年初，国务院批转了教育部起草的《面向21世纪教育振兴行动计划》，该计划明确提出，积极稳步发展高等教育，2000年高等教育入学率达到11%左右，2010年高等教育规模有较大扩展，入学率接近15%。安徽为积极落实该计划，大力实施科教兴皖战略，于10月颁布了《安徽省教育振兴行动计划》，提出到2002年，安徽高等教育毛入学率达到8%，2005年达到10%，2010年达到15%。

经过“九五”的发展，安徽教育的改革和发展取得重大成就。基本普及九年义务教育和基本扫除青壮年文盲的“两基”教育成果显著，中等教育结构进一步优化，高等教育发展迅速，办学层次明显提高，职业教育和成人教育发展稳步推进，素质教育得到加强。

基础教育规模不断扩大，教育质量和办学效益逐步提高，满足人民群众接受高质量教育需求的能力不断增强。一是“普九”工作成果辉煌。到1999年，全省104个县（市、区）实现了“普九”，人口覆盖率达到95.54%。到2000年，全省小学适龄儿童入学率达到99.67%，15周岁人口中初等教育完成率达99.29%以上；小学毕业生升学率97.55%；初中阶段适龄人口入学率97.10%；17周岁人口中初中教育完成率达93.10%。幼儿教育、特殊教育和高中教育飞速发展。到2000年，全省有幼儿园3932所，在园幼儿116.2万人，全省基本普及学前一年幼儿教育。有特殊教育学校70所，盲、聋、弱智三类残疾儿童少年义务教育入学率分别超过65%。残疾幼儿的学前教育、残疾儿童少年的职业教育都有较快发展。2000—2001学年，全省有普通高中674所，在校生54.1万人。大力开展省示范高中建设，到2000年底，共评出省示范高中53所。二是调整布局，推进教育现代化。为改变中小学布局不合理和规模效益不高的状况，坚持把中小学布局调整作为重点工作来抓。1997年省政府颁发了关于进一步调整中小学布局的意见，各地认真贯彻实施，初见成效。到2000年，全省小学调减到2281所，校均学生265人；各类初中3441所，校均学生970人。1995年以来，安徽结合“中小学实验教学普及县建设”和“国家贫困地区义务教育工程”等项目的实施，加强中小学电化教育与实验室建设。到2000年，全省有106个县（市、区）完成“普实”县建设工作，建成中小学实验室及功能教室22098个，中小学实验教学开出率明显提高。现代化教育技术装备工作发展迅速。到2000年，全省电教设备达标学校有5千多所。校园网建设发展较快，全省建成校园网和教育教学管理网78个，教育城（区）域网1个；软件制作室、视听阅览室等专用功能教室近1千个。建有市级教育电视台8个，县级教育电视台20个。闭路电视系统300多套，卫星地面接收站1200多座，放像网点4千多个，广播系统7千多套，全省基本形成电教管理网络。

普通高等教育改革和发展跃上新台阶。一是全省高等教育实现了超常规和跨越式发展。到2000年，有高校42所，教师1.51万人，招生7.62万，在校生18.24万，毕业生2.59万；在校研究生5357人，招生2341人，毕业生1041人。学科和学校点建设获得突破。2001年，可培养研究生的本科院校12个，其中博士单位5个，硕士单位12个。有博士点80个，硕士点339个（含专业学位），国家重点实验室3个，国家重点学科14个，有博士学位授予权的一级学科15个，博士后流动站10个，29个博士后流动站学科专业，两院院士12人。省属高校有硕士单位10个，博士点8个，硕士点196个（含专业学位）。二是调整结构、重组资源、拓展发展空间。以“共建、调整、合作、合并”为方针，优化配置大中专教育资源，高教管理体制和办学体制改革有突破性进展，先后与国家有关部委和省内有关地市共建了中国科大、合肥工大等14所高校，54所不同层次、不同科类的本、专科院校实现合并办学。30多所高校成立了校董事会，与企业集团、科研院所建立了多种形式的产、学、研联合体。省属高校新增250多个经济社会发展急需的专业，服务经济建设的功能日益增强。三是增加财政，不断改善办学条件。“九五”后期，省本级财政对高教投入年增幅平均在17%以上。省政府决定对省属高校特别是重点建设的本科院校建设性项目提供贷款贴息。同时，积极调动地方政府、社会力量和公民个人兴办高等教育的积极性。“九五”后两年，有关市政府通过提供资金、减免税费、无偿拨地等方式，投入高等教育的资金近6亿元，吸纳社会力量和公民个人等社会资金4亿多元。1996年以来，省属高校新增校舍140多万平方米，教学仪器设备价值2亿多元，为全省高校扩容打下了坚实基础。

职业教育、成人教育和扫盲教育发展迅速。一是职业教育继续改革，扩大规模。中等职业教育从经济发展对实用技术人才的需要出发，深化教育改革，调整结构和培养模式，不断设置新的专业和学校，扩大招生规模，提高办学效益。2000年，全省普通中专达138所，招生4.4万人，在校生12.1万人；职业高中368所，招生6.3万人，在校生14.7万人。中等职业教育招生10.7万人，在校生34.7万人。加强重点学校建设，到2000年，全省建成国家级重点普通中学10所，国家级重点职业高中19所；省级重点普通中专35所，省级重点职业高中39所；县（市）级示范职业高中56所。高等职业教育迅速崛起。到2001年，全省有独立设置的高等职业学校24所，其中，芜湖职业技术学院是国家首批高等职业技术教育试点单位，安徽技术师范学院和合肥联合大学都培养四年制本科层次的高职学生。二是成人教育办学多样化。成人中等教育调整办学思路和办学目标，改革学历教育模式，使学历教育多样化。把岗位培训和继续教育作为重点，拓宽服务经济渠道，提高服务经济能力。2000 年，全省有成人中专学校 148 所，在校生 4.4 万人；成人技术培训学校 13729 所，在校生 352.2 万人。成人高等教育不断扩大独立设置的成人高校和普通高校举办的函授、夜大、成人脱产班培养规模，逐步开辟第二学历教育。到 2000 年，全省成人高等教育当年招生 6.17 万人，在校生 12.34 万人。高等教育自学考试迅猛发展，增设了几十个应用类、农业推广类、师范类专业。2000 年，报考科次达 150 万人次，毕业本、专科学生 2 万多人。三是广播电视大学办学成绩显著。从 80 年代初到 20 世纪末，省电大先后开设了 7 类学科、75 个专业，中等专业学历教育 25 个专业，继续教育、岗位培训、专业证书教育 50 余项，向社会输送大专毕业生 8 万余人，非学历教育结业近 20 万人次。电大教育成为安徽推进高等教育大众化的一支重要力量。四是扫盲成果得到巩固。省政府 1996 年获得“中华扫盲奖”。1998 年，全省扫盲工作顺利通过教育部检查验收，全省基本扫除青壮年文盲。扫盲达标后，各地把扫盲和实用技术培训结合起来，扫盲后继续教育进入新阶段。

改革开放 20 余年间，安徽教育在改革中前进和发展，取得了辉煌业绩，为安徽经济建设和社会发展做出了重要的贡献，也为实现安徽 21 世纪现代化宏伟蓝图打下坚实基础。

4. 新世纪教育发展迈上新台阶

21 世纪，安徽进入了从人力资源大省向人力资源强省转变和全面提高教育质量的新阶段。安徽深入贯彻国务院批转的教育部《面向 21 世纪教育振兴行动计划》和《安徽省教育振兴行动计划》，确立起教育优先发展观，全面实施“科教兴皖”和“人才强皖”战略。坚持教育的科学发展，寻找机遇，开拓进取，锐意创新。教育规模迅速扩大，教育体系日趋完善。着力推进各级各类教育改革与发展，整体规模上了新台阶。在总体发展中，处理好教育结构的调整与教育发展的关系，初等教育和普通中等教育进入调整期，规模略有下降；中等技术教育和师范教育平稳发展；高等教育快速发展。始终坚持教育为安徽崛起服务，为建设和谐安徽服务。通过近 10 年的发展，安徽教育发展又迈上了一个新的台阶。

基础教育和初等教育规模得到调整，办学取得新成就。在初等教育上，2007 年小学下降为 17240 所，专任教师 25.48 万，招生数 86.42 万，在校生略降至549.50万，毕业生降到96.02万；幼儿园增加到3049所，教师增加到1.92万，招生增加到51.87万，在校生增加到78.21万，毕业生38.26万。在普通中等教育上，普通中学增加到4043所，教师增加到21.45万，招生下降为144.87万，在校生下降到456.89万，毕业生增加到154.07万。其中，高中教育强势扩容，2007年底，普通高中增至786所，招生增至45.13万，在校生增至128.8万。初中规模略有减少，2007年，全省初中3264所，教师15.50万，招生下降为99.36万。作为基础教育重要内容的"两基"目标全面实现，2006年通过国家验收，"两基"工作进入新阶段。安徽始终将农村摆在教育重中之重的地位，以农村义务教育为重点，巩固"两基"成果，提高"两基"水平，"两基"各项指标在全国"二片"地区（即中部地区）始终领先。"两基"的全面实现为使沉重的人口负担转化为人力资源优势创造了条件，为全省经济社会发展夯实了基础。为确保教育公平，进一步推进普通高中招生制度改革，在中小学全面建立综合素质评价制度。

不断加大投入与建设，确保基础教育实现优先发展。安徽在中小学危房改造、农村寄宿制学校建设上成效显著。全省共投入资金33.6亿元，新建校舍840万平方米，改造危房823万平方米。大力建设农村寄宿制学校，投入资金2.34亿元，批复建设项目学校413所，土建面积42.99万平方米。实施薄弱学校改造计划，为430所农村小学配备了800多万元图书、体育和音乐等器材。筹集3400万元，重点指导全省500所农村薄弱初中的建设。为适应现代信息发展需要，投入大量资金普及中小学信息技术教育。2001年，启动三年内建设教育等重点领域信息化的行动计划，以加快全省信息化应用水平。到年底，全省682所普通高中有637所开设了信息技术教育课，省辖市所在地的395所初中有255所开设了信息技术必修课，全省2万多所独立建制的小学有500多所开设了这类课程。2004年，全面开展农村中小学现代远程教育工程（简称"农远"工程），总计投入中央、省级和县级资金12969万元。共建成教学光盘播放点1322个，卫星教学收视点2763个，计算机教室519个。同年11月和12月，省"农远"工程顺利通过省级和国家级验收，全省中小学信息技术教育取得历史性突破。2006年，再投入14468万元，工程覆盖率达71%，其中覆盖全省24420所农村中小学的28%。"农远"工程的实施，使农村中小学教育现代化和信息化程度显著提高。

高等教育超常规发展，教育规模快速扩张，办学层次和结构呈现多元化。普通高等学校由 2005 年的 81 所增加到 2007 年的 89 所；招生数由 2005 年的 19.87 万增加到 2007 年的 25.52 万；在校生增加到 73.05 万，毕业生由 2005 年的 11.70 万增加到 2007 年的 18.12 万；大学招生毛入学率达 19.7%，已步入大众化（毛入学率 15% ~50%）阶段。研究生教育发展迅速，2007 年，硕士和博士在学人数为 28098，招生 10157，毕业生 7073。到 2008 年，省属高校理、工、农、医、管理学类的硕士点数所占比例达 67.5%。安徽高等教育快速发展的标志是，上述各项增长指标始终在全国名列前茅。高校开始全面实施“质量工程”，学位建设、重点专业、实验室、实训基地建设成绩显著。安徽大学“211 工程”二期建设顺利通过国家验收，8 所高校通过教育部本科教学水平评估，2 所高职院校进入国家级示范院校行列。为确保教育公平，稳步推进高考改革，实施高考招生“阳光工程”，实行语文、数学和英语三科自主命题，为广大考生创造更加公平的考试录取环境。通过快速发展，安徽教育体系由低层次向高层次转化的整体结构得到优化；“以省为主，省市共建共管”的高等教育管理体制进一步完善，高等教育作为教育体系的“龙头”地位开始彰显，安徽高等教育发展的阶段和水平已与目前安徽经济社会处于工业化中期阶段基本适应。

高校作为国家科技创新体系的重要组成部分，凭借其庞大的科研力量和创新群体，在加强科学研究，促进科技成果转化和产业化，推动国民经济发展方面做出了重大贡献，成为地方经济社会发展的助推力。高校科技产业继续保持强劲发展势头，科技成果转化及产、学、研合作稳步推进。2004 年，全省高校校办产业总产值首次超过 10 亿元大关，2005 年达 11 亿元，中国科大、合工大、安大、安工大的校办科技产业利润总额均超过 1 千万元。高校高新技术成果转化步伐加快，2005 年高校技术转化收入突破 1 亿元。省属高校承担国家项目能力有较大提高，新增 3 个部级重点实验室、3 个教育部重点实验室、4 个教育部工程技术研究中心，与企事业单位签订技术服务和转让合同 290 项。2005 年以来，先后与有关市共同举办了 4 次大规模产、学、研合作活动，累计签订正式合作项目 680 项，有力服务了地方经济建设。广泛开展农村转移劳动力培训，实施“一村一名大学生计划”，为农村培养“留得住、用得上”的基层干部后备力量和实用型技术人才。高等教育的发展扭转了长期以来滞后于区域经济社会发展的局面，初步实现了两者关系基本协调，在促进经济建设、缓解就业压力、满足人民群众接受高层次教育愿望、造就高层次人才方面发挥了重要作用。

我国职业教育的根本任务是培养适应现代化建设需要的高技能人才和高素质劳动者。面对国家“促进中部地区崛起”的重大战略决策，安徽及时提出“抢抓机遇，乘势而上，奋力崛起”的发展战略，加快职业教育的发展，为实现“奋力崛起”提供技能型人力资源支撑。2003 年 6 月，省政府下发了《实施国务院关于大力推进职业教育改革与发展决定的意见》，规划了全省职业教育发展的总体目标，大力推进办学体制及运行机制改革，力求做大做强职业教育。2006 年 5 月，安徽成功组建第一个职教集团“安徽省汽车工业教育集团”，首开安徽职业教育集团化发展先河。目前，以中专学校为龙头已成立汽车、经济技术、化工和医学卫生等 4 个职教集团。积极探索面向农村职业教育的新模式。开展农科专业单独招生试点工作，定向培养乡村致富带头人；面向基层和农村，尤其是卫生技术人员比较紧缺的贫困县和山区县，定向招生，为乡镇卫生院培养卫生技术人员。在办学模式上，政府主导、行业企业和社会力量共同参与、面向市场的多元化办学格局逐步形成。2008 年，省政府工作报告明确要求，今后五年安徽职业教育的目标是建设职业教育大省，以适应安徽实施从人口大省变为人力资源强省的战略需要。

中等职业教育实现跨越式发展，办学规模显著扩大。到 2007 年，普通中等专业学校 99 所，专任教师 0.65 万，招生 10.28 万，在校生 26.52 万，毕业生 6.25 万；中等技术学校 83 所，专任教师 0.51 万，招生 9.71 万；中等师范学校 16 所，专任教师 0.13 万，招生 0.57 万。其中，职业中学 379 所，教师为 1.44 万，招生 21.13 万，在校生 54.42 万，毕业生为 14.26 万。中职教育连续五年增长，年增长幅度均高出同期全国平均水平。2002 年起启动的中职“三重”（重点学校、重点专业和重点实训基地）建设成效显著。当年确定示范职校 23 所、示范专业（点）92 个、示范实训基地 31 个；高技能人才培养基地 53 个，20 所优质学校实施了国债项目；已有国家级重点职校 61 所，省级示范职校 30 所，初步形成具有竞争力和示范带动作用的骨干群体。以数控技术、汽车制造与维修、计算机技术与软件应用、旅游、现代服务业、现代农业等为重点的技能型紧缺人才培养基地初具规模。

高等职业教育办学规模不断扩大。到2007年，全省有招生资格高职院校55所，在校生21.8万余人，比1999年增加了20.98倍。高职高专现设专业覆盖国民经济的全部19大类，电子、制造、材料、环保、旅游等与安徽国民经济发展密切相关的应用类专业点比例已达70%，高等职业教育成为高等教育发展的一支生力军。在高等职业教育发展中，民办教育扮演了重要角色。安徽以《民办教育促进法》颁布实施为契机，发展与规范并重，先后成立了安徽新华学院等13所民办高校，民办非学历高等教育机构8所，10所本科院校引进民办机制开办本科独立学院，办学实力不断增强。各级政府对高职投入不断增加，高职办学条件愈益改善。有2所成为国家重点建设示范学校，2所成为国家产、学、研建设基地，12所高职成为紧缺性人才培训基地，合肥工程实训中心已列入国家重点建设实训基地。办学效益和服务功能不断提高，高职院校毕业生就业率稳步提高。

全面提升教育公平，稳步实施教育民生工程，是新世纪中国教育发展的重要任务，安徽在这方面做出了重要成绩。2005年，为了关注农村教育，关爱贫困学生，教育工委、教育厅对教育领域弱势群体给予特别关注，着重开展了七个方面的行动推动教育公平，即，维护贫困家庭学生教育权益，不让一个孩了因贫失学的“贫困生资助行动”；关爱农村留守儿童、艾滋病（家庭）儿童、残疾儿童等弱势群体，保障他们教育权益的“关爱行动”；通过卫星接收站、多媒体教室、光盘播放点等建设，把“名师教学”和优秀课程送到乡村，让农村孩子享受优质教育资源的“电波行动”；使农民工子女和城市孩子“同在蓝天下，共享教育权”，维护农民工子女教育权益的“蓝天行动”；加强农村基础教育学校建设，改善办学条件、管理水平、素质教育，缩小城乡教育差别的“薄弱学校改造行动”；服务毕业生就业，拓展就业市场和创业渠道的“就业服务行动”；加强和改进大学生及未成年人思想道德教育和建设的“红色接班人行动”。2005年，安徽完成全面“普九”的历史性任务。2006年9月1日，新修订的《义务教育法》颁布。安徽开展了认真学习宣传和实施新义务教育法的活动，出台了《关于进一步推进义务教育均衡发展的意见》，提出力争在3年内基本解决市、县城区内的择校问题，实现城区中小学校相对均衡，全面提高义务教育的质量和水平，实现义务教育的均衡和可持续发展。各市、县（区）政府按照要求和部署，采取有力措施促进区域内教育的均衡发展。2007年，在省委、省政府决策机构实施的12项民生工程中，农村中小学危房改造和校舍维修两项工程榜上有名。通过这两项工程，实现了少年儿童免费接受义务教育的历史夙愿，极大改善了农村义务教育的办学条件，促进了义务教育的均衡发展和教育公平，促进了和谐社会建设。全省免学杂费、教科书费、补助公用经费、寄宿生生活费和校舍维修改造资金33.49亿元，获益学生900多万，135万学生获得免费教科书，29万家庭经济困难的寄宿生获得生活补助费。下达校舍维修改造资金9.9亿元。2008年，教育民生工程增至三项，全面实施对高校和中职学校家庭经济困难学生的资助，以进一步落实教育优先发展，实现好、维护好、发展好广大人民群众教育权益。教育三项民生工程成为构建和谐安徽、兴教惠民的“德政工程”。

新世纪安徽教育的发展为安徽经济社会发展提供了有力的人才支持和智力支撑。面向未来，安徽将认真实施各项教育民生工程，推进义务教育均衡发展，加快职教大省建设步伐，稳步发展高等教育，提高高等教育质量和高校科技创新能力，促进教育为安徽崛起服务，实现安徽教育新的跨越，为富民强省作出更大贡献。

三 科技发展与时俱进

1. 科技事业的初步发展

新中国建立前，安徽科技事业极其落后，只有皖南、皖北2个农业试验总场和祁门试验茶场、东流棉场等几家农业科技试验机构，科技人员62名。新中国建立后，省委、省政府十分重视科技事业的发展，组织科技队伍，建立科研机构，培养和引进科技人才，安徽科技事业发展揭开了新篇章。

1952年，在蚌埠建立了安徽烟草试验站，扩建祁门茶叶试验站，成立了安徽农业试验站。1953年，安徽省工业厅设立化验室。1954年，建立了安徽农业试验总站。1955年，省委召开会议贯彻中央关于知识分子工作会议的精神，提出积极组织科技工作者开展科研工作的要求。1956年3月，省委制定了《关于知识分子工作要点》，决定在省工业试验站基础上扩建安徽第一个综合性科研机构——安徽省科学研究所，下设物理、应用化学、地质、农业植物等10个研究室，科技人员139人。到1957年，科技人员迅速增加到219人。1956年9月，安徽省科技普及协会成立，此后各地、市、县也纷纷成立科普协会。次年会员发展到2万多人，分支学会70余个。1957年，全省先后建立农业、林业、水利、农机、煤炭、冶金、卫生等11个部门和行业科研机构，科研人员400多人。科普活动成绩显著，在农村开展了农业生产技术普及活动，在工厂开展了以改革工具和提高效率为主要内容的群众技术活动。

安徽科技事业的发展自始把为经济和社会发展服务作为指导思想。1955年，省委提出："大力培养科技人员，迅速提高科学技术水平，以适应我省现代化的地方工业、农业和其他各个经济部门的技术需要，并且在文教、卫生方面满足国家和全省的需要。"在这一思想指导下，科技部门和人员为经济社会发展作出了积极贡献。

在服务工业方面，省工业厅设立的工业试验室（站）1954年至1955年进行各种化学分析1260多种；省科学研究所1956年至1957年进行的研究项目达120多项。在物理研究方面，试制成功交流稳压器和失真度等多种灵敏度较高的电子仪器；研制成功晶体二极管，以及提纯硅用的5兆周5千瓦高频电炉，试制成八阶模拟电子计算机。在陶瓷研究上，试制成功无火炊具，深受井下工人欢迎；试制成功陶瓷车刀。淮南大通煤矿研制的"金属整体移动支架采煤法"比原先的方法提高采煤进度4倍，产量增加1.72倍。省煤矿设计院研制的"水采矿井水力提升双管式无压加煤器"对促进安徽煤炭工业发展起了一定作用。

在服务农业方面，1953年，省委提出"提高午收比重，扩大午季种植面积，提高午季单位产量；改种高产作物，推广优良品种；改进耕作方法，提倡深耕细作，提高单位面积产量"的农业三项改革措施。科技人员围绕三项改革开展研究，省科学研究所农作物研究室承担完成的项目比一般水稻提前五到十天收割，产量有所提高。省农业试验站培育了抗锈、抗寒力强的"安徽3号"小麦新品种。科研人员还试制出20多种杀虫剂、植物生长剂和农用杀菌剂。在消灭蝗虫、治理淮河地区盐碱地和沙礓地方面，科技单位发挥了重要作用。在农业水利建设上，1956年治淮委员会水利研究所成立，在淮河治理方面做了多项研究，为佛子岭水库、响洪甸水库和梅山水库的建设做出重要贡献，培养了一批水利建设人才。

医药卫生科技事业取得初步成就。1951 年，皖南行署在歙县建立了安徽最早的医药卫生科技研究机构——血吸虫病防治所。1956 年成立的安徽省科学研究所，下设药理研究室。安徽将医药卫生科研力量主要放在地方病和灾区疫病的防治上，围绕安徽流行的血吸虫病、钩虫病、黑热病和麻风病等地方流行病开展一系列研究，仅防治血吸虫病的科研项目就有 60 多个。经过几年努力，消灭或基本消灭了天花、霍乱、回归热、斑疹伤寒和黑热病等。

2. 科技事业的曲折发展与停滞

社会主义建设事业探索时期，安徽的科技事业在曲折中发展。1958 年 8 月，在安徽省科学研究所的基础上成立了中国科学院安徽分院，下设工业、农业、水利科学、卫生和哲学社会科学 5 个研究所；同时，成立了安徽省科学工作委员会。1959 年 2 月，改为安徽省科学技术委员会，统一管理全省科技工作。数学、物理、化学、生物、天文、地理等自然科学学会相继成立。各地市也陆续建立相应机构，初步形成了全省科技管理系统。与此同时，新建了一批科研机构：中科院安徽分院及所属无线电电子学、半导体、计算技术、原子能、化学、冶金陶瓷、地质、历史等研究所（室）。在贯彻科技为生产服务方针的指导下，一些新兴技术如生物、自动化、半导体、计算机等迅速发展起来。

在 1958 年的“大跃进”运动中，科研事业开始盲目发展。从 1958 到 1961 年，安徽科研机构从 13 个发展到 124 个，全省科研人员从 450 人增长到 1831 人。1960 年，安徽分院改名为安徽省科学院，同时成立安徽省农业科学院。1961 年，进入国民经济调整期后，安徽积极贯彻国家《关于自然科学研究机构当前工作的十四条意见》的精神，对“大跃进”中科研事业的盲目发展做了调整。到 1965 年，全省地方县级以上自然科学研究机构调整为 53 个，科研人员减少到 958 人。安徽还制定了《安徽省 1963 年至 1972 年科技发展规划》。通过这些政策措施和科技人员的辛勤工作，安徽科技事业取得了不少成果。如在 1964 年 5 月的全国工业新产品展览会上，安徽有 9 个产品参展。

这一时期，科技为服务工农业生产发展发挥了重要作用。工业科技方面，1958 年以后安徽工业科研发展加快，中科院安徽分院化学研究所研制成功新型合成纤维尼龙九，为安徽尼龙九工业发展生产创造了条件。淮北张大庄煤矿采用安徽首创的“管柱震动沉箱凿井法”和“无盐水冻结凿井法”取得较好经济效益。在水电科研上，研制成功国内第一台1万千瓦水内冷水发电机，在响洪甸水库完成安装和鉴定。省电子研究所研制成功有触点电子系统遥测设备和遥控设备。1960年，水电部对安装在合肥至梅山的160公里水电站有触点综合远程遥控遥测装置进行鉴定。这是中国第一座远距离水电站综合远动装置，为解决安徽电子系统集中调度和控制电子打下基础。一些新兴科技开始起步。1959年，中科院安徽分院半导体研究所研制成功半导体收音机填补了省内空白。合工大安装了2百万电子伏静力加速器，研制出钛、锆等氧化物，在全国处于领先地位。全省成功设计和安装各种模拟电子计算机76台，研制出谐波分析仪、脉冲示波器、广播电台测试柜等7种较精密的电子仪器。1966年4月，“液压式循环阻塞器”、“手摇立式水瓶竹壳编织机”、“安徽省移管器”、“黄铺钻”4项发明被国家科委发明局审查认定为国家发明项目。

在农业科技方面。根据国家科委要求，安徽农业区划全面展开，先后编制出安徽植被区划图，地貌、地块大小、土地利用、农业机械化现状等5个因子图，地面组成的物质图、新构造运动图和现代外力作用指标图。制订了《关于江淮丘陵地区、皖南地区、淮北平原、沿江圩区四个农业地区的农业综合研究方案》。对安徽野生植物进行普查，写成类编，并对野生植物和农副产品的加工综合利用进行了大量研究。农村研究基点工作获得发展，制订了4个农业综合研究方案，在淠史杭灌区建立研究基点14处，建立样板田2297亩。农业科技人员积极开展培育农作物新品种的科研活动，先后培育出抗锈能力强、茎秆轻短、不易倒伏、早熟、产量高的“安徽9号”、“安徽10号”小麦新品种，植株高大、分枝多、部位低、荚长粒多粒重、不易染病、早熟、高产的“大角早”油菜新品种。

医药卫生科技事业取得不少成果。在1960年省科委报送国家科委的6项重大科技成果中，就有4项医学科研成果。1960年至1961年，对妇女病进行了普查和一些集中治疗。1962年，成立了省防治妇科病领导小组。

十年“文革”使全省科技事业遭受沉重打击。1967年，省各级科技管理部门和科研机构被“全面夺权”，领导干部被罢免，所有科研活动被停止。1969年，大部分科研单位工作人员被下放，科研机构和科技群众团体基本被撤销和解散，大量科研资料、仪器设备散失和毁坏，大批科技人员受到批判和迫害，近万人被调离岗位，被迫到农村接受再教育。不过，安徽科技事业在动乱中仍取得一定成绩。如在1970年举办的全省增产节约技术革新展览会上，展出工、农、医等科学实验成果3千余项。在农业科技研究上，省农科院科技人员坚持开展研究，并取得一些成果，共培育水稻、小麦、棉花、油菜、大豆、高粱等新品种近50种，研制生产了几十种菌肥、微生物农药和高效低毒农药，采用了温室育秧和水稻小苗带土移栽等新技术。在工业科技方面，研制出中国第一艘水式客轮，大大增加了机动船通航里程。首创具有国内先进水平的"汽油发动机多火源串联点火节约法"，受到第一机械工业部通报表扬，并在全国推广。在医药卫生科技上，研制出激光虹膜切除仪，接近国外同类产品水平。在中西医结合治疗烧伤上，摸索出抗休克、抗感染和创面愈复的新疗法；研制的"人工喉"达到国内先进水平。中国科大、一机部通用机械研究所从北京迁至合肥，一机部第一设计院从北京迁至蚌埠，同时在合肥建立了安徽光机所以及煤炭、冶金、医药卫生等研究机构，这些无疑增加了安徽的科技实力。

3. 改革开放20年科技发展突飞猛进

"文革"结束后，安徽同全国一样迎来了"科学的春天"。省委首先平反科技领域的冤假错案，全面恢复或重组科技管理和科研机构，为安徽科技事业的恢复和发展奠定基础。

1977年7月，省委召开"向科学进军"大会，号召广大科技人员为科技现代化而努力奋斗。全省科技界开始进行大规模拨乱反正，落实党的知识分子政策，恢复科技管理和研究机构，为科技人员评定技术职称。此后，省委和省政府把全省用非所学的5390名大学生调整到专业对口的工作岗位，恢复了3800多名当工人的大学生干部身份。9月23日，省委结合贯彻《中共中央关于召开全国科学技术大会的通知》精神，做出抓紧科技战线整顿、落实知识分子政策、恢复安徽省科学技术委员会等6项决定。10月，重新建立安徽省科学技术委员会。11月，批准恢复全省各级科协及所属社团和科普组织。这年，省农业科学院恢复，下设12个专业研究所和实验技术服务中心。1978年3月，全省科学大会召开，号召"向科学进军"。到年底，全省各地、市、县和省直有关厅局的科技管理机构及文革中被砍的科技机构相继得到恢复和发展，并扩建和新建了一批科研机构。1980 年春，省委做出发掘人才，解决用非所学，大胆提拔科技人员到领导岗位，提高科技人员政治和生活待遇等 12 条政策规定。1983 年 4 月，提出 7 条政策措施提高农业科技人员待遇，以稳定队伍，使他们能扎根贫困地区。到 1987 年，全省全民所有制单位科学技术人员近 28 万人，专业构成趋于合理。

中央在皖科研院所是安徽科技事业发展的重要力量，中科院合肥分院则是其中的主力军。1978 年，经国务院批准组建了中国科学院合肥分院。国务院各职能部门有的在安徽组建科研机构，有的将所属科研机构迁入安徽。这些科研机构与先期迁入的中国科大和一批科研院所，大大推动了安徽基础学科和应用科学的研究能力与学术水平，有些科研机构还成为国家级行业技术中心、试验测试基地、标准化归口单位、学术期刊和专业学会的挂靠单位。1981 年 11 月，同步辐射实验室电子直线加速器在中国科大建成，对研究各种物质表面结构、成分、化学反应均有重要作用。到“七五”（1986—1990）期间，已建成光学精密机械研究所、等离子体物理研究所、智能机械研究所、固体物理研究所，主要从事激光、新能源、新材料和新技术的研究，有科技人员 1150 余人，其中高级科技人员 200 多人；拥有数千台（套）科学仪器设备。有托卡马克受控热核试验装置、亚洲最大的电感储能装置、中国最大的 4 台直流脉冲发电机组。

科技机构不断发展，科技研发硕果累累。到 1988 年底，全省有县以上政府部门所属科技研发机构 196 个，全民所有制单位的自然科技人员达 29.9 万。工业科研机构有 77 个，工程科技人员达 12.3 万。全省有 102 位中青年科技专家受到省政府表彰和奖励，其中，18 人获“国家级有突出贡献的中青年科技专家”光荣称号。1978 年至 1988 年间，安徽取得一系列科技成果，在全国科学大会受奖励的科技成果 276 项，在全省科学大会受奖励的成果 610 项。这些成果在经济和生产中得到推广应用，取得显著经济效益。科技发明与专利技术成果显著，在北京首届国际发明博览会上，安徽获金、银、铜牌各 1 枚。在广州首届国际专利技术及新技术设备展览会上，蚌埠市专利事务所参展项目获 8 枚奖牌。在 1988 年第三十七届尤里卡世界发明博览会上，安徽获金牌 3 枚，银牌 5 枚，铜牌 1 枚，奖牌数与湖北并列全国第一。据对“七五”头三年 781 项获奖成果的统计，科技总投资 1.62 亿元，年新增产值 12.69 亿元，投入与产出比为 1∶7。

科技体制改革全面展开。1980年，安徽确定省化工科研所、省机械科研所、省建筑科研所、省水利科研所为扩大科研自主权改革试点单位。1984年，安徽颁布《关于促进科学技术面向经济建设若干问题的暂行规定》，大大促进了安徽科研体制的改革。到1984年底，全省有80多个科研所制订了改革方案，占全省总数的2/3以上。1985年，省委、省政府先后制定了《关于贯彻〈中共中央关于科学技术体制改革的决定〉的若干意见》、《关于放活科研机构科技人员政策的若干规定》和《关于深化科技体制改革的若干规定》的文件。据1988年对117个研究所的调查，这些所普遍实行了不同形式的承包责任制，30个进入企业或企业集团，81个办了经济实体。通过技术市场，签订技术合同5800多份，成交金额1.26亿元，实现金额7千多万元。科研生产联合体发展到2千多个，开发新产品5千多项。科技改革的另一新生事物是民办科技机构的创办。1984年以来，一些非在职科技工作者自筹资金，自由组合，自主经营，自负盈亏，办起科技机构。民办科技机构以市场为导向，以产品为龙头，充分发挥技工贸、技农贸一体化运行机制的优势，逐步改变了科研机构所有制单一的模式，形成国家、集体、个人一起办科技事业的新局面。到1988年，全省有民办科技机构340多家，为发展安徽科技事业、振兴安徽社会和经济贡献了力量。科技体制改革使全省科技市场初步形成，1985年至1990年技术合同交易额3.28亿元。科技拨款实现了分类管理，对技术开发性、社会公益性、基础研究性科研机构分别实行技术合同制、经费包干制和科学基金制。1987年至1990年全省科研机构累计创收5044万元，相当于同期财政拨款的75%。

科技工作的重点转移到为经济建设服务上来。1978年3月，邓小平在全国科技大会上所做的“科学技术是生产力”的重要讲话，为科技工作服务经济建设提供了理论依据。12月，中共十一届三中全会将工作重心转移到社会主义现代化建设上来。在这种大好形势下，安徽科技工作进入了为经济建设服务的轨道。1979年2月，随着农村家庭联产承包责任制的蓬勃兴起，省委成立了农业科技领导小组，明确农村科技工作的重点是支持农村改革，推行农业科技承包责任制，建立和完善新的农业技术推广体系。1980年，安徽颁布了《关于国民经济调整期间科技工作部署的报告》。1981年初，中央、国务院制定了“经济建设必须依靠科学技术，科学技术工作必须面向经济建设”的科技工作基本方针。全省各级政府注意抓科技部门与经济部门的协调，抓经济部门与高校、科研院所的协作。在安排科研课题和攻关项目时，应用研发项目占95%以上。省科协在全省范围组织科技人员为中小企业和乡镇企业提供科技咨询，开展技术服务。

在科技为经济服务中，面向经济建设的“星火计划”、“科技扶贫”、“火炬计划”、“121 工程”、“5432”工程和“2832”工程成效显著。约1/4的攻关项目具有国内先进水平，经济效益较好。“星火计划”从1985年下半年开始试点，1986年全面展开，全省共安排项目987个，总投资2亿多元，新增产值10亿多元，新增利税1.88亿元，开发产品1318个，培训技术人才6万多人次。作为计划重要内容的大别山科技扶贫，1986年在金寨、霍山、岳西、太湖、潜山5县安排了42个项目，计划扶贫1万户，经过三年努力，脱贫1.08万户，超额完成任务8%，户均增收774万元。“火炬计划”从1988年开始实施，共安排国家级和省级项目48个，落实贷款2800万元，1990年便实现产值约5500万元，利税900万元，大大推动了企业的技术进步。1988年，开始实施“121”工程，即在全省建立1个科技示范县，20个科技示范乡，100个科技示范乡镇企业，以推动县乡经济及乡镇企业的技术进步，引导农民走科技致富之路。1990年，组织实施“5432”高产试验工程，即50万亩高产田、40万亩油菜、30万亩棉花和2万亩花园。同年，省政府还实施了“2823”开发实验工程，即20万亩荒山造林和低产林改造、8万亩荒水开发、2万亩低产田改造和3个县“四边”绿化。

加大科研服务系统的经费投入，建立各类科技服务中心。1978年，安徽省计算中心成立，这是全省推广、应用电子计算机技术的一个服务性科研单位，主要致力于计算机的应用开发研究和技术服务。中心研制的“平面框架计算程序”和与淮北纺织厂共同研制的“计算机布机监测系统”均获安徽省1986年科技进步奖。1980年，安徽省科技管理干部培训中心建立，成为安徽培训科技管理干部、更新科技人员知识分子的培训基地。1984年，安徽省分析测试中心建立，为本省攻关和重点科研课题及工农业生产所急需的分析测试提供服务。同年，还成立了安徽科学技术咨询中心。省科协提出了面向200个中小企业、乡镇企业，以为企业扭亏增盈、增强企业活力、提高经济效益服务为目标的活动；中心连续四年被省政府授予先进单位称号，30多个项目受到省政府奖励。在科技情报系统方面，安徽省科技情报研究所是全省科技情报工作中心，为全省提供科技情报服务，开展情报综合研究，提供情报的咨询和检索。1987 年，设置了安徽唯一的国际联机情报检索终端，与国际上最有影响的多家数据库系统开通了联机渠道。通过检索可以得到世界上 90% 以上的机读文献，累计可使用数据库约 1 千多个。省科技情报所还不定期编印《安徽科技情报通讯》、《科技情报资料》、《市场快讯》和《决策参考》等内部刊物。“六五”（1981—1985）期间，安徽在城市、农村和专业三个领域建成了科技情报网络，参加了华东六省一市科技情报协作网、上海经济区科技情报中心，形成了一个纵横交错的科技情报网络。到 1988 年，全省有科技情报机构 241 家，情报人员 2100 人，逐步采用现代化手段进行情报的收集、分类、加工、整理和储存。全省形成了一个包括科技情报、计算、培训、测试、科研器材等的科技服务系统，为全省科技工作提供了大量的服务。

经过改革开放十多年间的努力，科技事业成果显著。1978 年 2 月，安徽科学技术大会召开，近千项科技成果受到奖励和表扬。同年 3 月，在全国科技大会上，安徽有 200 多项科技成果获表彰。此后，安徽科技评奖逐步制度化，先后设立安徽省自然科学奖、科技进步奖、科技发明奖、优秀科技论文奖。“六五”期间，全省取得科技成果 6603 项，其中不少成果在国内领先。1978 年至 1988 年间，有 276 项科技成果在全国科学技术大会上受到奖励，610 项科技成果在省科技大会上受到奖励。其中，“异步电机分层目标优化设计软件系统”、“河蟹繁殖人工半咸水及其工业化育苗工艺”等科技成果达到国际先进水平。灰喜鹊防治松毛虫研究、扬子鳄生态学研究、中小型超导磁体工艺规范研究、合肥同步辐射装置预研制及物理设计、人工智能研究等成果均达到国内先进水平。到 1988 年底，全省申请专利 1059 件，国家专利局公告的 250 件。全省有 102 位中青年科技专家做了突出贡献，其中 18 人获“国家级有突出贡献的中青年专家”称号。省会合肥市的科教事业发展尤为突出。据 1984 年统计，合肥拥有各类高等学校 20 余所，科研机构 70 余个，各类科技人员 7 万多人，其中有高、中级专业技术职称者 1 万余人；在校大学生 2 万多人，平均每万人中拥有 358 人；每千人中拥有大学毕业文化水平者 34 人，在全国中等城市中名列前茅。合肥已经成为全国著名的科教基地。

“八五”和“九五”（1991—2000）期间，安徽科技事业再上新台阶。高素质科研队伍初步形成，科研基地建设加快，科研条件不断改善，各类研究快速发展，高新技术及其产业化初具规模，科技成果大量涌现。科技体制改革不断深化，科研机构面向市场，应用性研究加强，技术创新能力不断提升，科技事业为经济和社会发展扮演了愈来愈重要的角色。

1992年，邓小平南方谈话和中共十四大召开后，科技是第一生产力、依靠科技实现经济发展成为社会共识。6月，安徽作出《关于依靠科技推动经济发展若干问题的决定》，提出安徽到20世纪末科技发展的总目标是：全省综合科技实力达到全国中等或中上等水平；50%以上的全民大中型骨干企业技术装备和工艺达到或接近国际80年代中期水平；科技进步对工业的贡献额由“七五”的29.2%提高到50%，对农业的贡献额由35%提高到45%。各地纷纷出台促进科技发展的新政策和新措施，全省有6个省辖市和半数以上县提出了“科技兴市”、“科技兴县”的发展战略。淮南、马鞍山被列为全国科技兴市重点联系城市。科技体制改革以进一步搞活科研机构、放宽科技人员政策为核心，调动了广大科技人员投身经济建设主战场的积极性。到1992年底，省科研院所、高校兴办科技开发和科技服务的实体近200个，80%以上的资金来源于单位创收。

1994年6月，在合肥召开的省科学技术大会传达了省委、省政府《关于促进科技经济一体化的决定》，指出随着中国社会主义市场经济体制的逐步建立，必须加速推进科技经济一体化，把安徽经济建设真正转移到依靠科技进步和提高劳动者素质上来。加速推进科技经济一体化的战略重点是：加速高新技术发展及产业化，改造传统产业，培育新兴产业，发展“两高一优”农业。安徽将实施“三个百亿工程”，即围绕“两高一优”农业，推广先进适用的科技成果，推动农副产品资源的深度加工和综合利用，“九五”末新增利税100亿元；运用高新技术和适用技术改造传统产业和乡镇企业，“九五”末新增利税100亿元；大力发展高新技术产业，“九五”末实现技工贸收入100亿元。为实现科技经济一体化确定的目标，成立了省科技工作领导小组，各地、市、县成立了推进科技经济一体化的领导机构。

1995年，省委、省政府分析了当时国际、国内形势和安徽经济社会发展状况，及时提出了具有跨世纪意义的三大发展战略，其中之一便是“科教兴皖”发展战略，即：以科技为先导，以教育为基础，以人才为根本，以投入为保证，大力增强科技实力及向现实生产力转化的能力，把经济建设转移到依靠科技进步和提高劳动者素质的轨道上来。1996年2月，省八届人大四次会议审议并通过的《安徽省国民经济和社会发展“九五”计划和2010年远景纲要》指出，实施“科教兴皖”战略，保护知识产权，促进经济、科技和教育密切结合并互相促进，把经济增长引导到依靠科技进步和提高劳动者的素质上来。加速推进科技经济一体化，提高科技对经济增长的贡献率，大力发展教育，提高国民素质，培养大批适用人才。广泛采用先进技术装备经济和社会各部门，加快改造传统产业和高新技术产业化，促进产业结构升级，以实现经济的跨越式发展。

科技与市场结合，科技服务于经济发展取得明确成效。由于制定了省属开发类科研院所改革的总体规划、实施方案及配套政策，鼓励了部分科技人员率先走向市场。到1997年底，省属科研机构技工贸总收入8千多万元，进一步强化了科研机构面向市场求生存、依托市场求发展的意识。面向经济建设和社会发展主战场，努力提高科技进步贡献份额。通过组织实施科技攻关等计划，每年涌现省级科技成果500项左右，省科委每年都组织10多项重大科技成果进行推广。积极发动全社会实施一系列科技工程，大力运用高新技术和先进技术成果改造传统工业和农业，发展乡镇企业。农业、人口、资源、环境领域取得一批重大科技成果。全省主要农作物良种覆盖率达到92%，星火技术密集区、高效与持续发展农业示范区、社会发展综合试验区、科技扶贫、科教兴市（县）等工作取得新的进展。科技进步的贡献份额年年上升。1978年至1997年，全省科技进步对经济增长的贡献率为34%，其中对农业的贡献率为41%，对工业的贡献率达39%。

这一时期，安徽加快高新技术产业发展和高新区建设，优化全省的经济结构。1988年8月起，安徽开始实施以促进高新技术商业化、产业化、国际化为宗旨的“火炬计划”。1994年全省实施火炬项目141项，实现产值25.29亿元，技工贸总收入20.73亿元，出口创汇266.2万美元，实现利税3.41亿元，分别比上年增长118%，116.2%，241.7%和114.7%，“火炬计划”成为安徽新的经济增长点。1998年，全省有321家企业被认定为高新技术企业，实施国家、省级火炬计划项目268项。2000年，全省高新技术产业实现技工贸总收入333亿元，出口创汇3.5亿美元，高新技术产业增加值占工业增加值比重达到10.7%，高新技术产品出口额占全省出口额的比重达到15.9%，有力促进了全省经济结构优化。在高新区建设方面，1994年4月，蚌埠高新技术产业开发区批准建立；10月，合肥高新技术农业园经省高新技术开发区领导小组批准建立。此前，合肥、芜湖两个高新技术产业开发区已经建立。至此，安徽形成了“三区一园”区域性高新技术产业化的发展格局。其中，合肥高新技术产业开发区进入全国一流开发区行列，并被批准为我国52个高新区中首批对APEC开放的5个科技工业园区之一，到1998年，共实现技工贸收入130.6亿元。

安徽还采取其他科技政策和措施推动科技发展及对经济社会发展的作用。在农村，星火计划初步形成开发、人才培训和技术装备三大体系。在实施科技扶贫、建设星火技术密集区的基础上，积极开展创建全国科技工作先进县活动，到1998年底，已有22个县（市、区）荣获“全国科技工作先进县”称号。1998年，科技部批准池州地区为国家生态环境示范区，批准阜南县为国家高效与持续发展农业科技示范区，将皖北星火技术密集区列为国家皖北星火产业带。省科委在“121”科技进步实验示范工程一期工程完成的基础上，开始实施二期工程。在城市，以“科技兴企”为内容的“125”工程全面展开，由省内近百名专家组成的省科委兴企专家组为科技先导型试点企业提供服务。民营科技机构得到大力扶持和保护，发展迅速，成为促进科技与经济相结合的新生力量。到1998年，全省民营科技企业已达2887家；2000年全省民营科技企业实现技工贸总收入134.5亿元。

随着全省科技工作贯彻科教兴皖战略，积极推动科技与经济结合，科技事业自身也得到长足发展。到2000年，全省共有各类专业技术人员84万人，其中从事研发活动的科学家、工程师1.54万人，科研机构733家，高校39所，已建成国家级、省级重点实验室8个、工程技术研究中心（中试基地）9个，省级以上企业技术中心132个。“九五”期间，共取得省级以上重大科技成果2500余项，专利授权4168项。在全国科技进步统计监测中的位次，由“九五”初期的24位上升到“九五”末的第15位。

4. 走创新崛起之路，谱写科技发展新篇章

进入21世纪，安徽加快了科技发展的步伐。2001年3月，《安徽省科技发展“十五”计划纲要》指出：“进入21世纪，经济全球化进程明显加快，科学技术发展迅猛，国际竞争日趋激烈。科教兴皖是我省‘十五’期间实现加快发展、富民强省目标的战略举措。”《纲要》确定了安徽科技发展的指导思想，即：“紧扣加快发展、富民强省这一主题，围绕全省经济结

构战略性调整这条主线，坚持‘加强技术创新，发展高科技，实现产业化’的方针，认真组织实施科教兴皖战略，着力提高科技持续创新能力，切实推进科技成果的产业化，努力提升科技进步对经济发展和结构调整的贡献份额。”科技发展的战略目标是：“到2005年，基本建立起符合社会主义市场经济规律，适应我省经济社会发展要求，有利于技术创新、发展高科技、实现产业化的科技体制与运行机制，初步建立起全省技术创新体系，对全省经济结构调整的带动作用显著增强，科技综合实力达到全国中上等水平。”科技发展的主要任务是：大力发展高新技术及其产业；改造和提升传统产业；推动农业科技进步；促进社会可持续发展；加快技术创新体系建设。

2006年1月，全国科技大会在北京召开，这是新世纪中国召开的首次科学技术大会，是科技发展的又一次里程碑。4月，安徽随即召开全省科学技术大会，做出了“走创新型崛起之路，建设创新型安徽”的战略部署。6月，为全面贯彻《中共中央国务院关于实施科技规划纲要增强自主创新能力的决定》和《国务院关于印发实施〈国家中长期科学和技术发展规划纲要（2006—2020年）〉若干配套政策的通知》精神，首次以省政府文件印发了《安徽省科技发展“十一五”规划纲要及2020年远景展望》，明确了安徽科技发展的指导思想，即：“以邓小平理论和‘三个代表’重要思想为指导，全面落实科学发展观，贯彻中央科技工作指导方针，围绕奋力崛起，全面建设小康社会的总体部署，实施‘创新推动战略’。坚持市场导向、适度超前、开放联合、双轮驱动和重点突破，构建区域创新体系，提高自主创新能力和产业竞争力，支撑和引领经济社会的跨越式发展，走有安徽特色的创新型崛起之路，建设创新型安徽。”安徽科技发展的目标是：“到2010年，具有安徽特色的区域创新体系框架基本形成，合肥成为全国有重要影响的科技创新基地；创新能力大幅度提高，攻克一批共性关键技术，发明专利授权量年均增长30%以上；科技对经济社会发展的支撑和引领作用显著增强，高新技术产业增加值占生产总值的比重达到10%，每万元生产总值能耗较‘十五’末下降20%；科技发展支撑条件明显改善，全社会研究开发投入占生产总值的比重达到15%，初步建立布局合理、特色鲜明、设施完备、运转高效的科技基础条件平台；为建设创新型安徽奠定坚实的基础。”

纵观新世纪安徽科技事业发展，按照建设创新型国家总体战略部署，在省委和省政府的正确领导和广大科技人员的共同努力下，将增强自主创新能力作为推进跨越式发展、实现奋力崛起的根本途径，大力推进“科教兴皖”和“创新推动”战略的实施，努力探索具有安徽特色的自主创新道路，在全国形成了自主创新的“安徽现象”和“安徽风景”，得到国家领导及国家部委的肯定和支持。安徽以科技成果转化和产业化为核心，不断深化科技体制改革，科技事业步入快速发展期，科技综合实力显著增强，科技事业取得重大成就，为安徽经济社会的加快发展做出重大贡献。

科技发展环境不断优化，科技投入不断加大。省委、省政府健全省科技领导小组工作机制，研究部署和协调解决科技创新中的重大问题，将科技进步和创新纳入有关考核评价指标体系。2002 年十六大以来，相继出台了《促进科技成果转化条例》、《专利保护和促进条例》等法规和政策，进一步规范促进科技进步和自主创新的激励机制。2006 年 4 月，召开了全省科技大会，出台实施了《关于实施科技规划纲要、增强自主创新能力的意见》和《科技发展“十一五”规划纲要》，这标志着安徽科技发展进入崭新的阶段。全省大幅度增加科技投入，2006 年，全省财政科技投入总支出 8.9 亿元，较上年增长 48.3%，省级应用技术研发资金和专项经费达到 1.42 亿元，较 2002 年增长 207.7%；全社会科技投入快速增长，2006 年，全社会研发经费投入达 59.3 亿元，占 GDP 的 0.97%，分居中部省份第三、二位。科技投入效益大幅提升。2003 年以来，省级财政应用技术研发资金拉动社会研发投入比例为 1：50，居中部省份首位。2007 年，争取国家科技经费 4.8 亿余元，创历史新高。上述政策措施和建设成果使全省科技工作大环境得到明显改善，自主创新逐步成为全社会的共识和自觉行动，社会各界对科技工作的认同度显著提高。据全国区域创新能力报告显示，安徽创新环境已从 2003 年全国的第 20 位上升到 2006 年的第 7 位。

高新技术产业做强做大，成为安徽经济发展新的重要增长点。“十五”期间，全省高新技术产业营业总收入年均增长 27%，2005 年达到 1100 亿元，是 2000 年的 3.3 倍。传统产业技术水平大幅度提升，2001 年至 2005 年，全省大中型工业企业累计开发新产品近万项，科技活动经费支出年均增长 35%，涌现出一批坚持自主创新的骨干企业。农业科技进步步伐加快，200 多个农作物新品种通过国家或省审定，累计推广面积 649 万公顷，培育了一批农业产业化龙头企业。社会发展领域科技进步成效显著，487 个新药获得国家批准，在瓦斯综合治理、环境保护、科技强警等领域取得新进展。高新技术成果转化不断加速。2003 年至 2007 年，全省高新技术产业总产值年均实现 30% 以上的高速增长；2007 年，实现总产值 2518.3 亿元，增加值占全省工业增加值的 24.7%，产值占全省 GDP 的 9.2%。全省有高新技术企业 1141 家，其中国家重点高新技术企业 55 家，上市高新技术企业 36 家。2007 年，合肥、芜湖、蚌埠 3 个高新区实现工业总产值 1641 亿元，较上年增长 24.9%；高新区和产业基地高新技术产业产值占全省 80% 以上，成为引导产业集群发展的重要生力军。

实施重大科技专项，提升产业发展水平，科技创新能力显著增强。2003 年以来，全省工业企业实施技术开发项目年均增长 30% 以上，新产品开发居中部省份第 1，有效促进了汽车、工程机械、能源、新材料、农产品加工等产业的技术进步。马钢集团自主研制的冷热轧薄板机主机架实现重大装备国产化；奇瑞开发出与世界同步的发动机，是我国自主品牌汽车发展的重要突破；铜陵有色集团万元增加值综合能耗由 3.73 吨标煤下降到 0.67 吨，全硫回收和综合利用率从 76.6% 提高到 98%，矿产资源综合回收率从 53% 提高到 60%；中科院合肥物质科学研究院研发的新型缓释复合肥等技术，有望解决农业能源污染的重大难题。“十一五”期间，重点实施优势产业提升、高新技术跨越、现代农业和可持续发展 4 项科技行动，启动节能环保汽车及关键零部件专项等 11 个重大科技专项。“十五”期间有 20 项科技成果获国家级奖励，826 项获省级奖励，专利申请量和授权量分别较“九五”增加 70% 和 54%。2006 年，安徽科技进步指数在全国排名较上年上升 2 位，专利申请量上升 1 位，技术市场成交额上升 4 位。2007 年分别达到 1602 件、317 件，较 2003 年增长 201%，128%。据有关专家测算，安徽创新能力已由 2003 年的全国第 20 位上升到第 12 位。

加快创新型企业建设，企业自主创新能力增强。作为全国 5 个技术创新引导工程重点联系省份之一，安徽大力推进创新型企业建设，实施启动技术创新引导工程，开展创新型企业试点工作，打造创新产业团队，使全省工业企业出现“五个 65% 以上的态势”，即 65% 的科技机构设在企业，67% 的科技活动人员集中在企业，68% 的研发经费源于企业，84% 的省级科技计划项目由企业为主体承担，73% 的省级科技成果出自企业，安徽省企业在技术创新中的主体地位逐步形成。涌现出科技成果转化“五个一批”企业的典型，即一批大企业由生产低端拓展到成果研发及转化高端，一批转制院所由研发高端延伸至成果转化及产业化的终端，一批新兴高新技术成果及产业化项目正在加速转化形成产业，一批从事科技成果转化的中小企业迅速成长，一批军工单位在军技民用成果转化中发展壮大。安徽自主创新已由企业个体创新向行业、产业创新延伸，由“点”向“面”拓展。在奇瑞等一批自主创新典型企业的示范带动下，安徽科技资源优势加速向优势产业聚集，全省工业企业实施技术开发项目年均增长30%以上，新产品开发数位居中部省份第一。奇瑞汽车有限公司等8家高新技术企业被确定为国家创新型试点企业。2007年，全省骨干企业承担重大科技项目的能力不断增强，马钢等企业的5个重大项目通过论证，获1.7亿多元国家支撑计划经费支持，居全国前列，实现了争取国家大项目的新突破。

建设合肥国家科技创新型试点市，构建安徽区域科技创新体系。2004年11月12日，科技部复函省政府，同意合肥国家科技创新型试点市实施方案，合肥国家科技创新型试点市的建设工作全面启动。从这年开始，省里每年投入5千万元资金专项扶持。2007年6月，合肥市科技创新试点工作部际协调小组会议在合肥召开，国务委员陈至立出席会议，对试点工作取得的成果和经验给予充分肯定。省委、省政府出台了《关于推进合肥国家科技创新型试点市工作的若干意见》。2007年，合肥市高新技术企业有427家，其中国家重点高新技术企业15家，上市高新技术企业13家；全市高新技术产业实现总产值820亿元，占全省近40%的份额；高新技术产业增加值超过全市GDP的20%；规模以上高新技术企业总产值超过全市规模以上工业总产值的50%以上，铸起合肥工业经济的“半壁江山”。据中国城市竞争力研究会公布，合肥位列2007年中国城市竞争力排行榜第26位，比上年前进3位。在合肥科技创新试点市建设的带动下，全省科技创新加快由点向面拓展，芜湖、马鞍山等沿江城市加快发展皖江高新技术产业带，蚌埠等沿淮城市大力推进资源型城市转型，铜陵市成为国家可持续发展实验区，蚌埠、淮北市启动了国家级专利技术交易平台建设。

加强农村与社会发展科技创新，大力实施科技富民强县。安徽积极抓住国家实施科技富民强县专项行动计划的机遇，2005年以来，全省有15个县（市）开展富民强县工作，有效提高了试点县（市）的科技创新能力，促进了特色支柱产业的健康发展。到2007年，全省拥有60多个农业科研机构，10所农业院校，3千多个基层农技推广组织，3万多农技推广科技人员。大力发展农村二、三产业，产业结构和农业内部结构逐步改善，促进了农村经济较快发展。2004年，一、二、三产业增加值占GDP比重达19.4%、45.1%和35.5%。广泛应用新技术发展新产业，大力发展优质高效农业，把新品种、新技术的引进推广作为促进农业科技进步，优化品种结构和促进农业增效农民增收的主要措施，全面提升农产品的市场竞争力，促进了农村经济的快速发展，提高了农民收入水平。承担国家粮食丰产科技工程“三区一田”，主要科研成果达国内领先水平，良种普及率达100%，工程项目实施情况排名全国第五。省农科院在世界上首次攻克油菜杂交技术难题，被评为“十五”国家农作物新品种培育5项重大进展之一，获2007年度国家技术发明二等奖。全省农业新品种和先进适用技术推广面积达2亿多亩次，主要良种覆盖率达95%，粮食综合优质化率达56%。通过实施富民强县科技行动计划和“一把手科技工程”，目前全省有65个县（市、区）和6个地级市通过全国科技进步考核，其中6市荣获全国“科技进步先进市”称号，26个县（市、区）获“全国科技进步先进县（区）”称号，21个县（市）进入国家富民强县科技行动计划试点县。

加强重大科研基础设施和科技创新及成果转化平台建设。全省建立了一批国家级和省部级以上重点实验室、工程（技术）研究中心、企业技术（研发）中心和科技企业孵化器，为安徽科技发展奠定了坚实基础。安徽拥有“超导托卡马克核聚变实验装置”、“受控热核反应装置”、“同步辐射加速器一期、二期”、“强磁场实验装置”5个国家大科学工程，是全国除北京以外大科学工程最密集地区；拥有“微尺度物质科学国家实验室”、“火灾科学国家重点实验室”、“脉冲功率激光技术国家重点实验室”等国家创新载体及42个省部级重点实验室和6个国家及省级工程技术研究中心（其中国家级5个）。这些创新平台取得一批国际一流的研究成果，并得到推广应用。2003年以来，安徽基本完成融入“长三角”的大型科学仪器设备共享服务平台建设；先后支持企业建立工程技术研究中心33个、省级重点实验室23个；启动建设省创新创业综合服务中心，建设了大型科学仪器设备共享服务平台、科技文献共享平台和一批面向中小企业的网上技术市场及科技成果转化服务中心。到2008年，全省科技企业孵化器达28家（国家级8家），在孵企业1千余家；共建产业化基地16个，科大讯飞、阳光电源、金星机电等一大批从事科技成果转化的企业迅速成长。

建立省部（局、院）会商机制，强化对外科技交流与合作，形成联手推进科技工作的新格局。2004年至2007年，科技部与安徽先后举行4次会商，双方在省部共创奇瑞名牌、合肥科技创新型试点市建设等方面达成共识。安徽与中国科学院签署全面科技合作协议，采取共建安徽循环经济研究院等一系列创新体制机制、促进科技成果的措施。通过与国家知识产权局会商，合肥市被列为国家知识产权示范城市创建市，芜湖、铜陵被列为国家知识产权试点城市，蚌埠、淮北被批准建立国家级专利转化基地。在省部（局、院）会商机制的推动下，省科技厅、发改委等6部门联手启动技术创新引导工程，确定奇瑞公司等56个国家和省级试点企业。安徽分别与上海、浙江、江苏、广东、山东及香港科技协进会等签署科技合作框架性协议和38个省际科技合作项目，与上海市达成加入“长三角区域创新体系”的共识，加入“长三角”科技中介联盟，与美国、加拿大、德国等60多个国家、地区和国际组织建立了科技合作关系，开展各类国际科技合作项目480项，引进国外先进技术140余项。安徽华东光电技术研究所等2单位被认定为国家国际科技合作基地。

民营科技企业发展迅猛，成为高新技术产业发展的生力军。2004年，安徽前百强民营企业营业收入总额为500.5亿元，比上年增长52.26%；纳税总额为19.41亿元，比上年增长50.7%；资产总额为292.16亿元，比上年增长9.97%；出口创汇前50强民营企业出口额为5.66亿美元，比上年增长32.96%。各级开发区、工业园和科技园为民营科技企业发展插上翅膀，全省先后设立10个省级以上民营科技园区。民营科技企业发展步伐加快，2004年在800多家民营科技企业中，大部分地区的民营科技企业数出现增长趋势。全省民营科技企业2001年至2004年间总产值增幅均突破30%。在2005年安徽前200强民营企业中，有3家民营科技企业进入前十强。民营科技企业创新水平和研发能力初露端倪；民营经济从业人员中专业技术人员不断增多，其中研究生、大学本科、大专学历的占50%以上，不少海归派从事民营高新技术企业。民营科技企业税收贡献率大幅攀升，上缴税金总额较快增长，2003年增幅高达48.58%。到2007年底，全省民营科技企业达6千多家，职工总数35万，技工贸总收入1638亿元。

展望未来，安徽科技事业发展将根据《安徽省科技发展“十一五”规划纲要及2020年远景展望》的要求，政府将逐渐引导和促进企业加大科技投入，使之最终成为安徽科技发展投入的主体；科技发展将与经济发展更紧密地结合，更加突出科技成果的实用性；政府的科技政策将促进企业的自主创新能力成长，企业的科技活动在整个安徽科技发展中的比重将有大幅度的提升。可以预言，安徽的科技事业发展必将进入一个全面快速发展的新阶段，必将成为安徽经济和社会发展的一支主力军。

第四章　城镇变迁

1949 年安徽解放时，全省总人口 90% 以上的人生活在农村，城镇建设无从谈及，可谓一穷二白。60 年间，安徽人民努力改变落后面貌，向着建设现代化的目标奋进，城镇建设不断取得新的进展，特别是改革开放以后，安徽在率先进行农村改革的同时，城镇建设步伐逐步加快，城镇面貌焕然一新，一个具有现代意义的安徽城镇化社会正在向我们走来。

一　发展历程

1. 简要回顾

安徽是传统农业省，商品经济很不发达，城市经济落后。1949 年，安徽全境解放时，除蚌埠和芜湖城市人口超过 20 万外，安庆、合肥等其他各市人口都在 10 万以下。新成立的各城市人民政府集中力量，大力恢复城市经济，通过没收官僚资本企业、创办新的国营企业、组织公私合营等，初步恢复了社会经济基础。随着国民经济的恢复与发展，安徽开始了城镇化过程。1957 年全省城镇人口比 1953 年增长 12.4%，比同期总人口增长快 3.6 个百分点，但由于城镇人口基数小，这种增长对安徽城镇化水平影响不明显。1957 年安徽省城镇化率为 8.96%，只比 1953 年的 8.69% 上升了 0.27 个百分点。

1959 年至 1966 年，由于开展“大跃进”、经济调整和“四清”运动，安徽城镇人口大幅波动。“大跃进”时期，大量农村人口爆发性涌入城市，全省城镇人口 3 年净增 191 万人，年均增长 38.2 万人，是解放初期年均增长 8.3 万人的 4.6 倍。全省城镇人口比重由 1957 年的 8.96% 骤升到 1958 年的 12.46%，直至 1960 年的 16.10%。城镇人口的急剧增加，超过了农业负担的可能。1961 年，根据中共中央关于减少城镇人口和精简工作的决定和指示，为了压缩社会购买力，缓解市场紧张状况，减少商品粮供应，安徽全省精简城镇人口82.2万人，精简国家职工30.8万人。1962年和1963年两年，安徽又按照中央要求，减少城镇人口106万人，精简职工53.7万人。精简的对象，一方面，重点是把来自农村的职工，尤其是1958年以后来自农村的新职工尽可能地精简回乡；另一方面，又动员大批城镇人口下乡插队落户。1961年至1965年，安徽城镇人口连续5年出现负增长。1965年，全省城镇化水平下降到11.59%，比1960年下降4.51个百分点。

1966年至1976年的“文化大革命”十年，“左”的路线占据统治地位，社会秩序被破坏，安徽社会与经济建设遭受到巨大损失，城市化发展也处于停滞状态。到1977年，12年间，全省城镇人口比重累计只上升0.45个百分点，即从1965年的11.59%上升到1977年的12.04%。在此期间，1969年，全省大专院校1.3万师生被迫搬迁工矿农村搞斗、批、改，原在城镇的141所中学下迁农村、7000余名教师下放农村，城市医院大批下迁、医生下放到农村落户，城镇知识青年和居民有56万人口下放农村插队落户，一系列城镇人口逆向流动的现象层出不穷，使安徽经过艰苦创业发展起来的教育、卫生、文化事业遭到严重摧残，也使城市建设和城市经济严重受损。

60年代中期，根据中央关于“三线”建设的指示，安徽省着手“小三线”建设。到70年代中期，“小三线”企业相继投产。“小三线”建设对支持国防，发展、支援山区和贫困地区的经济文化和城镇建设，起着一定的积极作用。但“小三线”建设远离城市，建于山区，布局分散。80年代后陆续迁到城市，造成了巨大的实际损失，并不利于城镇化发展。

1978年改革开放以后，安徽的城镇化得到比较稳定、持续地提高。1979年，安徽农村推行家庭联产承包责任制后，小城镇逐渐兴起并日益繁荣，成为大中城市经济、文化、科技、信息和生活方式向广大农村辐射的前沿阵地，成为乡镇企业的基地。1983年，中共安徽省委召开小城镇建设座谈会，提出发展小城镇若干政策问题。1984年，安徽又召开全省小城镇理论讨论会和小城镇建设会议，交流省内外的经验，制定《关于小城镇建设若干问题的暂行规定》，对小城镇和乡镇企业的发展起到了重大作用。截止2000年底，全省共有建制镇941个，同时还有2000多个农村集镇。小城镇的兴起和繁荣为发展农村商品经济提供了舞台，农民建镇经商，发展乡镇企业，从事经商、生产、文化娱乐、科技普及、业余教育和体育、卫生事业，使全省小城镇展现出崭新气象。

随着农村改革的全面发展，城市的改革也得以推进，安徽各主要城市的经济发展和城市建设都比以前有了较大的改观。截止2000年底，全省有地级市17个。省内各区域的经济技术协作和联合也不断地在发展，起初是沿江的巢湖、马鞍山、铜陵、安庆4个城市开展横向协作和联合。从1985年起，中共安徽省委又把沿江地区作为重点开发区，建立了长江区域经济开发协调委员会，定期研究并解决一些经济发展中具有共同性的问题，以促进4个城市的共同发展。合肥、芜湖、蚌埠等市发挥工业中心城市的辐射功能，以骨干企业为依托，以名优产品为“龙头”，向郊县扩散转移，推动了城乡间经济协作。

2000年以来，安徽的城镇化步伐走上前所未有的快速健康发展轨道，城镇化水平由2000年的28%提高到2006年的37.1%，平均每年保持1.52个百分点的增速，为新中国成立以来发展最快的时期，其中“十五”期间就有400多万农业人口变为城市居民。在城镇化较快发展的同时，城镇经济也保持了持续快速发展的势头。其中作为城镇经济主体部分的城市经济增长强劲，占全省经济的比重持续提高。到2005年，占全省陆域面积0.89%的城市建成区容纳了全省30%以上的人口，创造出全省经济总量的50%以上，其中，工业产值更占全省工业产值的80%。在2005年全国竞争力排行榜上，居前200名的地级城市中，安徽有14个进入全国前200位，其中合肥、芜湖、马鞍山3市进入全国百强。

2006年末，安徽户籍人口6593.5万人，城镇1026个，其中设市城市22个，县城56个，其他建制镇948个。从城镇规模等级来看，50万以上的大城市有5个，10万至50万的中小城市有17个，绝大多数县城非农人口在2万至10万之间，建制镇非农人口在2万人以下。大城市、中小城市、县城、建制镇个数比大致是1∶3.4∶11.2∶183，城镇规模等级序列呈“金字塔”式的分布，结构较为合理。从城镇职能上看，全省城镇职能分工较为明确。其中，省会合肥为全省中心城市，为省级城镇体系核心；芜湖、蚌埠是沿江、沿淮区域性中心城市，为省级城镇次核心；两淮、马鞍山、铜陵分别是以煤炭、钢铁、有色金属为主要产业特色的工矿城市，黄山是著名风景旅游城市。这些城市构成了省级城镇体系骨干；其余设市城市及县城是省级城镇体系的纽带；众多建制镇则是全省城镇体系的基础。

2. 发展模式

改革开放以前，安徽的城镇化同全国绝大多数省区一样，是“自上而下”的发展模式。从80年代以来，随着改革开放逐步深入，民间发动型的“自下而上”的发展模式在城镇化中显示出重要的作用，并日益成为全省城镇化加速发展的基本动力。但是，由于“自下而上”模式缺乏政府宏观指导，遍地开花式的农村城镇化浪费了大量资源，过于分散的小城镇对农村人口吸引力不强，使全省城镇化推进的速度依然缓慢。90年代中期以后，在认真总结“自下而上”发展模式反思的基础上，汲取以往的经验教训，全省城镇化模式转变为“自上而下”与“自下而上”相结合、共同发展的局面，呈现出由政府积极主导与民间自发增长相结合的特征。

从2000年开始，安徽认真实施《安徽省城镇体系规划》，抓好城镇密集地区城镇群或城镇带规划，加快市、县域城镇体系和总体规划编制工作，加强城市详细规划和专业规划编制工作。全省22个设市城市全部开展了到2020年总体规划修编工作，56个县城到2020年总体规划修编已完成90%以上。城镇规划中更加注重城乡协调和区域统筹，进一步明确到2020年全省城镇化与城镇发展目标，优化省域城镇空间格局和城镇片区产业分工协作，加强区域基础设施共建共享。在空间发展策略上，安徽确定实施中心城市带动战略，全面推进城市群（圈）规划与建设，打造跨越式发展的战略支点，并确定安徽今后城镇化空间布局主要依托沿江、沿淮城市群和省会经济圈这“两群一圈”展开。

改革开放以来，特别是新世纪以来，安徽的城镇基础设施建设不断完善，城镇供水、供气、供电、通讯、污水处理能力进一步增强，一批道路、机场等城市基础设施相继建成。到2005年底，全省城市建成区面积1260.35平方公里，比2000年增加374.35平方公里；城市人均住房建筑面积19.90平方米，比2000年的14.76平方米增加5.14平方米；城市道路总长7985.47公里，比2000年增加2031.47公里；城市绿地面积41896公顷，比2000年增加9044公顷；城市自来水普及率达到90.52%。随着城市基础设施的不断完善，城市功能和竞争力得到增强，促进了经济的持续增长和人民生活水平的进一步提高。

为加快城镇化的发展，安徽制定一系列的有关人口迁移、土地利用、社会保障、投融资、组织领导等方面的政策措施。各地、各部门还制定了相应的配套办法，大大促进了城镇化步伐。省政府办公厅于2001年4月下发《关于调整部分中心建制镇的通知》，明确调整后的中心建制镇数量为200个；省公安厅于2001年6月下发《关于进一步改进户籍管理推进城镇化进程的意见》，规定凡在改革实施范围内有合法固定的住所、稳定的职业或生活来源的人员及其共同居住生活的直系亲属，可根据本人意愿登记城镇常住户口；进一步放宽引进人才户口迁移管理限制，全面实行在城市投资、兴办实业、购买商品房人员登记进城的政策等，对于促进人口向城镇集聚发挥了重要的作用。2003年9月，安徽又印发《关于做好全省乡镇区划调整工作的通知》，掀开新一轮乡镇区划调整的序幕，有力地推进了安徽的城镇化发展。

新中国成立60年来，尤其是改革开放30年来的发展，安徽城镇的数量、规模都有了较大的增长，城镇基础设施大大改善，城镇经济实力得到了增强，城镇面貌焕然一新，省域城镇体系初现雏形。截至2008年底，安徽的城镇化率达到40.5%，较上年提高1.8个百分点，显示城镇化率已越过40%关口，正在向50%这一更为重要的关口迈进，表明安徽正在整体进入城镇化时期。

二　城市建设

解放60年来，安徽城镇化水平不断提高，城市综合实力逐渐增强，城市面貌也大有改观。截至2008年，全省共设城市22个（地级市17个、县级市5个），县城56个。其中，100万以上人口城市1个，50万至100万人口的较大城市4个，20万至50万人口的中等城市9个，万人以上的中心镇300余个，基本形成以省域中心城市为核心、区域中心城市为重点、中小城市为主体、建制镇为基础的城镇体系。全省城市化水平达到33.5%，城镇人口突破2000万，城镇化率达40.5%。根据城镇化发展的一般规律，安徽已经进入城镇化发展的加速阶段。

1. 居皖之中省会合肥

1949年，合肥解放以后，先为皖北行政区行署驻地，1952年，安徽恢复建省，为安徽省会。在党和国家的关怀支持下，合肥的国民经济和城市基础设施得到迅速恢复和发展。1949 年，国家投巨资修复淮南线铁路。1950 年 11 月，合肥至裕溪口段铁路通车，合肥铁路运输恢复。1950 年，合肥火车站建成启用。1953 年，合肥市政府对南淝河航道进行大规模疏浚治理，并投资兴建巢湖路码头。1956 年，合肥航办处对辖区的 992 艘木帆船进行了统一管理，组成公私合营船队。1965 年，钢制大客轮投入运营，淘汰了木质客轮，使得客运安全有了进一步的保障。1956 年，安徽省政府投资修复了三里街飞机场，铺设了碎石跑道。1962 年，三里街飞机场再次扩建，新建一座候机楼，可容纳 100 多名乘客，并购置多架运五型飞机。从 1952 年开始，省政府和合肥市政府着手对合肥老城区的大街小巷进行维修、拓宽或翻建，长江路列为首选。1954 年 7 月，合肥市政府分别扩建了前大街、小东门街、西门大街 3 条主路，使之连接起来，建设为长江路，并于同年底竣工，长江路的路面从 5 米多宽一下子扩展到 25 米。1956 年 3 月到 8 月，长江路浇铺两层细粒式沥青路面。修整后的长江路，工程总投资 11.49 万元，成为当时合肥最主要的街道。有老合肥人回忆说，当时长江路修好以后，成为合肥一个新景观。而 1958 年毛泽东乘敞篷车在这条路与 10 万市民见面，更为这条大路增添了新的荣光。

1970 年至 1980 年，是合肥城市建设的第二个高潮时期。为扩大钢铁生产能力，合肥钢铁厂建成多项重点项目，成为中型钢铁联合企业。同时，扩建了合肥热电厂、合肥印染厂、合肥化工厂等一批工业项目，促进了城市经济的发展。从 80 年代初期开始，合肥城市建设以旧城改造为主，并以长江路和金寨路沿线开发为重点，集中建设一批商业网点，合肥的商业网点也多集中在老城区内，尤其以四牌楼、三孝口地区更为集中。到了 80 年代后期，红旗百货大楼、汇通商厦、龙图商厦等一批大型综合百货商场在“三孝口商圈”如雨后春笋般涌现，科教书店、光明影都两大文化娱乐场所也顺势入驻。三孝口商圈在合肥城市商业发展中担当极为重要的角色，也因此成为当时合肥最具活力的“黄金商圈”。但从 90 年代中后期，红旗百货大楼、龙图商厦等这一批综合百货商场因为经营不善，效益逐年下滑，三孝口的商业氛围大不如前。同时，在 90 年代中期，以鼓楼商厦、商之都、百货大楼、乐普生为代表的四牌楼商圈重新崛起，并逐步获得优势地位。直至 21 世纪初期，合肥百货业的大腕百大系、商之都系、瑞景系也基本完成了各自的商业布阵，引领合肥的零售市场。

到2008年，合肥市域面积7047平方公里，全市常住人口501万，其中，城市建成区面积280平方公里，市区常住人口270万，城市经济实力显著增强。2006年3月，合肥市按照“提升一个核心老城区、建设四个城市副中心、新建一个滨湖新区”的“141”战略部署，开展更大规模的城市建设。据统计，大建设以来，累计完成建设投入263亿元，安排新建扩建道路211条、桥梁90座，道路总长达406公里；建成道路147条、桥梁51座，通车里程287公里，交通环境得到显著改善，城市承载力和产业支撑力大幅提升。同时，合肥全方位推进投融资体制、招投标体制、土地储备交易管理方式、建设工程管理体制和拆迁安置方式等一系列改革，确保了大建设又好又快地推进。2006年至2008年，合肥市主要经济指标增速在全国省会城市中均居前三位，特别是2008年，合肥市地区生产总值、规模以上工业增加值、固定资产投资、地方财政收入等四项指标增幅均居全国26个省会城市第一位。社会消费品零售总额、农民人均纯收入两项指标增幅居第二位，总量位次排名也进一步提升。省会城市的快速发展，影响和带动着整个省的经济和社会发展。2008年合肥市GDP增长17.2%，增幅分别高于全国和安徽省8.2和4.5个百分点。2008年，合肥全年实现地区生产总值1664.84亿元（省内经济首位度为18.8%，比上年提高0.7个百分点），增长17.2%，分别高于全国、全省8.2和4.5个百分点，总量位居全国省会城市第15位；实现规模以上工业增加值606.3亿元，增长26.3%，位居全国省会城市第13位；完成全社会固定资产投资1838.6亿元（占全省份额27.1%），增长40.3%，跃居全国省会城市第9位；地方财政收入160.94亿元（占全省份额22.2%），增长57.8%，位居全国省会城市第13位；城镇居民人均可支配收入为15591元，增长16.1%，位居全国省会城市第12位；农民人均纯收入为5368元，增长19.7%，居全国省会城市第17位。合肥已经成为全省经济和城市发展的排头兵。

在环境建设上，合肥将水环境治理放在大建设的突出位置，着力改善城市居住环境和投资环境。以南淝河及市区主要河流不再受纳污水为目标，南淝河上游截污及水环境治理工程先期开工的项目基本完成，清溪路垃圾填埋场处置工程进度加快；四里河、板桥河、二十埠河、塘西河、十五里河综合治理工程整体推进，配套污水主干管完善和截流管开工建设；经济技术开发区污水处理厂、蔡田铺污水处理厂一期工程建成运行，十五里河、望塘二期、职教城三座污水处理厂开工建设。2008年底，合肥市污水处理能力比2007年净增加3500万吨，污水处理率达到75%。

在涉及民生的工程上，合肥市坚持以人为本，使群众更多更好地享受到大建设的成果。加快大建设复建点建设，用地面积1937.8亩、310栋、预安置面积213.5万平方米的四个城区拆迁复建点建设加快，已开工120栋，有31栋结构封顶，49栋进行内外装饰，4栋通过竣工初步验收。到2009年底，大建设所涉及的拆迁户将全部喜迁新居。危旧小区改造步伐加快，安纺一、三、四村改造面积达23万平方米，受益居民2624户。同时，加强城市生态建设，大拆违后"见缝播绿"，新增公共绿地100.84万平方米；结合环城公园整治、高压走廊绿化等工作，新建园林绿地8000余亩；占地面积5400亩的大蜀山森林公园已于2009年6月建成。

把合肥建成中国二级区域综合交通枢纽。骆岗机场为国家一级大型机场，辟有直飞香港、国内重要城市的30多条航线以及合肥至韩国首尔的国际航线。正在兴建4E级新桥国际机场，规划年客货吞吐量分别达到950万人次和12.24万吨。312、206国道和合宁、合芜、合安、合徐、合铜黄、合淮阜高速公路四通八达，将合肥造就成安徽及中国公路交通中心。在最新的中国铁路网规划中，合肥连接起了中国东西、南北向的京福、京沪、京九、京广、沪汉蓉、宁西等7条重要干线，将成为中国铁路交通枢纽，实现1小时到南京、2小时到武汉、3小时到上海、北京的快速、便捷出行。合肥的水运码头直通长江，正在启动的江淮运河建设，也将使合肥成为沟通长江和淮河的水运中心。合肥海关已与长三角地区实行了区域一体化通关。

合肥已经发展成为新兴的综合性工业城市。2007年获批中国"加工贸易梯度转移重点承接地"、"国家级汽车及零部件出口基地"、"国家级动漫产业发展基地"、"中国服务外包基地城市"。现有34个工业行业，200多个工业门类，2000多种大类产品。优势主要在制造加工业，已经形成了汽车、装备制造、家用电器、化工及轮胎、电子信息及软件、新材料、生物技术及新医药、食品及农副产品深加工8大重点产业，拥有江淮汽车、美菱电器、荣事达洗衣机、海尔电器、日立挖掘机、佳通轮胎、合力叉车等一批国内外知名产品。2008年8大重点产业实现工业产值占全市规模以上工业总产值的69.0%。

合肥是全国重要的科教基地，也是全国第一个、唯一的科技创新型试点城市，同时也是世界科技城市联盟会员城市。合肥有中国科学院合肥物质科学研究院为代表的国家、省部属科研机构200余所，各类技术研究与开发机构358个；以中国科技大学为代表的各类高等院校59所，博士授权点138个；两院院士31人，科技人员近30万人；高新技术企业501家，其中国家重点高新技术企业15家。正在建设中的合肥科技创新型试点城市示范区，经过10至15年的建设，将成为国际重要、国内一流的知识创新中心、技术创新中心、高水平的人才聚集中心和高新技术产业发展基地。

努力培育人力资源。到2008年，合肥全市拥有技术工人22万人，技师和高级技师4129人，在校大学生48万人，中科院合肥分院及高等院校在校博士生和研究生共1.01万人，每万人拥有专业技术人才的比例及城市人均拥有大学生数量，均居全国同类城市前列。

合肥的公用事业发展迅速。到2008年，全市自来水日供应117万立方米；供电最大负荷为188.9万千瓦，拥有500KV变电所1座，220KV变电所11座；城市集中供热能力达1320吨/小时；燃气管网已覆盖城市建成区，能够满足用户的需求。

合肥是全国绿化先进城市、园林城市、卫生城市、优秀旅游城市、环境综合治理优秀城市。全市绿化覆盖率达43.9%，人均公园绿地面积11.44平方米。2004年，合肥市荣膺“中国人居环境范例奖”，2005年获中国社会治安综合治理“长安杯”奖，中国仅有2个省会城市获此殊荣，2006年获“跨国公司眼中最具投资价值及投资潜力的中国城市”、“中国大陆最佳商业城市”等称号，2007年被评为“全国十大经商成本最低城市”，2008年位列近五年全球20个经济增长最快的城市第12位。

2. 江南名城芜湖

芜湖市濒临长江、青弋江，别名鸠江。它襟江带河，山清水秀，风景如画，早在古代，就被称为“长江巨埠，皖之中坚”，历史上被誉为“中国四大米市”之首。1876年，芜湖被辟为对外通商口岸，西方列强相继侵入。1949年4月，人民解放军发起渡江战役，芜湖获得解放，并为新成立的皖南行政区行署驻地。1952年，安徽恢复建省，芜湖仍为安徽的主要工商业城市。

芜湖不仅是江南名城，也是安徽的水陆交通枢纽和内外贸易港口，皖南旅游区的重要门户，还是安徽重要的工业城市和长江经济带上的商业中心城市，被称为全国中等城市的“明星”之一。

1949 年，芜湖解放之初，全市人口达 20 万，是当时安徽人口最多的城市，但市区面积仅 7 平方公里，工业产值仅 560 万元，是一座典型的商业消费型城市。到 1952 年底，在党和政府领导下，芜湖人民艰苦奋斗，奋发图强，迅速恢复国民经济，成立国营工厂 24 家，大批原有的商业企业恢复并发展起来。

“一五”期间，芜湖集中对私营工商业实行社会主义改造，并新建一批工厂企业，还对国营企业进行扩建，全市的商业网点也从长街和中山路，扩大到北京路、劳动路等街道。1957 年，全市工业总产值达 1.98 亿元，是 1949 年的 30.5 倍。

1958 年以后的 20 年间，芜湖市的经济社会和城市建设经历了较长时期的起伏波折，主要表现在：工业经济曲折发展，经济效益增长缓慢，商品供应日趋紧张，城市建设停滞不前。芜湖商业较为繁荣的传统日渐暗淡，经济发展呈现僵化的趋势。

1978 年党的十一届三中全会以来，芜湖获得了前所未有的发展成就，经济建设和城市建设齐头并进。从 1978 年到 2008 年的 30 年间，芜湖经济总量从不到 10 亿元提高到 745 亿元，财政收入由不足 1 亿元提高到 123.85 亿元，城市居民人均可支配收入达到 14680 元，农村居民人均纯收入 5800 元。芜湖已基本形成了建材、汽车及汽车零部件、电子电器三大支柱产业，以海螺集团、奇瑞汽车等一大批龙头企业为代表的现代化生产基地已经建成，并在推动全市工业经济增长方面发挥举足轻重的作用。芜湖已建成水陆空交通枢纽，芜湖港年综合通过能力 2300 万吨，可停靠万吨级海轮，为安徽最大的深水良港。芜湖长江大桥的建成，为长江两岸的交通、物流和人员往来提供了便利，大大加强了皖北与皖南地区及长三角城市的联系。

芜湖的商业在改革开放 30 年间得到迅速发展，新建了大型的步行街、美食街和一批购物中心、休闲广场等。2008 年，全市实现社会消费的零售总额 204 亿元，比上年增长 23%。30 年间，芜湖新建和扩建、改建了一批工业品批零市场和农贸市场，恢复了传统的米市。同时，制定各项有利于商业贸易的政策法规，吸引城乡居民和海内外客商。据统计，到2008年，芜湖市区已拥有各类商业服务业机构网点近4万家，万人拥有网点数和商业服务业从业人员数位居全国同类城市前列。芜湖商业的传统优势在新的世纪得到发扬光大。

芜湖的城市建设主要围绕着有利于居民生产、生活进行。改革开放之初的1979年，芜湖就着手改造市区的新芜路、中山路等8条主要商业街道。以后，又有步骤地改造了一大批街道、马路和巷道。新世纪以来，芜湖陆续新建大量的通往各居住区、各商业区和交通枢纽等街道，使建成区面积迅速扩大到126.3平方公里。一批经济开发区、商业街区、居住区相继建成。2008年，芜湖全市230多万人口中，有106万人居住在市区。全市公交营运里程1607公里，日供水能力90.7万吨，年供应天然气总量13765万立方米，全年居民用电量7.94亿千瓦时，城市绿化覆盖面积48.3平方公里，人均公共绿地面积9.7平方米，城市污水日处理能力10万立方米，环境空气质量达国家二级标准。

芜湖不仅是工商业城市，还是安徽著名的旅游城市。除了众多历史名胜、古迹外，新世纪以来改造和扩建了长街，游客在“十里长街”观光游览，犹如一幅现代芜湖版的“清明上河图”；新建的“方特游乐园”以高科技游乐设施和现代服务水平吸引着省内外越来越多的青年游客。

芜湖有各类科研院所71家，从事专业技术工作人员4万余人。芜湖又是全国中等城市教育综合改革实验市，全市有高等院校8所，中等专业学校和技工学校等31所，普通中学129所，是安徽教育水平较为发达的城市之一。

经过60年的变化发展，新世纪的芜湖，湖光山色，交相辉映，山清水秀，空气清洁，市容整洁。芜湖先后获得“全国卫生城市”、“全国环境整治优秀城市”、“全国园林绿化先进城市”、“中国优秀旅游城市”等称号。

3. 淮河明珠蚌埠

蚌埠位于淮河中游，史称“采珠之地”，素有“珠城”美誉。全市地跨淮河两岸，市区面积445平方公里，建成区面积52平方公里。2008年，蚌埠全市总人口360万，其中市区人口100万。

蚌埠的兴起，是从淮河铁路桥的修建和津浦铁路的通车开始的。1911

年底，津浦铁路全线通车，淮河航运与铁路交通在此衔接，蚌埠遂成为皖北地区商业重镇。随着淮海战役的胜利，蚌埠于1949年1月宣告解放。从此，蚌埠的历史掀开了新的一页。

解放初期的蚌埠，经济衰败、社会凋敝，近20万人口的城市，失业人口高达50%以上。为医治战争创伤、恢复和发展经济、稳定和提高人民生活水平，从1949年开始，蚌埠市以减轻淮河洪灾、治理淮河水患为中心，新建一批水利设备制造企业、兴建水利工程。到1952年，蚌埠经济社会恢复到历史最高水平，并有所发展。

1953年开始的“一五”计划期间，蚌埠新建了一批工厂企业，其中包括空气压缩机制造厂、玻璃厂等，又曾因为生产的保温瓶供不应求，筹划把蚌埠建成以生产玻璃为主的“玻璃城”，但因资金不足、技术欠佳而束之高阁。

1958年至1978年的20年间，蚌埠经济社会发展经历着长期曲折发展的过程。“大跃进”时期，国家强调“以钢为纲”，蚌埠提出建设重工业城市的目标。60年代初期，国家强调农业在国民经济中的基础作用，蚌埠又提出建设农机工业城市的目标。“文化大革命”十年，蚌埠经济社会发展起伏波动，工农业生产总值虽有增长，但受计划经济体制的束缚，经济发展的动力严重不足，市场供应紧张，城市建设少有起色。

1978年党的十一届三中全会以后，在改革开放的春风中，蚌埠的经济社会和城市建设有了明显的发展，并且逐步探索出一条比较适合本地市情的经济发展之路。1978年，全市食品工业产值已占工业总产值的36%，开始显现支柱产业的特征。到1984年，蚌埠在大力发展机械、轻纺工业的过程中，加大对食品工业的投资、改造和建设力度，食品工业产值占全市工业总产值的37%，达6.93亿元。直到80年代末，蚌埠市食品工业已经建立起一个拥有22个生产门类、百余家生产企业的食品工业加工体系，创出一大批有特色的产品。

从80年代后期至90年代末，蚌埠在继续大力发展工业、尤其是食品工业的同时，还充分利用已有的基础条件，大力发展琉璃和纺织等轻工业，兴办国有、民营的轻工企业200余家，主要从事纺织、玻璃制造及电子类产品生产。到2000年，蚌埠全市工业构成中，食品、轻纺、医药、机械制造4大行业的工业产值占据前4位。

进入新世纪，蚌埠在调整经济构成、优化资本结构、发展高新技术产业和壮大骨干龙头企业上下工夫，经济总量持续增加。到2008年，全市地区生产总值达到486亿元，财政收入65.79亿元，城市居民人均可支配收入12705元，农民人均纯收入4299元。全市经济社会发展呈现加快增长的趋势。

解放初期的蚌埠，城市建设极为落后。全市建成区面积124.7万平方公里；总共27条大大小小的街道，全部是顺势延伸、弯曲狭窄的碎石和土路，宽3米以上的道路总长15公里，仅设路灯150盏；市内防洪设施极差，每逢汛期，内涝成灾；市内房屋低矮、环境极差。新中国成立以后，蚌埠的城市建设被提上议事日程，改造和新建了一些主要的街道，建造一批办公、商业及居民用房。但是由于财力严重不足和当时提倡“先生产、后生活”，城市建设发展缓慢。据统计，1949年至1978年的30年间，蚌埠全市用于城市建设维护的费用仅4000万元，对城市建设的财政投入十分有限。

1978年党的十一届三中全会以后，蚌埠城市建设走上迅速发展的征程。1979年至1990年的12年间，全市城市建设维护费投入达2.38亿元，比前30年总和增加近5倍。这12年间，全市征用土地8万余亩，用于城市基本建设；城市建成区面积比1949年增长6.66倍；城市房屋建设、市政设施、园林绿化，都呈倍数增长。现代城市必备的基础条件开始形成。

进入21世纪，蚌埠的城市建设如虎添翼。中共蚌埠市委、市政府把城市建设列入主要的日常工作，每年制定相关的发展规划和实施步骤，确定打造皖北区域性中心城市的发展目标，连续几年进行市区道路改造、新建商业中心、建设多类型的居民住宅区，以及加大对公共设施、公用事业的财政投入等，大大提升了蚌埠的城市发展水平。

到2008年底，蚌埠已经建设成为安徽重要的综合性工业基地，形成了装备制造、高新技术、新材料和新能源、轻工纺织、精细化工、现代农业和现代服务业等支柱产业。蚌埠已经建设成为皖北乃至华东地区重要的铁路交通枢纽城市，已经成为淮河干流主要港口城市。蚌埠正在按照中共安徽省委、省政府提出的建立《合（肥）芜（湖）蚌（埠）自主创新综合配套改革试验区》的要求，推动蚌埠经济与社会的新一轮跨越式发展。

三 小城镇建设

安徽小城镇早已有之，但将小城镇建设纳入现代化发展的轨道，是从1978年改革开放以后开始的。在安徽农村冲破计划经济体制桎梏后，商品经济应运而生，乡镇企业异军突起，小城镇获得蓬勃发展。1978年至2008年，安徽城镇化水平由12.6%提高到40.5%，其中县以下建制镇由不足200个增加到913个。全省小城镇建成区居住人口已达近1000万人。小城镇成为推进城镇化进程的重要力量，成为农村工业“聚变”的主要平台，农业人口就地转化的重要阵地，对全省经济社会发展作出了重大的贡献。

20世纪90年代后期，安徽加大对小城镇建设投资力度。“八五”期间，全省小城镇建设总投入为145亿元，以后逐年增加，仅2007年一年，全省小城镇建设就投入了181亿元。从住房到道路，从人居环境到管网设施，小城镇的规模、功能，比起30年前的县城，有过之而无不及。小城镇居民用水普及率由“七五”期末的18.42%提高到63%，道路总长度由7211公里增加到11171公里，道路铺装率由26%提高到76%；一大批特色小城镇纷纷涌现。

1. 三河镇

“千年古镇”三河镇位于肥西县南端肥西、舒城、庐江三县交界处，丰乐河、杭埠河在此汇合，经新河向东流约15公里入巢湖。北距合肥40公里，距上派镇24公里，南距庐江县城32公里，西距舒城县城30公里。总面积2.9平方公里，城区面积1.5平方公里。辖4个居民委员会，2个行政村，1985年总人口1.6万人，其中非农业人口1.2万人，是自然形成集文化、经济、商贸于一体的区域中心，也是合肥、黄山、九华山以及巢湖旅游风景区中的重要旅游城镇建设示范镇。1994年，被建设部批准为全国小城镇，1997年被中宣部确定为全国创建文明村镇示范点，1998年被安徽省确定为省星火技术密集区建设单位，1999年，先后被批准为省、全国小城镇综合改革试点镇和合肥市新一轮小城镇建设试点镇。

三河镇历史悠久，文化灿烂，人杰地灵，物阜民丰，境内名胜古迹众多，历史名人辈出。三河镇文化底蕴浓郁，各种精彩纷呈的文艺表演成为古镇游的一大看点。三河是庐剧的发源地，庐剧第一剧目《小辞店》就取材于三河二龙街上发生的故事。三河民俗文化丰富多彩，体现了中国南北文化的交融。三河旅游资源丰富，发展旅游业得天独厚。三河镇把旅游业确定为“十一五”期间三河经济的龙头产业，按照“高起点，新思路，大手笔，创一流”的要求，坚持高起点规划，把三河纳入合肥大旅游经济发展圈；高标准建设，打造“合肥顶级，安徽精品”的旅游产品；优化旅游环境，把三河建成最适宜人类旅居的城镇。

2. 秦栏镇

秦栏镇位于安徽省最东端，素有“安徽东大门”之称，以生产销售电子产品闻名全国，是天长市私营经济示范区、安徽省“民营科技示范区”、全国重点镇和“小城镇综合改革试点镇”。

秦栏镇拥有生产电子产品的大小企业1600多家，其中年产值500万元以上的就达130多家，平均每8户就有一个“大老板”；其中个私企业数量占全镇工商企业总数的99%以上，个私工业总产值所占份额超过98%。全镇拥有4家省级企业集团，有3家企业进入全省私营企业百强企业，3家企业进入全省私营出口创汇50强，有10家企业通过美国UL和欧洲CE认证。当地农民人均纯收入的80%以上来自个私企业打工收入。秦栏镇电子企业生产的遥控器占全球30%、中国70%的市场份额，生产的电子高压包占全球60%、中国90%以上的市场份额，是名符其实的“中国电子镇”。

秦栏镇在21世纪初期的发展目标是：打造一个品牌，即全力打造一个以电子产品为支柱、多产业协调发展的、面向世界的中国电子名镇；推进三个集聚，即农民向城镇集聚、产业向园区集聚、住宅向小区集聚；力争两个率先，即在全省率先进入全面小康社会，率先实现现代化。

3. 高沟镇

有着“安徽第一镇”美誉的高沟镇位于安徽省无为县城东，原来交通不便，也没有资源优势，过去是穷乡僻壤，现在则富甲一方。高沟以生产电缆著称，是电缆让高沟出了名，产品让高沟从无到有，短短10年，便跃升为全国电缆产品四大生产基地之一。高沟现有各类企业350多家，从业人员1.2万人，主要有三大支柱产业：特种电线电缆系列产业、电加热系列产品产业、机电产品产业，工业产品多达100多个。2007年全镇实现工业销售收入超过100亿元，上缴税金超过5亿元。

4. 孙村镇

安徽的服装产业大多集中在沿江地区。位于长江南岸的繁昌县孙村镇被誉为安徽服装第一镇，全镇拥有及其配套企业150余家，其中规模以上企业56家，已初步形成集服装织造、染整、水洗、印花、制线、成衣加工、包装和物流为一体的服装领袖。

孙村镇的服装业从最初承接沿海地区纺织服装产品开始，逐步转向外贸加工和生产内贸品牌，并完善产品品质，提升企业声誉。加工的服装主要出口欧美、东南亚、澳洲和韩国等国家和地区。在内贸方面，创出了如红花山、秋婷和乐山等自主品牌。

5. 复兴镇

复兴镇是安徽省宿松县经济最发达的贸工镇，综合实力排名一直居全县第一，是皖西南农村经济、交通和文化中心之一。

复兴镇在新中国成立前就是商贸聚集之地，店铺林立、夜市通宵、八大商号远近闻名，素有“小香港”之称。新中国成立后，百货、医药及食品等国家三级批发站应有尽有，商贸流通异常活跃。改革开放以来，复兴镇根据商贸传统优势突出、工业具备一定基础等特点，确定了“工贸兴镇”的发展思路，形成了复兴镇独有的特色。

新世纪以来，复兴镇充分把握发展机遇，努力探索适应镇域经济发展的管理体制，逐步完善复兴镇的整体功能，不断扩大开放，招商引资，积极培育新的经济增长点。以小城镇建设为主线，抓住经济建设这个中心，强化措施，加大力度，促使国内生产总值等几项主要经济发展指标每年都以20%左右的速度递增。除此之外，城镇居民人均可支配收入、社会消费品的零售额、城镇改造和基础设施投入资金等项经济指标也均有较大幅度增长。集镇规模迅速扩大，集镇设施日趋完善，建成区面积比全县小城镇平均水平大1平方公里，人口城镇化率高于全县18个百分点，全镇经济实力逐年增强。

复兴镇商贸繁荣，市场活跃，民营商贸快速发展，已建成果品干菜批发市场、农机销售市场、建筑建材批发市场、工贸市场和农贸市场。棉花、油菜交易量大、面广，有1110多个商业网点遍布全镇，营业面积有9万平方米。2007年全镇社会商品零售总额实现5.1亿元，是皖西南最大的商品集散地。

第五章 民生改善

1949年10月1日，新中国成立，安徽人民与全国人民一起进入发展的新时代。伴随着共和国前进的步伐，江淮儿女走过艰难曲折的征程，迈上社会主义现代化建设的轨道，用自己的勤劳双手和聪明才智，建设安徽，发展安徽。60年来，全省经济快速发展，各项事业突飞猛进，人民生活显著提高，民生进一步改善。

一 城镇居民生活不断提高

1. 收入水平逐步提高

1949年以前，由于受战争和自然灾害的破坏，安徽的经济基础十分薄弱，城镇居民苦不堪言。新中国成立后，安徽人民在中国共产党的领导下，大力开展经济建设，经过全省上下的共同奋斗，在短短几年内，安徽国民经济建设取得了可喜的成绩，城镇居民的生活问题基本得到了解决，过上了安稳的日子。从1949年至1957年的8年间，全省农业总产值年均增长6.2%，工业总产值年均增长19.2%。随着经济建设的发展，城镇居民收入水平也逐步得到提高。1957年，全省职工年平均工资达到528元，比1952年增加211元。城市居民生活费收入167.1元，生活费支出160.5元，收支相抵略有结余。

1958年后的20年间，由于政治运动和自然灾害的影响，打乱了正常的经济建设秩序，国民经济发展几经挫折，濒临崩溃边缘。在1957年基本解决温饱问题之后，城市居民布衣粗食，家庭摆设陈旧，20年间，生活水平停滞不前。在这20余年里，全民所有制单位职工工资只增长11.5%，平均每年仅增长0.52%，收入增长缓慢，生活费收入每年仅增长3.2%，平均消费水平每年仅提高3.5%。其中，在“文化大革命”时期，人民生活更是踯躅不前，全省人均消费额1966年到1970年仅增长0.2%，1970年到

1975 年平均也只增长 1.3%。物质生活改善甚微，有时还下降。人们难以忘怀的 1961 年，全省人均消费肉、禽、蛋和水产品等四种食品总共只有 3.65 公斤，只相当于 1957 年人均消费量的五分之一。在此期间，由于在经济建设中重生产、轻消费，致使消费品市场十分匮乏，尽管当时许多生活必需品都实行配给制，但仍供不应求，人们的消费欲望被禁锢，消费选择受到限制，消费模式几年甚至 20 年一成不变。

1978 年，党的十一届三中全会胜利召开，标志着中国进入了一个新的发展时期。经过拨乱反正，重申社会主义生产目的是不断满足人们日益增长的物质文化生活需要，将国家的中心任务转移到经济建设上来，从根本上扭转了重积累、轻消费的倾向。30 年来，党和政府采取一系列重大改革措施，对内实行改革，对外搞活开放，集中力量致力于发展经济，为迅速提高城镇居民收入水平创造了良好的社会环境。一方面，党和政府广开就业门路，积极安置待业人员，大力解决城镇居民就业问题，不断拓宽就业面。2007 年安徽城镇居民家庭平均每户就业面为 53.33%。另一方面，为了尽快地提高广大职工的收入水平，国家采取了一系列行之有效的措施，通过对工资制度的改革，不断理顺收入分配关系，采取国民收入再分配不断向个人倾斜的政策，连续几次上调工资，逐步增加发放各种津贴补助，恢复了奖金制度，社会福利收入逐渐货币化，在城市经济体制改革中推行各种承包责任制、工资与经济效益挂钩，打破了单一的工资分配形式，使社会分配和居民收入的格局发生了很大变化。主要表现在：

一是收入来源日益多元化。改革开放以前，国有集体单位职工的收入基本上只有工资一项，收入来源单一化，基本上靠工资吃饭。改革开放以来，随着全省多种经济的共同发展，安徽城镇居民收入渠道不断拓宽。一方面，来自国有集体单位职工的收入项目不断增多。职工收入已变为包括工资、奖金、补贴、福利等多种收入项目。特别是非工资性收入增长较快，所占比重不断提高。经济体制改革冲破了一些禁区，形成了以按劳分配为主体多种分配方式并存的新格局。国家鼓励一部分人通过正当的劳动先富起来。家庭收入名目繁多。如经营收入、第二职业收入、退休再就业收入，以及利用财产进行投资的利息、红利、股息、购买基金的收益、租赁收入、专利权、著作权的许可使用费收入等。1981 年，在国有集体单位职工收入中，工资性收入所占比重为 97.3%，非工资性收入所占比重仅为 2.7%。

到2007年，安徽城镇职工收入中，工资性收入所占比重下降到65.1%，非工资性收入所占比重上升到34.9%。在这30年间，非工资性收入远远快于工资性收入的增长。另一方面，来自国有集体单位以外的收入渠道也在逐渐拓宽，所占城镇居民平均收入的份额不断增大，成为收入来源的重要组成部分。在城镇居民各项收入中，其一，工资性收入仍然是拉动居民收入增长的主要因素。2007年城镇居民人均工资性收入为8684元，比上年增长16.9%，对可支配收入增长贡献率为65.1%。其二，转移性收入对可支配收入增长贡献率大幅度提高。全省城镇居民人均转移性收入2877元，增长24.3%，在四类收入增幅中居第二位，为2002年以来同期最高增幅，对可支配收入增长贡献率由上年的21.7%增至29.2%。其三，个体经济发展带动了经营净收入的稳步提高。2007年，安徽进一步推动就业再就业工作，确立了把城镇登记失业率控制在4.5%的目标，采取了实施消除零就业家庭计划等一系列措施，增加了就业人数，促进了个体经济发展。全年全省城镇居民人均经营净收入为688.34元，比上年增长1.2%。其四，财产性收入继续增长，成为推动居民收入增长的新亮点。受银行存款利率上调和股市持续走高影响，2007年安徽城镇居民财产性收入比上年增长68.5%，居四类收入增幅之首。

二是收入水平不断提高。收入渠道的日益拓宽，为城镇居民不断提高收入水平奠定了良好的基础。1981年，安徽城镇居民人均可支配收入仅有424.56元，到1988年，首次突破1000元；到1993年，首次突破2000元；到1994年，突破3000元；到1996年，突破4000元；2007年，安徽城镇居民人均可支配收入达到11474元，首次突破10000元，比1981年增加了11050元，年均增加409.26元，增长了27.03倍，是自2002年以来的最高年度涨幅。

2. 生活质量不断改善

从1949年到1957年的8年间，在党和政府的关怀下，城市居民从根本上摆脱了饥寒状况，生活质量得到了初步改善，过上了安居乐业的生活。1956年安徽城镇职工家庭人均生活费支出比1949年增长96.5%，其中食品支出增长47.3%，用品支出增长2.2倍。家庭生活显著改善，进一步调动了广大职工的积极性，促进了生产力空前发展，出现了市场繁荣、物价稳定、政通人和的太平景象。但是，1958年以后的20余年，由于接连不断的政治运动，严重干扰了国家经济建设，致使市场商品供应短缺现象较为严重，尽管一些居民生活必需品实行了配额供给制，仍不能解决人们日常生活中的供需矛盾。在长达20多年的岁月中，基本生活必需品十分匮乏，人们生活水平长期得不到提高。凭票供应、定点限时、排队购买，成了这一时期城镇居民消费的主要模式和特征。

改革开放以来，安徽各项建设事业取得了快速发展，经济实力和社会财富明显增强，市场供应日益丰富，商业网点如雨后春笋，遍地开花，给人民生活带来了更多的便利和实惠，加快了城镇居民消费，促进了消费结构优化，提高了消费档次，全省城镇居民生活质量发生了显著变化。

一是消费规模不断扩大。改革开放给人们带来的最大实惠就是收入水平不断提高，消费能力日益增强。市场商品可谓琳琅满目、目不暇接。人们对商品的选择不再被票证所限制，已告别了昔日商品短缺、凭票供应、排队购买的年代；往日的“消费饥饿症”渐渐消失了，消费的欲望日益活跃起来，消费规模逐年扩大。1981年，安徽城镇居民人均消费支出为392.04元，1988年全省城镇居民人均消费支出首次突破1000元大关，达到1020元，是1949年的10.7倍，比1978年增长1.6倍。1994年突破2000元，1995年突破3000元。到1998年已达3777.41元，比1981年增长8.64倍，年均增长14.25%。2007年，全省城镇居民人均消费支出高达8532元，比1981年增长20.77倍。

二是消费结构日趋优化。改革开放以前，安徽城镇居民消费方式基本上维持在日常的吃、穿方面。改革开放以来，安徽城镇居民消费不仅体现为规模不断扩大，而且表现出结构不断改善、日趋优化的特点。吃、穿所占消费性支出的比重逐年下降，家庭设备用品、教育文化娱乐、交通通讯、居住等发展性和享受性消费支出明显上升。1981年，安徽城镇居民吃、穿占消费性支出的比重为72.96%，到1998年，下降为60.68%。家庭设备用品、文教娱乐、交通通讯、医疗保健等发展性和享受性消费支出所占比重，由1981年的16.97%，提高到1998年的32.35%，2007年，该项支出增加到2616元，占当年消费性支出比重的30.7%。这表明安徽城镇居民生活水平正由生存资料消费向发展性和享受性资料消费过渡。

三是生活质量不断提高。改革开放30年来，人民生活水平犹如芝麻开花节节高。1981 年，安徽城镇居民恩格尔系数为 60.45%，到 2007 年，恩格尔系数下降为 39.7%。这表明，改革开放以来，安徽城镇居民家庭生活水平在不断提高。事实也表明，安徽城镇居民生活正在向小康迈进。依据国家统计局和国家发改委确定的全国小康生活水平标准测算，全省小康生活水平综合得分为 90 分之多。另外，从对比国外发达国家居民生活水平提高的过程来看，即由温饱阶段向小康阶段过渡时，衣着及日用品支出所占比重上升，食品支出所占比重下降；由小康到富裕阶段过渡时，吃、穿、用等生存性资料所占比重下降，发展性资料和享受性资料所占比重上升。综上所述，不难看出我省居民生活已迈进小康。其主要特征如下：

饮食质量不断改善。长期以来，由于受农业生产发展缓慢和居民收入水平较低的双重制约，食品需求长期处于短缺状态。食物构成一直以植物性食品为主，由于肉类、鲜蛋、鱼虾等动物性食品实行配给制度，不仅在数量上得不到满足，而且在品种上也毫无选择的余地。随着农村经济的蓬勃发展，在农产品市场供应日趋丰富的今天，特别是自政府实施“菜篮子”建设工程以来，农副产品的生产、收购、运输、出售等环节，已被建立起来的各类城乡农贸市场、通往城镇的绿色通道连接起来，成为纵横交错、四通八达的农副产品供应网络。这不仅大大便利了城镇居民的选购，也大大地改变了居民饮食的传统习惯和结构。人们不仅可以吃到反季节蔬菜，也吃到了包括国外一些蔬菜在内的新品种蔬菜；人们不仅可以随时买到新鲜的鸡、鱼、肉、蛋，也能很方便地买到活蹦乱跳的鸡、鸭、鱼、鹅等；人们不仅可以吃到地方特色菜，也可以吃到山珍海味。昔日那种供应品种少，伏天少菜，冬天缺菜的时代已一去不复返了。人们在吃好吃饱的基础上越来越注重饮食质量和结构的改善，粮食消费比重逐渐下降，副食品消费比重逐渐上升。1981 年，安徽城镇居民食品消费中，粮食消费占整个食品消费比重为 23.44%，其他食品消费所占比重为 76.56%。到 1998 年，粮食消费占整个食品消费比重下降为 11.77%，其他食品消费所占比重上升为 88.23%。其中人均消费猪肉 22.00 公斤，比 1981 年增长 35.80%；家禽 8.4 公斤，增长 1.69 倍；鲜蛋 13.8 公斤，增长 1.84 倍；鲜奶 2.4 公斤，增长 2.08 倍。2007 年，安徽城镇居民食品消费中，粮食消费为 71.14 公斤，鲜菜为 112.49 公斤，猪肉为 17.45 公斤，牛羊肉为 3.47 公斤，家禽为 8.08 公斤，鲜蛋为 12.92 公斤，水产品为 11.31 公斤。

着装款式绚丽多彩。长期以来，在自然经济和产品经济的条件下，城镇居民穿衣极为单调，1956年人均衣着支出16.60元，占全部生活费支出的10.3%，按实物计算人均购买棉布10米，只能做两套单衣。当时呢绒、绸缎等高档衣料消费极少，平均每45人中只有1人穿上一件呢绒衣服，每87人中只有1人穿上一件绸缎服装。以后棉布实行凭票供应，更加压抑了消费，人们穿着一直处于低水平，继承了“新三年，旧三年，缝缝补补又三年”的传统习惯。人们收入水平的提高，推动了传统生活方式的变革，昔日那种穿着上的十年一贯制，被称之为“蓝蚁之国”的时代已经成为历史。改革开放30年来，随着纺织工业的飞速发展，衣服制成品率越来越高，人们的穿着向多样化、时新化发展，注重新颖、美观、花色品种多样。昔日人们在日常生活中很少见到的高档服饰，如今在街头巷尾也触目可见。从童装到青年装，从中年装到老年装，款式一应齐全；从一般化纤服装到高档的精纺纯棉、毛料、呢绒、真丝、真皮服装，品种繁多，五彩缤纷。上至头戴的帽子，一年四季变化多样；中至身穿的衣服，由低档单一化向高中档、美观、新颖多样化发展；下至脚穿的鞋子，各种皮鞋、布鞋、旅游鞋和休闲鞋的样式不断翻新。从上到下，协调美观，变化多样；从内到外，新颖亮丽，绚丽多彩。色调单一的情景已成为历史，取而代之的是讲究舒适、大方，追求时尚、个性化的消费模式。1998年，安徽城镇居民人均衣着消费支出为421.49元，比1981年增长7.61倍，年均递增13.50%。2007年，全省城镇居民人均衣着消费支出高达906.47元。

家庭用品明显改善。解放初期，城镇居民家庭用品消费空间狭窄，只是用于购买火柴、肥皂、锅碗瓢勺日用杂品之类的零星支出，居民家庭的家电用品一无所有。60年代，手表、自行车、收音机、缝纫机等老式四大件开始普及。80年代后期，家用电器新产品如雨后春笋，很快成为城镇居民的消费对象，出现了彩色电视机、电冰箱、洗衣机、组合音响新式四大件。进入90年代，原有的家用电器以惊人的速度在城镇居民家庭不断普及和更新换代，城镇居民的消费热点越来越多，如影碟机、录像机、摄像机、冰柜、微波炉、空调器、淋浴热水器、摩托车、家用电脑、家用汽车等不断走进居民家庭。城镇居民的大件耐用消费品拥有量越来越多。调查资料显示，改革开放以来，安徽城镇居民家庭用品消费最为活跃，消费规模不断扩大。1998年，全省城镇居民人均家庭用品消费支出为207.68元，比

1981 年增长 5.16 倍，年均递增 11.29%，其中家庭耐用消费品消费水平不断提高。1981 年每百户拥有洗衣机 1.67 台，电冰箱 0.33 台，录音机 8.00 台，照相机 1.33 架。到 1998 年每百户拥有洗衣机 87.91 台，电冰箱 76.34 台，录音机 50.54 台，照相机 22.49 架。到 2007 年，安徽城镇居民人均家庭用品消费支出为 465.68 元，每百户拥有洗衣机 99.59 台，电冰箱 95.97 台，组合音响 25.04 套，照相机 31.95 架。

文化生活丰富多彩。城镇居民在物质生活条件大为改善的情况下，逐渐重视对精神文化生活的追求和充实。随着社会文明的进步，人们的生活内容更加充实，并向更高层次发展。精心培育下一代，注重智力开发；接受继续教育，加强自身学习；及时更新知识，掌握现代科学技术等，所有这些都已成为当今城镇居民家庭的精神文化生活的重要内容。与此同时，社会上的娱乐设施也得到较快发展，各种娱乐项目异彩纷呈，除了电影院、剧院、体育场、博物馆、图书馆和公园外，又有了歌舞厅、健身房、演艺广场、保龄球馆、电子游戏室、放映厅、集邮市场、古董市场、风景名胜等新的去处，满足了各种层次居民的消费需求，使文化生活更加活跃，大大丰富了人们的精神文化生活。2007 年，安徽城镇居民平均每人教育文化娱乐服务支出 1169.99 元，占消费性支出的 13.71%。

通信日趋现代化。随着中国邮电通信业的快速发展，已建成覆盖全国的光纤、数字微波、程控交换、移动通讯网络，一举打破了多年来通讯技术和通讯手段落后的局面，开始了信息传递的现代化。昔日人们依赖的靠信函、电报传递信息，正在被方便、快捷的程控电话所替代。人们不仅可以在家里使用电话与外界交流信息，而且也可以在户外通过对讲机、移动电话交流信息。特别是进入 90 年代后期，通过计算机网络获取信息、进行交流已被越来越多的城镇居民所青睐。1998 年，安徽城镇居民人均通讯费支出 149.56 元，是 1981 年 0.48 元的 311.58 倍，年均递增 40.18%。消费性支出的比重由 1981 年的 0.12% 提高到 1998 年的 3.96%。2007 年，安徽城镇居民人均通讯费支出 557.37 元，消费性支出的比重提升至 10.45%，全省城镇居民家庭平均每百户拥有普通电话 90.93 部，移动电话 151.44 部。

交通旅行更加便利。公共交通设施的不断改善，为人们出门旅行提供了更加便捷的条件，基本上改变了居民行路难的局面。继自行车成为百姓人家的普通交通工具之后，摩托车、助力车、家用汽车也越来越多地进入百姓人家。在市内出门办事、走亲访友以出租车代步早已成为人们的“家常便饭”。外出长途旅行可以选择中巴、豪华大轿车、旅游火车、飞机等宽大舒适整洁的交通工具，亲身体会一下旅途中的美好享受。2007 年，安徽城镇居民人均交通费支出 396.59 元，是 1981 年 3.84 元的 103.28 倍，占消费性支出的比重由 1981 年的 0.98%，提高到 2007 年的 10.45%。

居住环境不断改善。解放初期，城镇居民住房比较紧张，1956 年人均居住面积仅 3.98 平方米，设施条件也十分简陋，大都是老式平房或土墙草顶的简易搭盖。几十年间，职工家庭人口骤增，但住宅建设投资很少。因此，斗室之间，几代人同堂，屡见不鲜，城市房荒成为严重的社会问题。改革开放以来，安徽社会公共设施建设取得了显著成绩。各级政府十分重视居民住宅建设和居住环境的改善。城市主要街道两旁，绿树成行，花草繁茂。与此同时，居民家庭住房条件也得到了较大改善。经过改革开放 30 年的建设发展，花园式生活小区整片开发；一座座设计新颖、装饰美观的居民楼房拔地而起，鳞次栉比；一幢幢设施配套的居民新村点缀着江淮大地的一座座城市。全省城镇居民家庭陆续搬进了宽敞明亮的新居，居住条件大为改善，主要表现在居住面积大幅度增加、居室设备成套化和人居环境优美上，住房质量随着居民收入的提高而不断改善。房地产业作为一个新兴产业，已经成为撬动经济社会发展的重要杠杆，对 GDP 的直接贡献率达 8%。据抽样调查，1996 年，安徽城镇居民人均住房建筑面积 15.2 平方米，2008 年增加到 29.9 平方米，10 年翻了一番。全省城镇 85.7% 的家庭拥有两居室及以上住房，11% 的家庭拥有两套及以上住房。1981 年平均每人居住面积只有 6.59 平方米，到 2007 年平均每人居住面积已达 21.60 平方米，人均公共绿地面积达 9.0 平方米，绝大部分城镇住户家庭住上了单元式成套住宅。从房屋结构看，2007 年全省 73% 的城镇家庭拥有单元式配套住宅，居住在平房或者筒子楼的家庭只有 27%；卫生设备方面，82% 的家庭拥有完善的独立卫生设备，无卫生设备的家庭只占 7.3%，80% 的家庭居室内集中供应热水、装有淋浴热水器和太阳能热水器；从厨房拥有情况看，88% 的家庭已经拥有自己的单独厨房，77% 的家庭炊事用上管道气或者液化石油气，98.5% 的家庭用上了自来水，全省每百户拥有电炊具 105 台、微波炉 55 台、脱排油烟机 65 台。调节室内空气温度的方式也有了较大的改变。在夏天，降温方式已由电风扇向空调器转变；在冬天，取暖方式已由传统的煤炉取暖，逐步被卫生清洁的暖气、电暖气、空调所代替。2007 年，全省超过一半的家庭拥有取暖设备，每百户拥有空调设备 100 台、彩电 141 台、电脑 41 台、家用汽车 1 辆；68% 的家庭对自己的住房进行了装修，平均装修花费在 1.55 万元。随着家庭室内装饰的升温，高档家具不断替代传统家具，以及家用电器的普及，人们越来越生活在一种舒适、清洁、优美的环境中。

四是金融资产不断增加。安徽人民每逢除夕，餐桌上都要摆上一条鱼，从今年“吃”到明年，象征着“年年有余（鱼)”，但在旧社会，这只是一种愿望而已。如今，随着居民收入的增加和生活质量的提高，安徽城镇居民收入结余不断增加，“年年有余”已如愿以偿。1981 年全省城镇居民人均储蓄款为 25.08 元，到 2007 年已达到 2126.46 元，是 1981 年的 84.78 倍。这对于绝大多数居民家庭来说，“寅吃卯粮”的日子，已似滔滔江水，一去不复归。此外，城镇居民购买各种有价证券，不仅成为百姓人家理财和聚财的一个手段，也使财产性收入成为推动居民收入增长的新亮点。受银行存款利率上调和股市持续走高影响，2007 年安徽城镇居民人均财产性收入比上年增长 68.5%，居四类收入增幅之首；股息与红利收入在安徽城镇居民财产性收入中所占比重迅速增加，从 2005 年的 11.1%、2006 年 16.7%，上升到 2007 年的 29.8%，两年比重提高近 20 个百分点，成为居民财产性收入中继出租房屋收入之后的一个重要的组成部分。

3. 明天更加绚丽多彩

在党和政府的领导下，经过半个多世纪的建设，特别是改革开放 30 年来的社会主义现代化建设，为安徽城镇居民在新世纪里走向更加美好的明天，创造了良好的物质基础和精神条件。目前，安徽城镇居民生活变化与全国一样，正处于向全面小康迈进的关键阶段，预计在未来的岁月里，随着全省经济的进一步发展，安徽城镇居民收入和消费支出也将不断增长，居民的一些传统消费方式也将会出现新的变化。

一是由目前的数量型消费向质量、享受型消费发展。改革开放初期，安徽城镇居民收入差距不大，一些新型商品一旦进入市场，很快就成为人们的抢手货，居民的消费结构较为雷同，主要表现在满足于品种数量的增加上，多数人缺乏对商品要求功能齐全、款式新颖的超前消费意识。90年代中期以来，安徽大多数城镇居民家庭的大件消费品已购买齐全。随着科学技术不断进步，各方面的信息广泛交流，人们的消费观念也将不断更新。在物质消费方面，对商品的质量、功能、款式将提出更高的要求；在精神文化消费方面，对文化教育、读书阅览、艺术欣赏、观光旅游等消费也将提出越来越高的要求。

二是由从众型消费向需求导向型消费发展。虽然商品市场供应丰富多彩，然而这种由企业生产什么，大家选购什么的消费方式，已逐渐出现了供需矛盾。一方面有需求的商品，时有出现短缺，限制了消费。另一方面，不需求的商品，造成积压，难以适应消费需求，尤其是在买方市场形成的今天。随着城镇居民家庭大件商品拥有量的日趋饱和，人们从众消费心理逐渐减弱，消费心理日渐成熟，对大件消费有所谨慎，依据家庭需要、个人爱好为特征的消费将日益显现出来。生产企业在经历了近年来残酷的市场竞争后，为抢占市场份额，巩固市场，将会按照我国社会主义市场经济的发展规律，根据市场的供需变化，合理调整生产，满足社会不同层次和各方面消费者的需求。

三是由即期型消费向投资型消费转变。经过改革开放30年来的建设发展，安徽城镇居民家庭具备了一定的物质基础和金融资产积累。随着国家住房、医疗、养老、保险、补贴等社会福利方面改革的深入推进，人们将在安排好即期消费的基础上，更加注重家庭金融资产的积累与投资收益。

二 农民生活步入小康

1. 农民收入显著提高

在旧中国，由于旧政权的腐败统治和封建土地所有制对农民的残酷剥削，帝国主义侵略和掠夺，加上连绵不断的战火和自然灾害，广大农民过着饥寒交迫的生活，挣扎在水深火热之中。真是十里人烟稀，路有冻死骨。以多灾多难著称的安徽，特别是皖北地区，劳动人民在地租、捐税、人祸、天灾等等的重压下，更是受尽了逃荒要饭、背井离乡之苦。“十年就有九年荒”的凤阳花鼓歌词，以贫穷的代名词著称于全国，它是整个江淮地区人民生活的真实写照。淮北平原的农村，灾荒连年，食不果腹，衣不遮体，并非夸张之说。“糠菜半年粮”已属正常年景。全家合盖一条被，两人合穿一条裤，亦非个别现象。吃饱穿暖，成为广大农民千百年来梦寐以求的愿望。物质贫穷伴随着文化落后。解放初期，土改工作队进驻淮北农村，在许多村里竟找不到一名识字人造花名册。

新中国成立后，人民当家做主，开始过上了新的生活。60 年来，随着农村经济的发展，农民物质文化生活水平不断提高，逐步由温饱迈向全面小康。

新中国成立初期，从土地改革到农业合作化时期，即 1949 年到 1957 年，虽然在工作上有失误之处，但总体上农村经济稳步发展，农民生活逐年提高。其动力，主要是农村实行土地改革，解放了长期被束缚的生产力，实现了“耕者有其田”，翻身解放的农民生产热情高涨，农业生产迅速得到恢复与发展。互助合作运动的发展，克服了小农经济的局限性和落后性，“集体力”的发挥，提高了农业生产效益，这是中国历史上曾被人们留恋的经济稳定发展时期。1957 年与 1949 年相比，安徽粮食增长 60.7%，年平均增长速度为 6.1%；棉花增长 164.7%，年平均增长速度为 12.9%；油料增长 76.1%，年平均增长速度为 7.3%。除大牲畜外，其他如蚕茧、茶叶、水果、猪、羊、水产品年平均增长率都在两位数。随着生产的发展，农民收入不断增加。1954 年，安徽农民的人均纯收入为 60.6 元，1957 年为 74.6 元，平均每年增加 4.6 元，增长 23.1%。农民生活也有所改善，初步改变了过去那种“衣不遮体，食不饱腹”、“破衣年年补，野菜当饭吃”的悲惨生活困境。农民开始有吃、有穿，生活出现明显好转。但在 1958 年至 1978 年的 20 年中，由于“左”的错误影响，加之缺乏社会主义建设经验，农村经济长期徘徊不前，农民收入增长缓慢，生活得不到改善。到了 1978 年，农民人均纯收入为 113.3 元，21 年间平均每年仅增加 1.8 元。

党的十一届三中全会确立了全党以经济建设为中心，吹响了改革开放号角，开辟了中国改革开放和社会主义现代化建设的新局面，极大地鼓舞了广大农民和各级干部改革创新的热情。以安徽凤阳县小岗村农民“大包干”为突出代表，在全国率先搞起了包产到户，拉开了农村改革的帷幕。这一变革农村生产关系和解放生产力的伟大创举得到了党和政府的肯定，联产承包责任制开始遍及安徽，风靡全国。农户作为农业生产者的主体地位确立起来了，农民的生产热情空前高涨，积累多年的生产潜力被释放出来。与此同时，联产承包责任制以其强大生命力向林、牧、副、渔各业迅速拓展，形成了农村各行各业蓬勃发展、竞相赶超的生动局面。1978 年到 1984 年短短 7 年间，安徽粮食总产量由 296.5 亿斤增加到 440.5 亿斤，增长 48.6%；棉花总产由 229.88 万担增至 467.87 万担，增长 103.5%；油料总产由 6.5 亿斤增至 19.4 亿斤，增长 198.5%；麻、蔬菜、茶、蚕、果、肉、蛋等产量也都大幅度增长，长期困扰人们的温饱问题得到解决。自 1980 年起，按照国家农产品收购政策调整的要求，安徽恢复粮油议购议销，为农村经济走向市场打开了缺口，更加刺激了农户对农业的投入，加上科学技术进步，使农业获得了长足发展。这期间，主要农产品产量和农业总产量的增长都是历史上最快的，农民的收入也呈现出超常规增长的态势。到了农村改革 10 年后的 1988 年，安徽农民人均纯收入已达到 485.5 元，比 1978 年的 113.3 元增长了 3.3 倍，平均每年增加 37.2 元，扣除价格因素，按可比口径计算实际增长两倍，平均每年增长 11.5%。大大超过 1954 年到 1978 年这 24 年平均每年 2.2% 的增长速度，绝大部分地区解决了温饱问题，有一小部分农民开始向小康生活过渡。对少数贫困山区群众或因天灾人祸而造成的贫困户，各级政府积极采取措施，帮助贫困户解决困难。“六五”计划期间共筹集扶贫资金 1.59 亿元，扶持贫困户 49.48 万户，已脱贫 17.32 万户，其中有 1.65 万户跨入了富裕户的行列，这一时期也是新中国成立以来增长最快的时期。

1989 年到 2008 年，是农村改革的后 20 年，这期间农村开始出现了一些质的变化。随着农村改革的深化，农村经济结构、产业结构都进行了较大调整。随着农业产业化的推行，一些特色农业随之应运而生，传统的农业生产经营方式发生了很大的变化。农户也开始由于生产经营行为的差异而分化为纯农业户、农业兼业户、非农兼业户和非农户，专业户、专业村比比皆是。农村市场星罗棋布，过去只知道种田的农户开始变得富有经营头脑了，以市场为导向，以效益为目的，围绕市场做文章，计划经济的色彩在农村越来越淡化，这是农村历史性的进步。到了 1998 年，农民人均纯收入达到 1863.06 元，比 1988 年的 485.53 元增加了 1377.53 元，增长 2.84 倍，年均递增速度为 14.4%。按 1980 年可比口径计算，1998 年农民纯收入比 1988 年增加 232.1 元，增长 61.15%，年平均递增 4.89%。1998

年安徽率先进行粮食直补和粮食流通体制改革，在全国率先实行粮食补给方式“两放开、一调整”改革。2000 年安徽开展农村税费改革试点，2005 年全面取消农业税。为了进一步巩固和完善农村税费改革成果，2005 年，安徽又启动了被称为改革“第三波”——农村综合改革，推进乡镇机构改革、完善县乡财政管理体制改革，建立农村工作新机制。主要内容是“一个转变、三个建立、一个改进”，即转变乡镇政府职能，建立农村基层管理新体制、建立农村公共产品供给新机制、建立“三农”社会化服务新体系，改进农村工作考核评价办法。同年，安徽又在全国首推农村商品流通改革试点，被商务部列为全国唯一的以“万村千乡市场工程”为主要内容的农村商品流通改革和市场建设试点省。3 年后在全省农村基本形成以城乡标准化省级大中型农产品批发市场、农产品绿色批发市场、农产品出口示范基地为龙头，乡镇店为骨干、村级店为基础的顺畅高效的新型农村商品流通网络，对发展农村经济、增加农民收入、改善农民生活、推进社会主义新农村建设等起到了有力的推动作用。2007 年，安徽落实各项惠农措施，促进了农业、农村经济的发展和农民收入的增加，农民收入增长速度为 10 年来最高，增长模式由长期以来的工资推动转变为政策拉动。1995 年至 2000 年的 5 年间，安徽农民人均纯收入由 1303 元提高到 1935 元，增加 631. 8 元，其中，工资性收入增加 313. 2 元，占农民人均纯收入增加额的 49. 6%。到 2005 年，农民人均纯收入提高到 2641 元，其中工资性纯收入增加 462. 2 元，占农民纯收入增加额的 65. 4%。这一阶段，安徽农民收入增长主要由工资性收入推动。2006 年，安徽农民人均纯收入比上年增加 328. 1 元，其中工资性纯收入增加了 174. 6 元，对农民纯收入增长的贡献率为 53. 2%，与前一阶段相比，工资性收入对农民人均纯收入增长的贡献开始下降。2007 年，农民人均纯收入比上年增加 587. 2 元，工资性纯收入增加 285. 9 元，占农民纯收入增加额的比重仅 48. 7%，占比下降 4. 5 个百分点。因惠农政策而提高的农民家庭经营纯收入、农民转移性纯收入和财产性纯收入增长较快。家庭经营纯收入对增收所作的贡献由 2000 年至 2005 年的平均 28. 5%，提高到 2007 年的 34. 6%，达到 1820. 9 元。转移性纯收入在 2000 年占整个纯收入的 3. 3%，2007 年提高到 4. 6%。财产性收入 2000 年占农民人均纯收入的 1. 3%，2007 年提高到 2. 9%。民生工程的实施，不仅提高了农民生活质量，而且使农民的收入更“值钱”；保护农民工权益各项措施的实施，保证农民外出打工能够劳有所得；“多予、少取、放活”各项具体措施的实施，建立了农民收入增长的长效机制。一是民生工程把更多资金投向了农村，城乡统筹发展机制开始建立；二是政府支持农业产业化龙头企业的政策力度不断加大，农业产业延伸机制不断完善；三是大力推动农村科技进步，提高农业信息服务水平，农业科技支撑机制逐步完善；四是逐步完善农村劳动力职业技能培训和劳动力市场体系，鼓励支持农民自主创业，农民就业创业机制基本完善；五是建立新型农村合作医疗制度、农村最低生活保障制度以及农村养老保障制度，农民社会保障机制逐步健全；六是加大对“三农”的扶持力度，财政支农资金稳定增长机制逐步完善。

经过改革开放30年来的发展，安徽农村面貌发生了根本变化。农村人口由占全省人口比重从87.4%降低到59.5%，农业生产从畜力耕种为主向全面机械耕种转变，2007年比1978年，粮食产量在耕地面积减少的情况下翻了一番，劳动生产率从131元提高到7408元，农民人均纯收入从113.3元提高到3556元，年均增长12.6%。随着农民收入的提高，农民的物质文化生活和精神文化生活越来越丰富，实现了从温饱到小康的转变。

从全国农村改革发祥地凤阳县和小岗村来看，30年来，凤阳县和小岗村的改革取得了显著成就，经济社会发生了巨大变化。一是农业和农村经济总量明显增加。实行“大包干”后的1979年，小岗村生产队粮食总产13.3万斤，相当于1966年到1970年粮食产量的总和；油料总产3.5万斤，相当于过去20年产量的总和。到2007年，小岗村粮食总产达到263.8万斤。同时，特色农业得到很大发展，种植葡萄近600亩，年产100多万斤；引进23名大学生，建成双孢菇生产大棚179座；吸引外来投资，发展5个标准化养猪小区，年产生猪2万头以上。凤阳县农业产业化的步伐不断加快，形成了双孢菇、葡萄、蔬菜、花卉、畜禽等种养基地，有省级龙头企业4家、市级龙头企业10家，国家级优质名牌产品9个，省级优质名牌产品6个，农民专业合作组织80多个。二是农民收入水平大幅度提高。随着农业生产效率的提高，农村经济结构的调整，特别是全面取消农业税、落实对种粮农民的直接补贴，农民人均纯收入逐年增长，收入构成发生了明显变化。1979年小岗生产队人均收入400元，是1978年22元的18倍。2008年，小岗村人均纯收入达6600元，是1978年的300倍，而且收入结构日趋多元化，非农收入比重逐年提高，工资性收入成为农民增收的重要来源。凤阳县农民人均纯收入也已达到3652元。三是农民群众的生活条件明显改善。如今的小岗村，电话、手机、数字电视、自来水、冰箱、摩托车已进入大部分农家，有4户村民购置了轿车，102户翻盖了新居。2003年以来，凤阳县共投入资金近亿元，新建校舍4.53万平方米，改建D级危房3.4万平方米，改造乡镇中心卫生院14所，建设村级卫生服务站192个，农村新型合作医疗参保率达97%；全县农民恩格尔系数下降到49.1%，每百户农村居民拥有彩电121台、冰箱38台、洗衣机40台、移动电话68部；建成通村水泥路535公里，发展户用沼气3800户，广播电视“村村通”工程完成60%。

凤阳县和小岗村的巨变，是中国农村改革发展的缩影。实践充分证明，农村家庭承包经营制度改变了农村贫穷落后的面貌，改变了农民生产生活方式，其历史功绩愈益显现。

2. 收入结构不断非农化

历史资料显示，农民收入的构成与当时的生产方式有着密切的关系。长期以来，安徽农村经济的发展主要是依靠在有限的耕地上种粮食，形成了依靠众多的农民种田来解决温饱问题的单一农业生产结构，多种经营和商品经济得不到发展，农民收入存在着明显的单一性。1978年农民家庭经营纯收入的比重仅为24.0%，集体分配比重高达70.6%；在农民纯收入中，农业收入占91.4%，非农业收入占3.1%。

农村改革使农民的生产经营发生了质的变化，农民的经济行为与市场紧密联系起来，生产经营方式多样化，逐步改变了单一的收入构成，使收入的渠道更加拓宽，经营风险变小。从结构上考察，30年来农民收入发生了质的变化，突出地表现为收入形态结构的货币化和收入来源结构的非农化。其主要特征表现为：

收入形态结构货币化。货币收入增长是农村经济由自给自足型经济向市场经济转变的重要指标，也是提高农民生活质量和发展农业生产的重要前提。随着农村生产社会化、商品化进程的加快，过去较长时期内存在的以实物收入为主的自给自足的小农经济，逐步被以货币收入为主的市场经济所替代。1978年，安徽农民人均货币纯收入为47.9元，在全年纯收入中，货币收入率只占42.3%。30年来，随着农村商品经济在广度和深度上的不断拓展，农民商品生产和商品交换活动增加，收入形态逐渐货币化。到2007年，农民全年现金纯收入达到2959.1元，货币收入率提高到83.2%以上。

收入来源结构非农化。从20世纪80年代中后期开始，伴随着经济结构的调整，农民收入结构也在随之变化。家庭经营收入由占主导地位而趋于下降。农村改革30年来，农业生产经营形式由集体统一经营转为以农户为主、统分结合的双层经营，农民获得了生产经营自主权，家庭经营收入成为其经营收入的主要来源。1988年，农民家庭经营收入达到432.6元，占农民人均纯收入的89.1%；1998年，农民家庭经营收入达到1311.7元，占农民人均纯收入的70.4%；2007年，农民家庭经营收入已达2353.01元，占农民人均纯收入的51.2%。尽管农户家庭经营收入仍是收入的主要构成，但其比重已呈明显下降趋势。从2007年农民纯收入构成看，家庭经营收入在纯收入中所占的比重已显著下降，比1998年下降19.2个百分点。

农村产业结构顺应市场协调发展。随着市场经济的发展，二、三产业有了较快的发展，农民纯收入中来自二、三产业的收入显著增加。随着产业结构的调整，大批农村富余劳动力转向非农产业，农村二、三产业的迅速发展，促使农民收入来源发生了历史性变化。农民致富的路子渐行渐宽，改变了收入靠农业，农业靠粮食的局面，农村各业随着市场的变化而得到协调发展。

生产性收入是农民纯收入的重要来源。2007年的人均纯收入中生产性纯收入达3290.91元，非生产性纯收入为265.36元。生产性和非生产性纯收入在人均纯收入所占比例分别为92.55%和7.45%，这说明农民收入构成仍以生产性为主。

3. 物质文化生活全面改善

60年来，安徽农民的生活消费水平随着收入的提高而逐步改善，但有着明显的时段性，这与农村经济的波动有直接关联。由于自然灾害和经济体制的影响，农业生产发展几起几落，农民的生活消费水平也因此出现相应的起伏。

从1949年到1978年的30年间，是安徽农村受挫折较多的时期。这一段时期生产力水平较低，农民生活极不稳定，农民人均消费支出在几十元到一百多元之间波动。有些年份甚至出现饿、病、逃、荒、死等现象，农民的生活极度困难。从1978年到2008年的30年中，农民收入大幅攀升，生活水平显著提高，这是农村改革发展带来的累累硕果。这一时期可以分成三个阶段：改革前10年，农民收入大幅度增加，生活消费水平显著提高，平均每年增加35.3元，年平均增长速度为16.1%；而在1957年到1978年的21年里，人均生活消费支出只增加29.6元，平均每年增加1.4元，年平均增长速度为2%。1988年至1998年的10年，农民生活消费支出有较大幅度提高，而且生活质量有了明显变化。1998年农民人均生活消费支出1333.08元，是1954年的21倍，平均每年增加28.85元，递增7.2%，比1978年的人均生活费支出102.5元增长13倍，平均每年递增13.7%；是1988年的2.93倍，平均每年递增11.35%，也是增速较快的时期。从1998年至2008年的10年，农民生活消费支出再度攀升，生活质量有了更新、更大的变化。2007年农民人均生活消费支出为2754元，比1978年增长近27倍，年均递增12.0%。是1995年682.54元的3.47倍，也是改革以来增速最快的时期。从农民生活消费的分项支出来看，安徽农民生活质量显著提高，结构改善特征明显。

食品结构明显变化，饮食质量不断提高。2007年，农民人均生活消费的恩格尔系数为43.3%，人均食品支出为1192.57元，比1978年增长14.8倍，年均递增10.0%。主食所占比重由1978年的69.9%下降到2007年的23.9%，人均肉、油、蛋、奶、家禽、鱼虾的消费量由1978年的9.6公斤增加到2007年的33.42公斤，年均递增4.4%。农民已不单是满足于吃饱，而是要求吃好。副食消费支出占食品消费支出比重超过主食的比重，说明农民的营养状况已有明显改善。

衣着消费由穿暖型转向追求款式和时尚方面发展。农民衣着消费，在很长时间内主要是为了遮体和保暖，属于穿暖型，主要是购买衣服原料请人加工制作为主，而对质量和款式无法顾及。改革开放10年后的1988年，平均每个农民衣着消费37.6元，比1978年增长2.6倍。在这一时期，衣着消费的中高档化纤、呢绒、绸缎购买量增长较快，棉布购买量下降，成衣购买量大大增加。从此，农民那种“新三年，旧三年，缝缝补补又三年”和“老大穿新，老二穿旧，老三缝缝补补接着穿”的现象逐步消失。1998年，平均每个农民衣着消费72.3元，是1988年的1.9倍。进入21世纪，随着物质生活条件的大为改善，农民的衣着消费逐渐向城市居民看齐，主要是购买成衣为主，讲究时髦，追求时尚。2007 年，平均每个农民衣着消费 166.31 元，比 1978 年增长 16 倍，年递增 10.0%。衣着消费支出大大超过了小康标准值。

居住条件大幅改观。2007 年，安徽农民人均居住面积为 28.9 平方米，是 1978 年的 3.4 倍，年递增 4.3%。从住房质量方面来看，一年比一年好，住房结构得到改善，造价越来越高。2007 年，安徽农民居住房屋户均价值达 33587 元，房屋造价由 1980 年的每平方米 21.3 元增加到 2007 年的 286 元，增长 12.4 倍，年递增 9.4%。2007 年，农民人均钢筋砖木住房面积为 28.5 平方米，占住房面积的比重高达 98.5%。随着新农村建设的推进，村庄规划和整村推进，昔日破旧低矮的茅草房变成了一幢幢整齐的小洋楼。一些经济发展快的地区，住上楼房的农民已越来越多。2007 年，农民人均楼房面积达 14.6 平方米，占住房面积的比重已超过一半，达到 50.4%。贫穷落后的村落已变成一个个现代化的小城镇，与城市相差无几。

高档耐用消费品进入农家。随着购买消费品的增多，特别是高档耐用商品进入农家，用品支出成倍增长。21 世纪以来，人均用品支出增幅较大。2007 年，安徽农民家庭每百户拥有摩托车共 44.7 辆，电话 80.77 部，手机 79.45 部，照相机 2.87 架；家用电器逐步进入农民家庭，2007 年，每百户拥有彩色电视机 96.68 台，影碟机 45.84 台，电冰箱 34.35 台，空调机 10.5 台，洗衣机 42.19 台，热水器 19.42 台，与城市居民消费几无差别。

精神文化生活日益丰富。长期以来，安徽农民的文化生活比较贫乏。改革开放以来，随着物质生活的改善，安徽农村居民的传统消费观念在支付能力的增强和市场经济的促动下，随着农村人口的流动和劳动力的转移，农村产业化的发展，农民的价值取向、社会竞争、供求关系的变化，发生了较大的变化，服务等非商品支出不断增加，教育和文化娱乐消费支出占消费总支出的比重逐步增大，农民的精神文化生活开始向较高层次发展，农村居民文教娱乐服务占生活消费支出比重已大大超出小康要求。随着农民收入水平的不断提高，农民的精神文化生活水平还将与日俱增。

此外，21 世纪以来，城乡居民生活水平差距进一步缩小。2006 年城乡居民收入水平比为 3.29：1，2007 年缩小为 3.23：1；2006 年城乡居民消费水平比为 3.56：1，2007 年扩大为 3.61：1。随着新农村建设力度不断加大，减免农业税、取消学杂费等惠农措施的实施，农民收入快速提高，城乡差距有进一步缩小的趋势。

三 民生建设遍及城乡

1. 新时期的民生建设

关注民生、保障民生、改善民生，是构建和谐社会的重要基石，也是广大人民群众的强烈期盼。进入21世纪，中国总体上已进入以工促农、以城带乡的发展阶段，进入着力破除城乡二元结构、形成城乡经济社会发展一体化新格局的重要时期。这一时期的民生问题，与改革开放初期相比，内涵已经有了很大的变化。如果说改革开放之初，民生问题一度表现为生活用品的短缺，那么，进入新世纪新阶段，民生不再主要是解决温饱，而是更加富裕，不再主要是人的生存，而是人的全面发展。今天，举凡涉及人民的生存与发展权益，人民群众最关心、最直接、最现实的利益问题，诸如从提高生活水平到提升生活质量，从保障物质生活需要到满足精神文化生活需求，从防止住房、物价上涨，到让人民喝上干净的水，呼吸上清新的空气之类，都已纳入政府保障和改善民生的决策视野，投入的比重也大幅增加。党的十七大提出加快推进以改善民生为重点的社会建设，积极解决好教育、就业、收入分配、社会保障、医疗卫生和社会管理等直接关系人民群众根本利益的问题，努力使全体人民学有所教、劳有所得、病有所医、老有所养、住有所居，推动建设和谐社会。这“五个有”，正是现在所“缺”的，也是需要着力解决的民生问题。

新的世纪以来，安徽经济快速发展，国内生产总值由2000年的2902.1亿元增加到2007年的7364.2亿元，年均增长11.3%；人均生产总值由4779元增加到12045元，年均增长11.4%；财政收入由290.4亿元增加到1034.5亿元，年均增长19.9%。财政对社会各项事业的投入明显增加。财政性教育经费由2000年的72.3亿元增加到2007年的244.1亿元，年均增长19%；财政对医疗卫生事业的投入由7.9亿元增加到28.1亿元，年均增长19.9%；财政对社会保障和就业的投入由2006年的154.4亿元增加到2007年的206.4亿元，增长33.7%。全省城镇居民人均可支配收入由2000

年的5294元增加到2007年的11474元，年均增长11.7%；农民人均纯收入由1934.5元增加到3556元，年均增长10.3%；居民人均消费额由2660元增加到5278元，年均增长10.7%。城镇居民家庭恩格尔系数由45.7%下降到39.7%，农村居民家庭恩格尔系数由52.5%下降到43.3%。2007年，安徽城镇单位在岗职工平均工资22180元，比2000年增加15191元，年均增长17.9%，居全国第14位，在中部地区居第一位。全省全面小康社会建设进程明显加快，到2007年底实现程度已达到67.2%。

在经济快速发展的大好形势下，为促进和谐社会建设，2007年安徽开始启动和实施了十二项民生工程，着力提高城乡居民社会保障水平，进一步增强政府公共服务能力，让广大人民群众共享、多享改革发展的成果。当年民生工程的实施，成效显著，4000万群众人均受益近200元，初步解决了“生活难、看病难、上学难”等突出问题，在社会各界引起强烈反响，深受广大人民群众的拥护和欢迎。为切实保障和改善民生，2008年安徽进一步拓展内容，提高标准，加大投入，实施了十八项民生工程，投入总规模超过160亿元，惠及5000多万城乡群众。2009年，为了扩大内需，促进经济平稳较快增长，进一步提升民生保障水平，安徽投入220多亿元资金实施二十八项民生工程，惠及5900万城乡居民。

2. 编织社会保障“安全网”

新中国成立60年来，安徽的社会保障从无到有，逐步建立了以社会保险、社会救助、社会福利为基础，以基本养老、基本医疗、最低生活保障制度为重点，以慈善事业、商业保险为补充的社会保障体系。特别是党的十一届三中全会以来，安徽社会保障的内容不断丰富，保障水平不断提高，社会保障体系真正起到了“安全网”和“稳定器”的调节作用。

（1）社会福利事业健康发展。

农村社会福利事业不断发展。早在20世纪50年代初，安徽农村部分地区就出现了由农业生产合作社照顾失去劳动能力而又无子女依靠的社员的现象。1956年，中共中央《高级农业生产合作社示范章程》明确规定，农业合作社对于社内缺乏劳动能力、生活没有依靠的鳏寡孤独的社员，应当在生活上给予适当照顾，做到保吃、保穿、保烧、保教（儿童和少年）、保葬，后来将保烧改为保医。自那时起，安徽农村开始兴办敬老院。1958年实行人民公社后，五保户供给改由生产队支付。全省敬老院达9786所，入院17.49万人。1961年实行“三级所有、队为基础”后，又改由生产队负担。1978年底，全省农村有五保户15.8万户，18.78万人。由于受自然灾害和“文化大革命”的影响，到1979年，全省敬老院仅剩65所，院民974人。直到党的十一届三中全会以后，各地才以乡办、村办以及个体办等多种形式重新兴办敬老院。实行家庭联产承包责任制后，供给方式逐渐向村、乡（镇）统筹过渡。1984年安徽省人民政府制定了《安徽省农村五保户供养暂行规定》，正式规定以乡（镇）为单位统筹供养五保户，也可以乡（镇）、村两级分别统筹负担，五保供养工作从此走上了法制化、制度化管理轨道。1998年底，全省五保对象总户数为20.29万户，总人数为21.62万人，其中集体统筹供养人数为19.14万人，占88.53%；非统筹供养人数占9.67%，应保未保人数占1.80%。全省敬老院达2276所，乡镇覆盖率达93.5%，供养院民3.896万人，有床位4.88万张。全省有1408个乡（镇）以敬老院为依托，建立了乡、村、组五保服务网络，部分乡镇敬老院还开展了自费收养业务。2007年，全省农村老年性福利机构1664个，床位63729张，收养人数达52752人。

2007年，安徽把五保供养对象生活补助标准提标工作列入了民生工程，五保对象省级财政补助由年人均500元提高到850元，地方配套人均350元，使五保对象年人均供养标准分散供养达到1200元以上，集中在敬老院供养达到1500元以上，均达到了当地农村居民平均生活水平。同时，省里还鼓励有条件的地方进一步提高标准。铜陵、芜湖、合肥市分别将供养标准提高到每人每年2200元、1600元、1460元。从省级福利彩票公益金中拿出1200万元，省财政下拨500万元，加上各地财政配套，使全省农村敬老院和五保老人之家建设实现了跨越式发展。据统计，2007年全省五保对象的集中供养率和集中居住率达到16%，比上年提高4.6个百分点，使7万多名年老体弱的五保对象得以在新建和改建后的农村五保供养服务机构中安享晚年。2009年，安徽进一步加大农村五保供养服务机构新建、改建、扩建力度，投资3.99亿元，增加47500个床位，提高集中供养率。安徽计划在2012年前，新建敬老院1370所，新增入院五保对象13.45万人，总投资11.5亿元，集中供养率达50%。

城市社会福利水平不断提高。新中国成立初期，社会福利和社会救济通称为救济福利事业。50 年代后期，社会福利与社会救济分流发展，逐步形成了以收养“三无”（无家可归、无依无靠、无生活来源）的孤老、孤残儿童、弃婴和精神病患者为主要对象的社会福利体系。党的十一届三中全会后，安徽逐步加大社会福利事业的改革力度，努力实现从单一国家包办的体制转变为国家、集体、个人多渠道创办的体制：以救济型转变为康复型；从单纯供养转变为供养与康复并重，并对收养对象实行不同的供养方针：对孤老以养为主，辅以康复，实现老年人的老有所为、老有所乐；对健全孤儿，实行养、教结合，使之德智体全面发展；对残疾儿童，实行供养和康复相结合，帮助他们逐步恢复生活自理能力。2007 年，全省共有社会福利院 57 所，床位 4456 张，供养孤老 3259 人；儿童福利院 17 所，床位 2801 张，收养儿童 2419 人。同时，养老服务社会化发展迅速。2007 年，合肥市瑶海区、蚌埠市禹会区、马鞍山市雨山区、芜湖市镜湖区被评为首批“全国养老服务社会化示范区（市、县）”。通过养老服务社会化示范，促进了民办老年机构的发展。全省规模最大、档次较高的合肥市九久夕阳红老年公寓正式对外开放。截至 2007 年底，全省民办老年福利机构 157 所，比上年增加 36 所；床位 5658 张，收养老人 3374 人，入住率接近 60%。

社区管理服务进一步规范。自 1987 年民政部倡导发展社区服务后，安徽于 1989 年在省辖 8 市 17 个城区全面推开，并于 1992 年出台了关于加快发展社区服务业的具体实施意见。1996 年后，全省城镇社区服务得到健康发展，其中合肥市西市区、安庆市大观区、马鞍山市雨山区、蚌埠市中市区被评为全省首批社区服务示范城区。截至 1998 年底，全省兴办各类社区服务设施（网点）11741 个，其中市级中心 1 个，区级中心 20 个，街道中心 103 个，居委会社区服务站 787 个，老年人服务设施 749 个，优抚服务设施 1194 个，残疾人服务设施 200 个，婚丧设施 1376 个，便民利民设施 7305 个。初步形成了以社区服务中心为骨干，以为老年人、残疾人、优抚对象、社会困难户、幼少儿服务和便民利民服务为主要内容的社区服务体系。截至 2007 年底，全省纳入社区管理服务人数 111.77 万人，社区管理服务率达到 80.6%。除省直管理单位外，全省各市社区管理服务率均达到 80% 以上，其中马鞍山等 13 个市社区管理服务率超过 85%。社会化管理服务标准进一步规范。2007 年，全省共有 264 个社区达到标准化管理服务社区水准，超过年初制定目标的10%。开展以节日慰问、困难帮扶和文体活动为重点的人性化服务。合肥市启动高龄孤寡退休人员“10+1”工程，解决他们就医、生活护理等实际困难；安庆市开展“送体检，送健康”活动，受到退休人员的广泛好评；蚌埠市实施“银发帮扶工程”，为高龄老人提供制度化、亲情化服务；淮南市上门为居住在上海的淮南退休人员办理养老金收入等相关手续，给他们送上人性化服务。此外，合肥、安庆、淮南、六安、淮北等市还通过举办全市性社区退休人员文艺汇演等文体活动，努力在实现老有所养、老有所医的基础上，进一步达到老有所教、老有所学、老有所为、老有所乐的目标。

（2）完善最低生活保障制度。

改革传统的社会救济办法，建立新型城市居民最低生活保障制度。传统的城市社会救济的主要保障对象是城镇“三无”对象、社会困难户及特殊救济人员等。1954 年全省确定城市救济面应控制在总人口的 6% 以内，其中定期救济占救济人数 5%，但实际上，1957 年全省城镇定期救济孤老残幼仅 3653 人，1958 年，临时救济实际停止。“文化大革命”期间，城市贫民生产自救无从开展，基层又随意扩大救济对象，致使全省城镇定期救济人数猛增，1975 年达到 3.54 万人。1985 年，全省进行全面普查，共核定定期救济孤老残幼 1.18 万人，贫困户 0.3 万人，年人均定期救济费 150 元。随着经济体制改革的深入，传统社会救济所固有的救济标准低、范围窄、随意性大等弊端日益显露出来，迫切需要改革。1995 年初，安徽在合肥市开展城市居民最低生活保障线试点工作。1997 年 9 月，国务院颁布《关于在全国建立城市居民最低生活保障制度的通知》，要求 1998 年底以前，地级以上城市要建立起这项制度；1999 年底以前，县级市和县政府所在地的镇要建立起这项制度。截至 1998 年底，全省已在所有的地级市、县级市和县城镇建立了城市居民最低生活保障制度。其中合肥市从 1998 年 1 月 1 日起，将保障标准从每人每月 120 元提高到 130 元，保障范围从城区推广到郊区。马鞍山市将保障标准由每人 130 元调到 150 元。1998 年全省财政共投入保障资金 1225 万元，保障人数 28.2 万人次，其中，“三无”对象 5.9 万人次，失业人员 8 万人次，在职人员 1.6 万人次，下岗人员 5.1 万人次，离退休人员 0.7 万人次，其他人员 6.9 万人次。这项制度的建立与实施，不仅保障了原民政“三无”对象以及部分下岗、失业等特困职工的最低生活，而且促进了企业改革的深化，维护了社会稳定。2007年以来，安徽进一步完善城市居民最低生活保障制度，调整城市低保标准，提高补差水平，各级民政部门积极筹措资金，提高城市居民最低生活保障标准和补助水平，保障了低保家庭的基本生活。全年全省享受低保人数1217万人次；支出低保资金12.08亿元，其中中央资金7.99亿元，比上年的6.81亿元增长17%；人均月补差99元，比上年增长33%。同时，加强动态管理，做到应保尽保。对低保对象基本做到该进的进，该出的出，对补差金额该升的升，该降的降。全年全省低保对象累计新增15.22万人，比上年减少15.55万人；补差金额调增39.99万人，调减45269人，城市低保动态管理取得明显成效。全省城镇已普遍建立起标准有别、操作规范、管理科学的最低生活保障体系。

建立城市低收入家庭住房困难保障机制。为建立和完善多层次的住房供应体系，解决城镇最低收入家庭的住房问题，国家从上世纪90年代开始就积极推进以住房公积金制度、经济适用住房制度、廉租住房制度为主要内容的城镇住房保障制度建设，不断改善城镇居民的住房条件。1999年国家出台了《城市廉租住房管理办法》，明确了城镇廉租住房的内涵和来源，承租廉租住房申请审批的程序等内容。2004年建设部等五部门公布了《城镇最低收入家庭廉租住房管理办法》，对廉租房的保障对象、保障方式、保障面积等都做了明确规定。2007年建设部等九部门联合发布了《廉租住房保障办法》，对廉租住房制度建设中群众和地方政府普遍关心的问题作出了明确规定。为贯彻执行中央政策，2008年安徽省人民政府将建立城市低收入家庭住房困难保障机制列入了民生工程。一是保障对象由市、县人民政府按照当地统计部门公布的家庭人均可支配收入和人均住房水平的一定比例，结合城市经济发展水平和住房价格水平确定。二是保障方式实行货币补贴和实物配租相结合，以发放租赁补贴为主，“十一五”期间，各市、县实物配租户数占廉租住房保障户数的比例原则上不低于30%。采取货币补贴方式的，补贴额度按照城市低收入住房困难家庭现住房面积与保障面积标准的差额、每平方米租赁住房补贴标准确定。采取实物配租方式的，配租面积为城市低收入住房困难家庭现住房面积与保障面积标准的差额。三是租赁住房补贴标准由市、县人民政府根据当地经济发展水平、市场平均租金、城市低收入住房困难家庭的经济承受能力等因素确定。实物配租的住房租金标准实行政府定价。2008 年，省政府决定全省所有市、县要对人均住房建筑面积低于 10 平方米的城市低保住房困难家庭应保尽保，有条件的市、县可适当提高补贴标准。到 2010 年末，全省廉租住房制度保障范围要由住房困难的城市低保家庭扩大到低收入住房困难家庭。所需资金，主要通过市、县财政预算安排、住房公积金增值收益、土地出让净收益及争取中央财政补助等方式安排，省财政适当予以补助并实行以奖代补。截至 2008 年底，全省已保障 6. 64 万户，新建廉租房 53. 4 万平方米，完成投资 4. 2 亿元，一定程度上解决了城市低收入家庭“住有所居”困难。

完善农村居民最低生活保障制度。这项制度是在原农村特困群众救助制度的基础上建立的。2007 年上半年安徽农村低保制度建设全面启动，出台《安徽省农村居民最低生活保障暂行办法》，制定下发《农村低保实施细则》和《农村低保实施步骤及工作流程》。到 7 月底初步在全省农村建立起最低生活保障制度，全省共有 141. 8 万人纳入保障范围，对低于绝对贫困线 683 元的农村居民给予生活补助，以保障其基本生活需求。2007 年全省确认农村低保对象 130. 9 万人。全省年人均补助达到 380 元，有的市县还提高了补助标准，有效地改善了农村贫困群体的生活水平。所需资金，全省 61 个县（市）和 15 个县改区由省与市、县（市、区）财政按 7∶3 的比例负担，其他市辖区由市、区财政承担。当年，全省地方财政保障相对贫困人口 10. 9 万人，年人均补差水平达 380 元。全年发放资金总额近 5. 46 亿元，其中省财政安排 2. 38 亿元，中央补助资金 1. 57 亿元。为进一步扩大保障范围、提高保障标准，2008 年省政府将全省农村居民最低生活保障线从 683 元提高到 860 元，全省保障人数达到 180. 1 万人。省政府及各市县政府都制定了详细的实施办法，对人均收入低于 683 元的 130. 9 万保障对象，给予年人均不低于 437 元的补助；对人均收入在 683 元至 860 元之间的 49. 2 万保障对象，给予年人均不低于 177 元的补助。各地都通过“一卡通”发放低保补助。在实施过程中，安徽还突出重点，分类施保。把丧失和严重缺乏劳动能力的应保未保五保户，大病重残、无生活来源的，遭遇天灾人祸或其他原因造成家庭生活特别困难的作为保障重点，给予倾斜和照顾。

3. 完善基本养老保险制度

（1）农村养老保险维护农民合法权益。

由于计划生育国策的实施，人口老龄化的到来，农村家庭人口结构的日趋小型化以及农民收入逐步增加等原因，农村社会的养老保险工作已被摆上重要的位置。根据省政府《关于加快发展农村社会养老保险事业的通知》精神，安徽从1992年开始进行农村社会养老保险工作试点。1993年省政府在怀宁县召开会议后，各级民政部门坚持“政府组织引导与农民自愿相结合”的工作方针，采取“从实际出发，分类指导”的工作方法，着重在比较富裕、已基本解决温饱问题的农业人口中开展这项工作，重点吸收村干部、民办教师、乡镇企业职工、个体工商户等有一定收入的农民参加农村社会养老保险。1995年国务院办公厅转发了民政部《关于进一步做好农保工作的意见》，在保险基金管理方法上加强监督，确保基金安全增值。严格按照国家有关规定，将农保基金用于购买国债、存入银行（不含城市合作银行、农村信用社和非银行金融机构），其中存在各级银行的基金占80%左右，购买国债占基金的20%左右；在政策方面，给予农民领取养老保险金免税待遇。此项工作对于深化农村改革，维护农民权益，落实计划生育政策，促进农村经济发展和社会稳定，具有十分重要的意义。截至1998年底，全省88个县（市、区）、1867个乡镇全面开展了农保工作，有19188个村委会、4827个乡镇企业开始组织农民投保。投保农民达316.24万人，投保率占全省应保总数的12.6%；全省累计收取保费4.313亿元，农保基金积累总额达4.915亿元；已有3000多位农民领取养老金，人均月领取养老金30多元。2006年，全省农村社会养老保险工作在主攻“重点区域”和“重点群体”的同时，积极探索新型农村社会养老保险制度建设，开展试点工作，在制度创新、平台建设等方面取得了可喜的成绩。霍山、霍邱县以群体保险为突破口，通过建立政府投入机制，政府贴息激励农民参保，以推动农村社会养老保险制度建设。2006年，全省17个市、89个县（市、区）、1444个乡镇（街道办事处）、16072个村、3563个乡镇企业开展了农村养老保险工作，参保农民153.84万人，发放养老金1109万元。

（2）企业职工养老保险使城镇职工“老有所养”。

1991年6月26日，国务院发布《关于企业职工养老保险制度改革的决定》。省人民政府于1992年发布《安徽省企业职工养老保险暂行规定》，提出建立企业职工基本养老保险、企业补充养老保险、职工个人储蓄性养老保险相结合的多层次养老保险制度；企业职工基本养老保险费用实行国家、企业、个人三方共同负担；确立“以支定收、略有节余、留有部分积累”的基金筹集模式。

1993年，中共十四届三中全会通过《关于建立社会主义市场经济若干问题的决定》，对加快社会保障制度建设步伐，提出更加明确的要求。1995年国务院出台《关于深化企业职工养老保险制度改革的通知》。安徽制订《安徽省企业职工养老保险制度改革实施方案》，确立企业职工基本养老保险实行社会统筹与个人账户相结合的基本模式。自1996年起，全省各级社会保险经办机构开始为每个参保职工建立个人账户，这对于保障离退休人员的基本生活具有重要意义。1997年，为进一步加快养老保险制度改革步伐，建立全国统一的企业职工基本养老保险制度，国务院又作出《关于建立统一的企业职工基本养老保险制度的决定》，将企业化管理的事业单位也纳入了统一制度的范围。省人民政府制订《安徽省统一企业职工基本养老保险制度实施方案（试行）》。从1998年起，全省企业职工基本养老保险制度实现了三统一：一是统一了企业及职工个人缴费比例；二是统一了个人账户规模；三是统一了企业职工基本养老金计发办法，实现了新、老办法平稳过渡，使安徽企业职工基本养老保险又迈上一个新的台阶。1998年，国务院发布《关于实行企业职工基本养老保险省级统筹和行业统筹移交地方管理有关问题的通知》。安徽共接收中央在皖10个行业45家统筹单位，企业在职职工48.32万人，离退休人员19.92万人。从1998年9月1日起，由安徽省社会保险事业管理局直接管理在皖行业统筹企业的养老保险业务工作。省人民政府发布《关于印发安徽省企业职工基本养老保险省级调剂金制度实施方案（试行）的通知》，决定省级统筹分两步实施：第一步建立企业职工养老保险省级调剂金制度；第二步实现全省统一企业缴纳基本养老保险费比例，统一管理和调剂使用基本养老保险基金。提高统筹层次，实现企业职工基本养老保险省级统筹。到1998年底，参加养老保险的企业职工224.41万人，参加统筹的离退休人员58.58万人；建立基本养老保险个人账户191.99万个，累计记入个人账户金额18.12亿元；累计积累养老保险基金12.80亿元；已对32.10万名离退休人员实行了养老金社会化发放，发放面达到 54.79%。2007 年，养老保险覆盖范围进一步扩大。当年全省养老保险参保人数达 531.32 万人，其中在职人员 385.05 万人，比上年净增 13.65 万人；离退休人员 144.78 万人，净增 10.98 万人。参保人员中非公有制单位职工和个体劳动者 179.07 万人，占 33.7%。社保补贴政策进一步落实，全省累计有 40 多万失业、下岗职工享受社保补贴政策。全年全省养老保险基金收入 207.66 亿元，支出 154.05 亿元，基金累计结余 146.12 亿元，5 年平均递增 55.5%。企业退休人员基本养老保险金大幅度提高。2007 年也是企业退休人员基本养老金 3 年连调的最后一年，3 年来全省企业退休人员人均月增加养老金 285 元，年末月平均养老金达到 868 元。各地积极化解历史遗留问题，对未参保集体企业退休人员全部纳入基本生活费补助范围，按当地城镇居民最低生活保障标准发给个人基本生活费，力争做到应保尽保，经过单位帮助和个人缴纳，全省已有近 1 万名未参保集体企业退休人员参加了社会保险，仍有 5.1 万多人按月领取生活费。2008 年，安徽进一步规范未参保集体企业退休人员的申请、评议、审核程序，完善保障机制。各地保障人数约 4 万人，省级安排 5000 万元全部拨付，市县共拨付 9549.96 万元，提高了企业退休人员的生活水平。

（3）失业保险保障失业人员基本生活。

从 1986 年到 1998 年之间，安徽失业保险制度从无到有，从建立、规范到逐步壮大、完善，在保障失业人员基本生活、保持社会稳定和促进再就业方面发挥了重要作用。1986 年 7 月，国务院颁布了《国营企业职工待业保险暂行规定》，明确规定宣告破产企业职工、濒临破产的企业法定整顿期间被精简的职工、企业终止或解除劳动合同的职工、企业辞退的职工等四种人员可以享受待业保险，待业保险基金的主要来源是按企业职工标准工资总额的 1% 筹集，基金利息和地方财政补助是其辅助来源。1986 年 12 月，安徽省人民政府制定《安徽省国营企业待业保险实施细则》，这一实施细则的颁布，标志着安徽失业保险制度正式建立。1992 年 7 月，省人民政府发布《安徽省国营企业职工待业保险规定》，覆盖范围和对象，由四种人扩大到七种人（按照国家有关规定被撤销、解散企业的职工，按照国家有关规定停产整顿企业被精简的职工、依照法律、法规规定或按照省、自治区、直辖市人民政府规定，享受待业保险的其他职工）。征集标准由按企业在职职工每人每月 1 元调整为按企业职工工资总额的 1% 缴纳，增加了职工个人缴费项目。1994 年，省人民政府下发了《安徽省国有企业职工待业保险补充规定》，进一步明确失业职工可以享受救济金、医疗费等经济救助，强调失业保险具有社会保险和促进就业的双重功能。1998 年以来，保障国有企业下岗职工基本生活和促进其再就业成为失业保险的中心工作。根据省委、省政府《关于切实做好国有企业下岗职工基本生活和大力做好再就业工作的通知》的规定，从 1998 年 7 月起，失业保险基金征收比例由企业工资总额的 1% 提高到 3%，国有企业下岗职工基本生活费中的社会筹集部分主要由失业保险基金拨付。据统计，到 1998 年底，安徽参加失业保险的总人数为 240 万人，其中国有企业职工参保率达 95%。1986 年至 1998 年，安徽失业保险基金总收入 8 亿元，总支出 5.3 亿元，其中为失业下岗职工发放生活救济金达 2.5 亿元，用于失业、下岗职工的转业、转岗训练和再就业工作的经费为 1.3 亿元。

1999 年 1 月国家颁布了《失业保险条例》。为建立覆盖范围广、统筹层次高、承受能力强的失业保险制度提供法律依据和工作准则，标志着失业保险事业进入了一个新阶段。2007 年，各级劳动保障部门继续把实现"应保尽保、应收尽收"作为失业保险工作的重要目标和基础性工作。以推进《劳动合同法》全面实施为契机，以私营企业从业人员、事业单位职工和用人单位招用的农民工为工作重点，通过发挥社会保险基金征缴联动机制作用、扩大"一票多费"征收范围等措施，强化失业保险基金征缴工作，保持了失业保险参保人数稳定，实现了失业保险基金收入较大幅度增长。全年参加失业保险 364.53 万人，超额完成全年 360 万人的目标；全年失业保险基金收入 11.2 亿元，失业保险费收入比上年增长 19.9%，征缴率达到 90% 以上。按照新的最低工资标准，及时调整失业保险金标准及相关待遇。对符合条件的失业人员，按照规定提供失业保险待遇，按时足额发放失业保险金，支付医疗补助金，给予再就业帮助。全年支付失业保险金 6.94 亿元，使 27 万多名失业人员按时足额领到保险失业金。

4. 基本医疗保险制度撑起人民健康的"保护伞"

（1）建立广覆盖的新型农村合作医疗制度。

农村合作医疗制度始于上个世纪 60 年代。1965 年 6 月 26 日，毛主席发出了著名的"6·26"指示："把医疗卫生工作的重点放到农村去。"此后一个个农村合作医疗点便散布在广大农村地区。到上个世纪70年代，安徽的农村合作医疗制度达到顶峰，90%以上的农民都可以享受合作医疗。当时推行的农村合作医疗制度和农村卫生队伍建设，县、乡、村三级医疗卫生网一起成为基层卫生工作的“三大法宝”。但是，那时的农村合作医疗制度还是停留在“原始保障”的阶段。当时集体经济在农村占有举足轻重的地位，每个乡村都有一两名走村串户的赤脚医生。赤脚医生的身份只是“特殊的农民”，他们没有接受过正规、系统的医学培训，只能为所在地农民提供最基本的医疗服务。从保障内容上看，那时的合作医疗不管大病小病，一律减免“四费”：挂号费、出诊费、注射费、处置费。这些费用在整个治疗过程中只占一小部分，看起来人人享受，实际上人人都解决不了问题。在集体经济为主的时代，合作医疗制度所需的费用都是由行政村或生产队统一核算，农民个人不用掏钱参加合作医疗。实行家庭联产承包责任制后，集体经济显然无力承担合作医疗费用。在“打破大锅饭”、“谁看病、谁掏钱”的大潮流下，合作医疗制度大面积地退出了历史舞台。家庭联产承包责任制的实行，使农村经济社会发生了历史性的巨变。对于告别温饱线，大步奔小康的广大农民来说，最担心的可能是家人患病带来的高额医疗费用。在很多农村流传着这样的顺口溜：“脱贫二五年，　病回从前”。因病致贫、返贫的占农村贫困人口的70%左右，疾病已成为很多农民告别贫困的“拦路虎”。在这样的背景下，国家决定推行新型合作医疗制度，最终建立农民医疗保险制度，的确是一项得民心、顺民意的德政工程。

2002年10月，党中央、国务院发布《关于进一步加强农村卫生工作的决定》，决定在广大农村推行新型农村合作医疗制度。2003年1月，国务院办公厅转发的卫生部、财政部、农业部《关于建立新型农村合作医疗制度意见》指出，新型农村合作医疗制度是由政府组织、引导、支持，农民自愿参加，政府、集体和个人多方筹资，以大病统筹为主的农民互助共济制度。由于解决了农民医疗费用的后顾之忧，广大农民参加新型农村合作医疗的热情高涨，各地新型农村合作医疗制度建立的速度越来越快。建立新农合制度是切实解决农业、农村、农民问题，统筹城乡、区域、经济社会协调发展的重大举措，对于提高农民健康水平，缓解农民因病致贫、因病返贫以及“看病难、看病贵”问题，具有重要作用。

安徽自2003年在10个县启动新农合医疗试点，经过积极努力，2007

年在全省81个县（市、区）建立了新农合制度，覆盖面达81%，参合农民达3602万人。自试点开始至2007年底，全省共有187万参合农民获得住院费用补偿，1275万参合农民获得门诊补偿，实际住院补偿比从2003年的23%提高到2007年的33%，农民的医疗费用负担得到了切实减轻。

为方便农民就诊，根据相关政策，参合农民可自主选择县内任何定点医疗机构就医，履行转诊手续后可转往县级以上医院就医，外出或急诊可选择符合条件的医疗机构就诊并履行备案手续。参合农民办理报销补偿有两种方式：在县（市、区）内定点医疗机构就医的，由定点医疗机构审核并垫付补偿费用，定点医疗机构与县级合作医疗经办机构定期审核结算；参合农民在县外就医的，可到县级合作医疗经办机构办理报销补偿，也可在当地乡镇合作医疗经办机构办理报销补偿。

2008年安徽全面推进新型农村合作医疗制度建设，将新型农村合作医疗制度覆盖到全省所有县（市、区），并进一步提高筹资标准、封顶线、补偿比例，逐步取消家庭账户，大力推行门诊统筹，努力扩大参合农民受益面，提高受益水平。新农合筹资标准在上年每人50元的基础上提高到100元，中央、省、市县财政加大投入，补助标准分别提高到年人均40元、30元、10元，农民个人缴费标准为20元。住院补偿封顶线提高到5万元，乡镇级定点医疗机构补偿比例提高到70%，县级定点医疗机构补偿比例提高到65%，县（市、区）外协议医疗机构补偿比例提高到55%（1万元以下）或65%（1万元以上）。2008年，全省有100个县（市、区）实施新农合（合肥、芜湖所辖5个区参加城镇居民医保），69个县完成农民二次筹资工作，参合人数达4523.89万人，参合率达90.12%。

（2）推行城镇职工基本医疗保险制度改革。

有健康，才有将来。健康是每个人生存与发展的基础，与千家万户的幸福生活息息相关。长期以来，中国实行职工公费和劳保医疗制度。1951年中央人民政府政务院颁布的《中华人民共和国劳动保险条例》中规定，实行劳保医疗制度的单位，职工的医疗费用从职工福利费中列支，实行公费医疗的机关、团体和全额拨款的事业单位，职工的医疗费用由同级财政预算安排。由于国家财政和用人单位包揽过多，职工医疗费用增长过快，使各级财政难以承受，企事业单位负担沉重。80年代开始，各地进行职工劳保医疗制度改革。安徽霍山、繁昌、无为等县先后开展职工大病医疗费用社会统筹和离退休人员大病医疗费用社会统筹的试点。党的十四届三中全会确立了我国职工医疗保险制度改革的目标是建立社会统筹与个人账户相结合的社会医疗保险制度。1996 年 5 月，国务院在总结九江、镇江两市医疗保险改革试点经验的基础上，扩大试点范围。安徽铜陵、芜湖、淮北三市作为国务院医改试点城市，省人民政府分别于 1996 年 12 月、1997 年 3 月批准了三市的《职工医疗保障制度改革实施方案》。1998 年 12 月，国务院在总结各地医疗保险制度改革试点经验的基础上，又发布了《关于建立城镇职工基本医疗保险制度的决定》，省人民政府制定下发《安徽省实施城镇职工基本医疗保险制度改革的若干意见》，明确安徽城镇职工基本医疗保险制度改革的任务和原则，确立改革的基本框架和有关政策，在 1999 年内全面推进城镇职工医疗保险制度改革。截至 2007 年底，全省医疗保险参保人数 486.2 万人，比 2002 年的 292.1 万人增长 66.4%。同时，各市、县按照“低费率，保大病，保当期”的原则，建立大病医疗保险统筹基金，开展农民工参加大病医疗保险的专项扩面行动，农民工参加养老保险的人数达到 27.1 万人。新制度已覆盖到城镇各类用人单位职工和退休人员、灵活就业人员、进城务工人员、关闭破产企业退休人员。医保基金征收管理进一步规范，全省医疗保险征缴率达 95.6%；全省统一部署开展了基本医疗保险服务管理专项检查活动，有效堵塞基金支付中的漏洞，提高统筹基金的使用效率，确保医保基金安全运行。全省城镇职工基本医疗保险统筹基金总体收支平衡，略有结余，城镇职工基本医疗保险制度运行平稳，参保人员的基本医疗保险权益得到有效保障。

（3）建立城镇居民基本医疗保障制度。

这项制度是在参照新型农村合作医疗制度的基础上建立的。它是以市、县（区）为统筹单位，设区的市原则上在全市范围内实行统筹，通过个人缴费、政府支持和社会捐助相结合的方式筹集城镇居民基本医疗保障基金，重点保障城镇居民的大病医疗需求。2007 年，省政府将推进和实施城镇居民基本医疗保险列为十二项民生工程之一。3 月份，省政府批转了《城镇居民医疗保障实施意见》，拉开了全省城镇居民基本医疗保险推进实施的序幕。为确保制度的顺利实施，省劳动保障厅相继与省财政、地税等部门制定下发了《城镇居民医疗保障资金管理暂行办法》、《关于城镇居民医疗保障费征收工作的通知》等配套文件，城镇居民基本医疗保险制度框架和政策体系基本形成，合肥、芜湖、马鞍山3市进入2007年国务院首批城镇居民医疗保险试点城市行列。到2007年底，全省所有市、县全部启动实施城镇居民基本医疗保险制度，参保人数467.2万人，参保率达61.5%，走在全国前列。

2008年，省政府决定将全省城镇非从业居民纳入城镇居民医疗保障制度覆盖范围，主要对象为未纳入城镇职工基本医疗保险制度覆盖范围内的学生、少年儿童和其他非从业城镇居民，要求基本实现全覆盖。城镇居民自愿参保，每人每年缴费不低于30元，中央财政补助每人每年40元，省财政补助每人每年30元，市级不低于30元，县级不低于10元。具体筹资标准由统筹地区根据当地实际合理确定，以个人和家庭缴费为主，财政给予补助。按照以收定支、收支平衡、略有结余的原则，由各统筹地区确定城镇居民医疗保障的起付标准、最高支付限额和基金支付比例，基金主要用于支付符合规定的住院和门诊特大病医疗费用。全省参保人数达677.75万，完成全年目标任务的96.8%。部分市县积极调整医保政策，进一步提高群众受益水平。

（4）逐步提高城乡医疗救助水平。

这项工作是指各级政府加大财政投入，并多渠道筹集资金，对城乡特困群众实施医疗救助，建立健全城乡医疗救助体系。所需资金，通过财政安排、彩票公益金、社会捐助等渠道筹集。市级财政每年安排的医疗救助资金不少于上年度省级财政补助资金总量的20%；县级财政不少于上年度省级财政补助资金总量的10%。2007年，全省医疗救助达162.56万人，支出救助金额1.41亿元。其中，资助城市困难群众参加医疗保险7.9万人；资助农村低保户、五保户、重点优抚对象参加新农合141万人；城乡大病医疗救助13.7万人次。一是健全制度，完善医疗救助办法。省民政厅会商卫生厅、劳动保障厅、财政厅下发了《安徽省城乡特困群众医疗救助实施意见》，对医疗救助办法和救助的申请、审批程序进行了较大幅度的调整。打破城乡二元结构，缩小城乡差距，突出维护农村特困群众的医疗卫生权利；倡导“有条件的地区，应逐步将城乡低保边缘困难人群纳入医疗救助范围”，扩大救助覆盖面；简化救助程序，全面取消起付线。二是做好与新农合和城镇居民医疗保险制度的衔接工作。已开展新农合的地区，医疗救助资金首先资助农村五保户、低保户和重点优抚对象参加当地合作医疗，代其缴纳个人应负担的部分或全部参合资金。已建立城镇居民医疗保险制度的地区，首先资助城市低保对象中的“三无”人员参加医疗保险，比照省财政人均补助30元的标准，代其缴纳个人应负担的部分参保资金。三是多方筹资，提升医疗救助水平。2007年，省级财政配套城乡医疗救助资金4500万元，省福彩公益金安排医疗救助资金1200万元，全年共下拨医疗救助资金1.68亿元。

5. 促进社会就业，解决民生之本

（1）劳动就业史上三次待业高峰。

就业是民生之本，是保障和改善人民生活的重要条件。中国劳动力资源十分丰富，这是促进经济持续较快发展的有利条件。但是，由于人口多，劳动力供大于求的矛盾在短期内难以改变，劳动力的整体素质与结构调整要求不相适应的矛盾在短期内也难以改变，特别是在当前及今后一段时期，就业形势十分严峻。随着城镇化的加速推进和农村经济结构的调整，农村富余劳动力转移速度将进一步加快，压力会持续加大。

1949年以前，安徽劳动就业处于无政府状态，各地、各行业的就业方式不尽相同。在采矿、搬运、建筑等行业，劳动者就业主要是由包工头招募，一般工商企业则采取铺保举荐或养成工的办法。这几种就业形式，被雇者的去留，完全取决于业主或把头，劳动者就业没有保障。

新中国成立后，在国民经济恢复对私营企业进行社会主义改造时期，一度出现新的失业，加之旧社会遗留的为数不少的旧公职人员和官僚资本企业职工，形成了安徽第一次待业高峰。党和人民政府十分关心和重视失业人员的生活和就业问题，采取治标与治本并举的措施。一方面通过签订劳资集体合同、建立劳资协商会议、处理劳资争议等形式，尽可能减少失业；另一方面采取介绍就业、转业训练、以工代赈、生产自救、还乡生产、社会救济等多项措施扩大就业。从1949年到1957年，安徽共解决40.94万名失业人员的安置就业和生活救济。到1957年末，全省城镇在业人员达94.83万人，基本消除了失业现象，并形成了以招工为主、统包统配的城镇就业形式。

60年代初，受三年经济困难时期的影响，国家进行国民经济政策调整，严格控制企、事业单位增招新职工，同时精简下放1958年后新招收的职

工。由于城镇大量闲散劳动力得不到安置，新成长的劳动力又逐年增加，形成安徽第二次待业高峰。1959 年至 1961 年间，安徽城镇闲散劳动力累计达41 万多人。针对这种情况，从 1962 年起，安徽各地动员城镇闲散劳动力到国营农、林、牧、渔场安置，或将其输送到企、事业单位做临时工，或组织起来从事为企业生产和居民生活服务的经营项目，以缓解就业安置压力。1963 年 2 月，中共中央批转劳动部党组《关于加强城市闲散劳动力的安置和管理工作的报告》。安徽各地按照报告要求，一方面进行登记调查，摸清城市闲散劳动力的情况，一方面根据“统筹安排、城乡并举”的方针进行安置。1964 年 8 月，安徽省劳动局召开全省城镇闲散劳动力管理安置工作会议，动员社会各方组织兴办为企业生产、职工生活、市政建设、社会事业服务等项目及生活经营实体，广开就业门路。到 1965 年，全省以动员城市闲散劳动力上山下乡参加农业生产为主，同时根据城镇生产和人民生活需要，兴办服务事业，使城镇闲散劳动力基本得到安置。

1979 年，安徽调整城镇知识青年上山下乡政策，扩大留城知识青年的对象和范围，同时已下乡的知青大批返城，当年全省城镇待业人员共有58.58 万人，形成安徽第三次也是最大的一次待业高峰。针对劳动就业已成为严重的社会问题这一现状，1979 年 10 月，中共安徽省委、省革命委员会根据党的十一届三中全会精神，及时发出《关于进一步做好待业青年安置工作的通知》，提出发展集体所有制生产和服务事业，从城乡两个方面广开就业门路，安置城镇待业青年。1980 年 8 月，中共中央在《进一步做好城镇劳动就业工作的指示》中提出“三结合”就业方针，即“在国家统筹规划和指导下，实行劳动部门介绍就业、自愿组织起来就业和自谋职业相结合的方针”。安徽各地积极宣传、贯彻“三结合”就业方针，各级劳动部门按照改革开放的要求，解放思想，打破多年来形成的单一的“统包统配”就业形式，组织待业人员从事商业、服务业等第三产业；鼓励和支持城镇待业青年自愿结合、自筹资金兴办合作经济；推动全民单位办集体，扩大区、镇、街道原有集体单位，安置待业青年，鼓励和扶持城镇待业人员自谋职业从事个体劳动，并允许有技术专长的个体户少量雇工或带徒，纠正了过去重视全民所有制经济，忽视、限制集体经济和打击个体经济的做法。

1981 年 10 月，中共中央、国务院作出《关于广开就业门路，搞活经济，解决城镇就业问题的决定》。安徽各地在发展集体经济过程中，又着重抓了第三产业的发展，使城镇中长期存在的第三产业不足的情况得到明显缓解。通过产业结构的调整和“三结合”就业方针的贯彻执行，敞开了全民、集体、个体“三扇门”，拓宽了就业渠道，改变了过去那种由国家统一安置、主要依靠国营企、事业单位安排就业的状况，从而探索出一条符合中国国情和特点的新的劳动就业路子。到1984年，全省安置工作取得较大进展，历年积累的待业人员基本得到安置，实现了就业高峰的平稳过渡，劳动就业工作开始转入正常轨道。

（2）新型市场就业制度的确立。

进入90年代，改革开放的逐步深入，特别是党的十四大确立了社会主义市场经济体制的目标以后，80年代初提出的“三结合”就业方针显然不适应改革形势发展的要求。基于此，国家把就业方针调整为国家政策指导下的市场就业，即国家宏观调控、城乡协调发展、企业自主用人、个人自主择业、市场调节供求、社会提供服务。从此，统包统配的劳动就业制度进一步被打破，新型的市场就业制度开始建立。

90年代中期，随着社会主义市场经济理论和实践的进一步发展，国家把就业方针进一步调整为：在国家政策指导下，劳动者自主择业、市场调节就业、政府促进就业，使得就业方针更加简明，更加符合建立社会主义市场经济体制的客观要求。在这一方针指导下的新型市场就业机制逐步形成。

新形势下劳动就业工作重心开始转移，由管理城市就业转为统筹城乡就业。90年代以来，随着农村产业结构调整和农业劳动生产率的提高，在农村出现了相当数量的剩余劳动力。与此同时，随着经济开放地区、大中城市迅猛发展和城市建设、居民生活的需求，客观上需要大量的外来劳动力。因此，出现了农村剩余劳动力大量涌向城市、流向沿海开放地区的现象。农村劳动力的大量流动，一方面满足了城市建设和经济发展的客观需要，另一方面也产生了一些负面影响。在这种情况下，对农村剩余劳动力加强宏观调控，引导其合理有序流动已成为必然。于是，国家提出了做好农村剩余劳动力有序流动和就地就近转移消化工作，劳动就业的任务也由原先的单纯解决城镇就业问题转变为统筹城乡就业。

国有企业下岗职工基本生活保障和再就业成为首要任务。90年代以后，随着经济结构、产业结构调整力度逐步加大，国有企业改革的不断深入，计划经济条件下长期积累的矛盾在就业问题上日益显现，大量的富余人员已经成为制约国有企业改革和发展的一个重要因素。1995 年，劳动部提出实施再就业工程。同年，安徽在合肥、淮南等 5 个城市进行再就业工作试点，1996 年在全省全面推开。1997 年，省及各地、各有关部门均成立了再就业工作领导小组，以进一步加强对这项工作的领导。同年 6 月，省政府下发了《关于深入开展再就业工作的通知》和《关于切实做好我省企业职工解困工作的通知》两个重要文件，明确了全省实施再就业工程的 10 项政策和 10 条分流渠道，提出了建立三条保障线，建立工作目标责任制。1998 年 5 月，中共中央、国务院在北京召开了国有企业下岗职工基本生活保障和再就业工作会议。要求各地、各部门要将这一工作作为一把手工程、第一位的工作，放在首要的位置。同年 6 月，安徽召开全省国有企业下岗职工基本生活保障和再就业工作会议，并下发了《关于切实保障国有企业下岗职工基本生活和大力做好再就业工作的通知》。明确提出当前和今后一个时期的工作目标任务，即：主要解决国有企业下岗职工基本生活保障和再就业问题，把保障他们的基本生活作为首要任务，力争每年实现再就业人数大于当年新增下岗职工人数，争取用 5 年左右时间，初步建立起适应社会主义市场经济体制要求的社会保障体系和就业机制。通知还就规范下岗行为、建立和完善再就业服务中心、落实保障资金、加快社会保障制度改革、加大宣传力度、加强再就业培训、加快劳动力市场体系建设等提出了明确要求，并进一步明确了扶持再就业的政策。《通知》的出台，标志着安徽国有企业下岗职工基本生活保障和再就业工作从此进入了一个新阶段。

（3）劳动就业成效显著。

城市就业。从 1990 年到 1998 年的 9 年间，全省先后安置城镇失业人员 124.53 万人，城镇登记失业率控制在 3.5% 以下，基本保持平稳。这期间，就业结构发生了明显变化。1990 年到 1995 年，由于大力发展集体经济，使各种类型的集体经济，特别是劳动就业服务企业得到迅速发展，吸纳了大量人员就业。1995 年以后，由于社会主义市场经济的发展，国家提倡大力发展非国有经济特别是个私经济，个体私营企业得到迅速发展，使吸纳就业功能得到充分发挥，个体私营企业吸纳就业人员呈逐年增加态势。2007 年，全省从业人员 3818 万人，其中城镇从业人员 818.1 万人，第一产业从业人员 1640 万人，第二产业 904.9 万人，第三产业 1273 万人，第一、二、三产业的就业比重分别为42.9%、23.7%和33.4%。从失业率变化来看，城镇就业近十年来较为平稳，但1995年后随着国有企业改革的深入，部分企业破产兼并，失业人员增加，失业率略显上升趋势。1990年、1995年、1998年、2007年全省城镇登记失业率分别为2.7%、2.9%、3.21%和6%。

农村富余劳动力转移就业。安徽的劳务输出是从80年代初自发开始的。进入90年代后，农村劳动力发展较快，流动就业渐成规模。1993年，省委、省政府提倡要加快全省剩余劳动力向非农产业发展，并召开了全省劳务输出工作会议，推动了这项工作的开展。1995年国务院发文，对农村劳动力跨地区统一流动作出明确规定，规范了农村劳动力跨地区流动行为。通过近10多年来的努力，安徽劳务输出工作基本纳入合理、有序轨道。2007年，全省各级劳动保障部门推行培训、就业、维权三位一体的工作模式，抓好输出地和输入地双向对接的落实，以有组织输出带动多元化输出，劳务输出规模、质量都超过往年。截至2007年底，全省共转移农村富余劳动力1100万人，其中跨省流动就业800万人、省内流动就业300万人。劳务输出流向主要集中在长江三角洲、珠江三角洲和京津等经济发达地区，大多分布在服装加工、餐饮服务、电子操作、建筑施工、交通运输等行业；输出劳务较集中的地区有阜阳、巢湖、六安、安庆等地市。据测算，全年本省劳务输出净收入约500亿元，劳务收入占农村家庭纯收入的40%以上。

下岗职工再就业。1995年安徽开始全面实施再就业工程。到1996年底，全省共有下岗职工30.89万人。1997年全省累计下岗职工42.77万人，其中国有企业28.74万人，城镇集体企业13.35万人，其他所有制企业0.68万人。1997年全省共安置下岗职工25.91万人，再就业率达60.58%，其中国有企业安置18.2万人，占国有企业下岗人数70.24%。1997年全省共筹集解困和再就业资金1.83亿元。1998年全省国有企业全年累计下岗职工50.46万人，实现分流安置和再就业25.57万人，再就业率为50%；国有企业年末实有下岗职工24.89万人，其中进入再就业服务中心23.87万人，95.68%的下岗职工足额或部分领到了基本生活费。1998年全省共筹集国有企业下岗职工基本生活保障和再就业资金4.28亿元，用于再就业服务中心下岗职工基本生活保障3.79亿元，有力地支持了国有企业下岗职工基本生活保障和再就业工作的深入开展。2007年，各级各有关部门组织开展了再就业百日帮扶、民营企业招聘周、技能岗位对接等一系列专项活动，切实落实税费减免、小额担保贷款、社保补贴、职业介绍补贴、职业培训补贴、职业技能鉴定补贴等各项扶持政策，鼓励下岗失业人员自谋职业和自主创业，支持用人单位吸纳下岗失业人员，对就业困难人员实施再就业援助，取得积极成效。全省共帮扶下岗失业人员再就业25万人，其中就业困难人员再就业5万人，是实施积极就业政策以来最多的一年。

创业带动就业。2006年以来，安徽重点实施了以“你创业，我扶持”为主题的创业扶持工程，进一步落实政策、场地、培训、服务和维权等5大扶持政策，调动全社会的创业积极性。重点推进创业园（街）建设，全省建立了128个创业园区，开辟了129条再就业一条街，组织下岗再就业人员6.57万人入园（街），创办了1.27万个经济实体，提高了创业成功率。全省累计发放小额担保贷款8.8亿元，18万名下岗失业人员通过信贷支持实现自主创业或自谋职业。

劳动力市场体系建设。截至1993年底，安徽县以上劳动部门职业中介机构全部建立；1996年，全省乡镇劳动服务站基本建立。经过几年努力，1998年，全省共有各类职业介绍机构2214个，职业介绍从业人员达5378人。从1994年到1998年，各类职业介绍机构共接受求职登记、用人登记623.17万人，介绍成功520.78万人。安徽劳动力市场的健康发展，对促进城乡劳动力合理配置和失业人员、下岗职工就业及再就业发挥了积极的作用。截至2007年底，17个市、45个县劳动力市场信息系统局域网建成并投入运行，其中合肥、马鞍山等10个市还实现了同城区广域网连接，开通了就业服务网站，实现了网上求职和招聘。公共就业服务机构前台业务处理全部使用计算机，基本实现就业服务、失业保险等相关业务的资源共享，部分市网络已延伸到街道、社区和村镇。

通过全省上下的共同努力，安徽民生工程深入推进，民生建设遍及城乡，人民生产生活中的热点难点问题得到有效缓解，受到社会各界的广泛好评。中共中央总书记胡锦涛2008年两次视察安徽时都对民生工程给予充分肯定，并殷切希望我们要一项一项抓好落实，不断抓出成效。

人民群众得到真正的实惠。2007年和2008年，全省民生工程累计投入250多亿元，惠及5000多万城乡群众，人均受益近500元。全省180万人享受了农村低保、45.7万人享受了农村五保、5万户城市低收入家庭获得住房保障、4522万人受益于新农合、700万人受益于城镇居民医保、122万人获得城乡医疗救助、1万名贫困白内障患者实行免费复明手术、620万农村人口解决了饮水安全问题、建设农村公路“村村通”9000公里、844万中小学生享受“两免一补”政策、304万平方米农村中小学D级危房改造基本完成、48万高校和中职贫困学生获得资助。民生工程使困难弱势群体的生活质量有了明显改善，人民群众的幸福指数逐步提高。

建立起系统解决民生问题的政策框架。省政府连续两年发出3号文件，从有基础、有条件的事情做起，运用统筹的办法，系统设计民生工程政策框架。着眼于让群众直接得到政策实惠，2007年实施十二项民生工程，直接发放或补助到人的有9项，资金累计达54.55亿元，占资金总额的74%。2008年实施十八项民生工程，发放或补助到人的有13项，资金累计达124.58亿元，占筹资总额的73.99%。立足当前兼顾长远来规划政策目标，在全国率先实行农村低保、城镇居民医保改革，将义务教育经费保障拓宽至城市学校，用2年时间改造全省农村中小学危房，用5年左右时间建设城乡卫生服务体系、实现农村饮水安全、公路“村村通”和广播电视“村村通”目标，较好地兼顾了全省人民当前需要与长远发展的关系。着眼于实现公共服务均等化来逐步推进，力求循序渐进、滚动发展，努力实现困难群众最低生活保障、义务教育保障、医疗保险、医疗救助城乡全覆盖。项目设计由解决群众“生活难、看病难、上学难”问题提升到解决老有所养、住有所居、病有所医、学有所教等问题。打好基础，建好平台，逐步扩充内容，提高标准，为逐步实现公共服务全覆盖奠定了坚实的基础。

践行科学发展观。民生工程用有限的财力，在有限的领域，突出解决了一些人民群众最关心、最直接、最现实的利益问题，体现了科学发展观以人为本的核心；把解决民生问题寓于制度建设之中，逐步推进公共服务的全覆盖，体现了全面协调可持续发展的基本要求；立足当前兼顾长远来规划政策目标，逐步扩充内容，提高标准，体现了科学发展观统筹兼顾的根本方法；民生工程的巨额投入，也拉动了消费，扩大了内需，改善了农村基础设施条件，有力地促进了全省经济发展，体现了科学发展观的第一要义。

促进和谐安徽建设。民生工程作为和谐安徽建设的抓手和杠杆，有力地推进了各项社会事业发展。近3年来，生活保障类项目由4项增加到6

项，投入46.8亿元，农村低保、五保供养、计划生育奖励扶助等政策进一步完善了社会保障体系；医疗卫生类项目由5项增加到6项，投入75亿元，新农合、城镇居民医保、城乡卫生服务体系建设不仅缓解了群众“看病难”问题，还大大促进了卫生事业发展；教育资助类项目由2项增加到3项，投入79.8亿元，900万学生受益，304万平方米危房得到改造。注重帮助最困难的弱势群体，注重用民主的办法推进民生的改善，促进了民主法制建设，促进了公平正义，维护了社会稳定，形成了诚信友爱、充满活力、安定有序而又和谐相处的局面。

推进城乡一体化进程。“水泥路面通村村，农民兄弟多开心，农业产品变商品，为俺打开致富门。管他雨下三昼夜，骑车也像城里人，路旁盖起候车亭，让咱怎能不温馨。”这是涡阳县老干部魏绍杰盛赞农村公路“村村通”写的一首诗，充分表达了对城乡一体化的欣喜之情。如今农民住院看病也能像城里人一样报销医药费，马鞍山市农民全部用上了自来水，繁昌县、铜陵县等地农民出门坐上了公交车。民生工程着眼于统筹城乡协调发展，贯彻“少取多予”、“以城带乡、以工促农”的方针，加大了对农村的投入，改善了农村经济社会发展状况，有利于进一步缩小城乡差距，推进城乡二元结构向一体化转变。

密切党群干群关系。民生工程使老百姓真切地感受到了生活变化，感受到党的温暖和社会主义制度的优越性。池州罗成民歌第二代传人姜梦玉在《赞民生工程》中唱到：“家家用上安全水，农民看病有医保，五保住进养老院，老弱病残有低保，子女上学不收费，感谢党的好领导。”各级党委、政府工作人员深入基层、深入一线为群众办好事、办实事，兑现了承诺，改进了作风，提升了效能，巩固了党的执政基础，提高了政府的执行力和公信力，受到人民群众的普遍欢迎和广泛赞誉。

改善民生无小事，一枝一叶总关情。大诗人杜甫感慨社会苦难，民不聊生，作《茅屋为秋风所破歌》，“安得广厦千万间，大庇天下寒士俱欢颜，风雨不动安如山”。在新的历史阶段，学有所教、劳有所得、病有所医、老有所养、住有所居的夙愿渐渐圆梦成真，一张巨大的民生保障网正编织在神州大地、锦绣江淮上。展望未来，民生工程的深入实施，必将使广大人民群众更多更好地沐浴公共财政的阳光，共享多享改革发展的丰硕成果。

第六章 社会进步

60 年来，安徽伴随着共和国前进的步伐，全省人民在毛泽东思想和中国特色社会主义理论的指引下，在历届安徽省委、省政府领导下，艰苦创业，取得了社会主义革命和建设的巨大成就，社会阶级阶层结构的形成机制日趋合理，逐步呈现出现代社会结构的雏形；人们的精神面貌经历60 年的社会变迁特别是改革开放以来的重大变革，社会价值观日趋成熟。

一 社会阶级阶层结构变迁

1.60 年来的两次重大制度变革

1949 年以来的 60 年间，中国社会发生了两次重大的制度变革。在这个过程中，人民的政治 社会地位和经济状况也随之发生显著变化。这种大规模的制度变革和社会流动过程，对安徽社会阶级阶层结构的演变产生了决定性的影响。第一次重大制度变革实际上是一次社会根本制度革命。1949 年，中国共产党夺取了政权，随后按照马克思列宁主义思想的指导，借鉴苏联的社会主义制度模式，着手建立一套新的政治经济制度和体制。从此以后，在中国，国家与社会的关系进入一个新的阶段，这一阶段的基本特征是，新的党和国家制度逐步地、全面地控制社会的局面。与此次制度革命相伴随的，是公有制取代私有制、高度集中的计划经济体制取代半自然半商品经济体制、国家主导的重工业优先发展的工业化战略成为国家的主导经济发展战略。在这种格局下，新的制度安排、政策规定以及受其规制的经济体系，对人们的社会地位获得产生了特殊的影响，整个社会阶级阶层结构在宏观上简化为主要由工人阶级、农民阶级和干部（或知识分子）组成的“两个阶级一个阶层”的结构，当然，除了这些阶级阶层外，还存在其他一些社会阶级（如地主、富农、资产阶级等）。人们的经济地位在很大程度上取决于他们在国家再分配体制中所处的位置，因而他们的经济利益取决于他们在国家再分配体制中的权力地位，以及他们接近被国家高度集中的资源的途径与机会的大小，在这个意义上，人们的社会地位与其说决定于他们的经济收入和财富地位，不如说取决于他们在高度集中的计划体制结构中的位置。

第二次重大的制度变革实际上是具体制度即管理体制的变革，发生于1978年中共十一届三中全会以后，变革的基本动力是改革开放，目标是建立社会主义市场经济体制。体制变革的本质特征就是从高度集中的计划经济向市场经济转轨，简称体制转轨。社会转型则是指从传统农业社会向现代工业社会转型，从封闭社会向开放社会转型。对于具体的社会分化与流动过程来说，第二次制度变革同样具有深远的意义：逐步地改变了社会的资源配置机制，国家把越来越多的资源让渡给社会或市场控制；削弱了传统高度中央集权的再分配体制对人们的控制力，增加了社会的自由度；调整了发展战略和经济结构，扩大了就业空间，改变了职业结构；扩大了社会经济差距，推动了社会分化，催生了一些新社会阶层。改变了各个社会阶层在整个社会结构中的经济社会地位和相互关系，形成了一个现代社会阶层结构雏形。人们在国家的制度安排和政策规定下占有一定的社会地位，或者从一种社会地位流动到另一种社会地位。当然，这并不意味着，个人只能完全被动地接受制度安排和政策规定给予他的社会地位，相反，人们仍然可以并且必须通过自己的努力，利用各种条件，在国家制度安排和政策规定所设定的社会地位体系中寻找自己所期望的位置。因为，在不同时期及其政治、经济和社会生活领域，国家的制度安排和政策规定对个人或群体的地位获得的影响力是不同的，这就在不同程度上为个人的地位获得努力留下了空间和机会。

2. 社会阶级阶层关系的重建

1949年至1956年，安徽社会流动发生的宏观条件与全国一样，由几个重大的政治、经济事件或运动组成。一是旧的国家机器被打碎，新的国家政权也随之而产生，其权力或权威的科层体系，一直延伸到乡镇。农业合作化完成之初，覆盖全省的合作社成长为基层的政权组织，形成新的国家政权在农村的基础。这一新的国家政权科层体系，成为人们实现社会流动的主要阶梯。二是新的国家政权组织和推动的一系列民主改革和社会主义改造运动。其中，最主要的是农村土地改革、没收官僚资本，以及对农业、个体手工业和民族资本主义工商业的利用、限制与改造等。这一系列的运动使原有的社会阶级阶层结构发生了根本性的变革。人们在新的社会阶级阶层结构框架中确定自己的位置，寻找流动的机遇。三是高度中央集中的计划经济体制的初步形成。在国家统一部署下，到 1952 年，集中统一的，包括国民经济计划管理体制、财政体制、金融管理体制、流通体制、外贸管理体制、物资供应体制和劳动工资制度等在内的计划经济体制即在全省开始形成。但在 1949 年至 1952 年的国民经济恢复发展时期，国家实行新民主主义经济政策，计划经济机制尚未完全覆盖社会经济生活的所有方面。市场因素还在很大程度上发挥着作用，形成一种计划与市场共同发挥作用的格局。1953 年，我国进入第一个五年计划时期。1954 年 9 月，第一届全国人民代表大会第一次会议通过了《中华人民共和国宪法》，正式确立了中国社会主义的国家制度、政治体制和经济管理体制。随着统购统销制度的实施和社会主义改造运动基本完成，到 1956 年底，生产要素市场基本消亡，产品市场也在国家的计划控制之下，形成了以指令性计划为主、指导性计划为辅的计划经济体制，国家控制几乎全部社会资源的制度格局基本形成。

到 1952 年底，安徽农村土地改革基本完成。土改运动使农村各阶级阶层的经济社会等级关系发生重大变化：富农在土改后成为农村经济实力最强的阶层，但这并不意味着他们的社会—政治地位也处于同一水平，对于新的国家政权来说，仅仅属于被中立的对象；贫雇农拥有的土地和耕畜数都得到增加，在农村新社会阶级体系中的政治—社会地位上升到最高水平，又因为在土改中明显获益而成为新生国家政权的依靠力量；中农的经济地位高于贫雇农，而作为新政权的团结对象，其政治社会地位低于贫雇农，高于富农和地主；地主的社会地位则降到了农村社会的最低水平，拥有的土地最少，其以往积累起来的家庭财产被没收，作为一个封建剥削阶级，被视为消灭的对象。由此，农村社会的基本阶级阶层位序，已经从土改以前的地主、富农、中农、贫雇农颠倒为贫雇农、中农、富农、地主。农村各阶级阶层在土改中获得的政治属性和含义，逐渐成为各自的政治身份标签，并对各阶级阶层成员的经济社会生活产生深远的影响。一个人的阶级成分一旦在土改中被划定，不仅决定其如何参加土地的重新分配，而且也决定其在未来的社会结构中流动的机会和可能性。例如，贫雇农是农村土改的主要依靠力量，中农是团结对象。因此，按照当时的有关规定，农民协会是领导农村土改的主要组织形式，其主要领导应当符合以下两个基本条件：一是阶级出身以贫雇农为主；二是能够积极参加土地改革运动，在政治上忠诚可靠。这样，其他阶层出身的人，除中农外，不可能成为农村社会的管理者，而只能是被管理或专政的对象。

1949 年至 1952 年，在中国共产党领导下，安徽人民集中力量进行城市经济恢复工作，一方面没收官僚资本组建国有工业经济；另一方面实行利用、调整和限制政策，支持民族资本主义工商业恢复和发展。4 年间，没收了 79 家官僚资本企业。工业总产值从 3.4 亿元增加到 6.5 亿元，年均增长率达到 23.2%。这些政策措施，在城镇社会阶层演变方面产生了多方面的影响。首先，没收官僚资本从经济上消灭了买办和官僚资本家阶级，也使得为外资企业服务的买办阶层因失去依托而归于消失。其次，民族资产阶级获得了一定程度的发展，据统计，1952 年私营工业产量较 1950 年增长 40%，职工人数增长 50%。但是，民族资本主义工商业的发展被认为具有两面性。一方面，这种发展为国家工业化和国民经济的恢复作出了贡献；另一方面，资本主义生产关系和运作机制不断表现出与中国共产党建设社会主义的目标相矛盾的一面。资本家在完成加工订货、经销、代销的过程中唯利是图，同时对国家工作人员进行收买，造成了一系列后果。针对这一系列问题，1951 年至 1952 年，国家在城市开展“五反”运动，清算资本家行贿受贿、偷税漏税、盗窃国家资财、偷工减料以及盗窃国家经济情报等罪行。在此次运动中，资本家受到沉重打击。与此同时，个体工商业者阶层随着国民经济的恢复得以发展。在政治上，个体工商业者被界定为劳动者却也不属于工人阶级，因此他们的政治地位介于工人阶级与资本家阶级之间。一般情况下，个体工商业者被认为属于小资产阶级，因而，在以后的社会主义改造运动中，个体工商业者也属于被改造的对象。而工人阶级的人数大量增加，地位明显上升。在国民经济恢复时期，全省工业的发展带动了工人阶级队伍的扩大。在私营部门，随着资本主义工商业在这一时期的发展，其从业人员规模也有所扩张。在公有制工业企业中，产业工人已经成为政治和经济上的主人翁。而在民族资本主义工商企业中，虽然资本家和企业主仍然是名副其实的所有者和管理者，工人和职员则属于雇佣劳动者，但后者的政治—社会地位有显著上升，因为在新的国家政权主导下，他们至少在政治上被赋予了国家主人翁的地位，他们在私营企业中的民主权利和根本利益也得到确认和保护。

中华人民共和国成立后，中共安徽省委、省政府在全省乡以上进行政权建设，形成一个新的国家与社会管理者阶层。1952 年，全省国家机关、政党机关和社会团体工作人员达到 9.5 万人。进入这一阶层的，主要是军队转业干部，以及一部分从城乡积极分子中成长起来的、没有军队背景的地方干部。当然，还有大量旧社会的职员留在国家和社会管理部门工作，但是，他们显然不能充当有职有权的管理者角色。不仅如此，他们还在 1951 年至 1952 年的“三反”运动和 1955 年至 1957 年的肃反运动中受到冲击。这样，在城市社会，新的阶级阶层体系就由干部（他们在政治上被归入工人阶级范畴）、工人阶级（包括产业工人以及商业服务业普通职工或雇员）、知识分子、个体劳动者和资本家阶级等主要阶级阶层组成，各个阶级的政治地位基本上以工人阶级为最高，而以资本家阶级为最低。综合全省城乡阶级阶层新结构，1956 年以后的全社会阶级阶层关系变化成为：工人阶级（包括干部、产业工人、商业服务业员工）、贫雇农（属于半无产阶级）、小资产阶级（包括中农、知识分子、个体劳动者等）、资产阶级（包括民族资产阶级、富农等）、地主和官僚买办资产阶级等。工人阶级的政治地位最高，贫雇农被视为工人阶级的同盟军，而地主和官僚买办阶级的政治地位最低。

3. 社会二元身份结构的确立

从 1957 年起，中国社会开始进入一个新的变动时期。政治上，“反右”、“反右倾机会主义”、“社会主义四清”三次大的群众性政治运动，其根源是“左”倾意识形态的日益膨胀。经济上，随着 1956 年社会主义改造的完成和 1958 年“人民公社化”的实现，计划经济体制最终确立，国家完全控制了全社会的经济资源配置权力，因而整个国民经济的发展也完全处于政治意识形态的总体控制之下，经历着“大跃进”、粮食危机与大调整的巨大波动。在社会生活中，一方面人们的社会关系继续高度政治意识形态化，解放初期经过根本性的制度变革和颠覆而形成的阶级阶层结构、位序关系及其政治含义被凝固化；另一方面阶级斗争话语在“左”倾意识形态的主导下向“人民”内部和思想领域延伸，人们的社会地位仍可能发生跨阶级阶层的流动。

1958 年 2 月，在中央提出“生产战线上来一个大的跃进”的精神鼓舞下，中共安徽省委和省人民委员会制定全省国民经济未来 5 至 7 年发展规划。在“大跃进”高潮中，安徽贯彻中央的指示，于 1958 年 9 月开始在农村掀起“人民公社化”运动。到 1961 年，大量农村人口爆发性涌入城市，全省城镇人口 5 年净增 191 万人，每年平均增长 38.2 万人，是新中国成立以来年均增长 8.3 万人的 4.6 倍。城镇化率由 1957 年的 8.96% 骤升到 1958 年的 12.46%，直至 1960 年的 16.10%。1961 年到 1965 年，随着全省一大批建设项目停建、缓建，城镇人口连续 5 年出现负增长。1965 年，安徽省城镇化率下降到 11.59%，比 1960 年下降 4.51 个百分点。一批城市人口被动员离开城市，在“大跃进”时期从农村新招收的职工以及“盲目”流入城市的农村人口被要求返回农村。城乡分治的户籍制度就此建立，限制农村人口进城的城乡二元社会结构最终定型。这一时期，国家主导的工业化继续推进。国民经济的产值结构变动趋势是，第一产业的份额继续下降，第三产业的份额在经历一段时间的上升后也呈下降趋势，只有第二产业的份额持续上升，这种趋势使得第二产业的就业结构偏差不仅没有缩小，反而持续扩大。

社会主义改造完成以后，安徽城镇就业主要实行统包统配制度。这种就业制度的基本目的，是要实现全面就业，而其核心运作机制，则是劳动用工管理上高度集中和所有制上追求全民化。这种制度限制甚至取消了实际用人单位的劳动人事管理自主权，各级劳动部门与各种用人单位的行政主管部门几乎统揽了城市劳动就业管理权，形成了日趋单一的就业结构。到 1965 年，全省城镇就业人口中，全民所有制单位职工 99.3 万人，集体所有制单位职工 56.7 万人，私营个体劳动者 6 万人。这样的就业制度安排，在城市造就了以固定工（铁饭碗）、大锅饭、单位制为特征的就业体系。在劳动管理权方面，针对当时的固定工形式的职工能进不能出的弊病，安徽从 1958 年初开始试行两种就业制度，即对原有工人和干部继续实行固定工制度，对新招收工人实行合同工制度；对于从农村招收的职工，则实行亦工亦农制度，合同期满，来自农村的职工仍回农村务农，并且规定，县以下企业增加工人基本实行亦工亦农的合同工制度。在这种就业制度下，城市职工的就业形态基本被划分为两种，即固定工（正式工）与合同工（实即临时工）。通常，正式工的社会经济地位普遍高于临时工。固定工与临时工的划分，无疑分别在全民所有制职工和集体所有制职工之间增加了新的层级，因而转正就成为许多临时工实现向上的社会流动的主要努力方向。城镇分配制度改革的宏观层次是中央向地方下放财权和税收权以及扩大企业财权，而在微观层次则是改革工资制度。

1956 年 6 月，安徽省实施国务院通过的《关于工资改革的决定》和《关于工资改革中若干具体问题的规定》，其主要内容有：取消原有的工资分配制度和物价津贴制度，直接以货币规定工资标准；统一和改进工人工资等级制度，对企业工人一般实行八级工资制；改进企业职员和国家机关、事业单位工作人员的工资等级制度，对企业职员实行职务等级工资制，划分为 13 类，每一类职务的工资又被划分为若干等级；机关事业单位也实行职务等级工资制，工资标准分为 30 个等级，最高工资标准是最低工资标准的 28 倍。在企业工资方面较多地提高重工业企业的工资水平。从社会地位看，可把八级工资制度和职务工资等级制度视为工人与干部两个身份群体内部的制度化。当然，由于平均主义分配观念的影响，城镇职工的工龄以及他们在劳动人事档案身份体系和单位所有制身份体系中的归属，往往成为决定他们的工资等级的主要因素。对于干部的职务升迁而言，除了他们的能力与政绩外，各种关系（社会资本）以及政治形势的需要也往往是重要决定因素。同时，决定干部职工实际收入水平的，除了他们的工作表现及其所属单位的经济绩效外，还有所有制差别、行业差别和地区差别，同一个工资等级在不同地区和行业有明显的不同，全民单位的工资收入尤其是福利收入水平也大大高于集体单位。通常，那些个人能力较强或有社会关系的人，能够找到机会，从收入水平较低的行业或集体单位流动到较高的行业或全民单位。跨地区的流动通常发生在级别较高的干部之间，其途径则是国家按照“需要”做出的调动安排。普通职工的跨地区流动十分困难，他们能够采用的方式主要是对调，即两个在不同地区工作的人，以夫妻团聚或照顾年迈老人为理由，互换工作单位。

这一时期，全省农村也逐步形成一种特殊的分配关系。“人民公社化”初期，农村的分配制度具有这样几个特点：否定按劳分配，实行平均主义的供给制，大办公共食堂，“吃饭不要钱”；贫富拉平，把原属农村合作社的全部公有财产转为公社所有；无偿调拨，平调公社的土地、劳力和其他生产资料；国家对农村进行高征购、高收款。这种分配制度对农村的生产和生活带来的破坏十分严重，以致这些极端做法很快就难以为继。1959年初，安徽贯彻落实中央对农村人民公社进行整顿的政策，放弃了对“一大二公”的不恰当制度追求，重新肯定农村人民公社的集体所有制性质。1962年2月，中共中央发出《改变农村人民公社基本核算单位的指示》，9月，中共八届十中全会通过《农村人民公社工作条例（修正草案）》（简称《六十条》），这些文件正式确立了“三级所有、队为基础”的体制，把组织生产和进行分配的单位统一起来，从而解决了人民公社内部生产队之间的一度日趋严重的平均主义问题。此后，农村的分配关系表现为宏观上的平均主义分配原则与微观上的两种实际差别并存的格局。其中一种差别存在于不同的生产队之间，其基础是各生产队占有的资源多寡以及农业生产经营的好坏；另一种差别是基于个人劳动力强弱的“工分”等级和家庭劳动力的数量差别。在同一个生产队，劳动力又多又强的家庭能够挣得更多工分，在年终分配时自然能够获得较多收益，生活水平相对较高；而人口多、劳力少的家庭，最初可能处于透支（亦即负债）状态，生活更穷更苦。在生产队之间，从穷队流向富队的机会，基本上是妇女的“特权”，她们可以通过婚姻实现这种流动。另外，极少数妇女还可以通过同样的渠道从农村流向城市。

新中国成立之初，安徽对农村人口向城市转移的限制尚不严格，并且，当时城市工业的急剧扩张导致了对劳动力的大量需求，政府在以行政手段按计划从农村征调劳动力进城的同时，还允许农民自由进城就业。1961年以后，为保证资本密集型工业化以较低社会成本推进，必须限制农村人口进城。为此，安徽陆续采取各种制度安排和政策规定，逐渐完成了把城乡隔离开来的制度化过程。其中最主要的相关制度安排和政策规定有：禁止城镇单位自主招用农村劳动力的劳动用工制度，这种制度使得农民务农、市民做工成为制度化的社会分工；基于农产品统购统销的粮油供应制度，国家只负责城市非农户口的粮油供应，不负责农业人口的粮油供应；仅仅覆盖城镇居民而排斥农村居民的各种社会福利制度；严格限制农民未经国家允许而以任何方式自流进城的户口制度。这一系列制度安排，最终造就了城乡二元化的户籍身份等级体系，形成农民与市民两种基本身份群体。

而农村“人民公社化”则为这种二元户籍身份等级制度的有效运作提供了最为有力的支持。在二元户籍身份制度的强制约束下，两大身份群体之间的相对流动非常困难。农民除了通过上学、参军以及城市招工等极为有限的路径外，很少再有流动到城市的机会。市民一般天生就拥有在城市居住、生活和就业的权利，只是在某些特定政治经济背景下，他们中的一部分人才会被“下放”到农村居住，而且，即使“下放”农村的市民，也保留着返回城市的资格。

4. 社会阶级阶层变迁的失范

从1966年起，中国社会进入“文化大革命”十年动乱时期。这一时期的宏观社会、经济、政治生活被进一步高度政治化；上层思想斗争与权力斗争演变为几乎触及全社会的残酷的政治斗争；经济生活处于不稳定状态，国家主导的工业化在继续推进，但对社会阶层结构的现代化仍然没有产生任何积极作用；城乡关系中的单向封闭格局更为严厉，农民更少有机会进入城市，城市居民则大规模向农村倒流。总之，这一时期的社会流动在某种意义上呈现出大规模的更加不规范。在安徽，有以下几个趋势：一是以“文化大革命”为主题的全民性政治运动同时造成了向下的流动与向上的流动：一些人在运动中被打倒，一些人在运动中发迹。二是经济发展不足，就业压力巨大，造成第二次大规模城乡人口逆向流动。三是工业化仍在推进，尤其是“三线建设”的进行和农村工业化的复兴，在没有城市化的情况下，推动了就业结构的初步转变，农民有了在不改变身份的条件下改变职业的机会。四是分配制度和劳动用工制度再次改变，分配上的平均主义更加彻底，劳动用工制度重新走向单一化，体制性待遇较低的临时工等获得了向上流动的机会。五是影响人们社会流动的教育体制反复变化，在前期堵塞了一种正常的社会流动机制，而后期的恢复造成一种同样不正常的流动机制，即所谓推荐制度下形成工农兵大学生时代。这一时期社会流动的特征在两个方面表现得更为突出：一是正常社会流动机制受到更大扭曲，例如教育处于停滞状态，个人的知识技能水平越高，政治上受到打击的可能性越大；二是权力资本和社会资本在升学、就业、参军、提干等方面的作用更大。

“文化大革命”是一场旷日持久的社会动乱。安徽面临冲击和打倒命运的群体，主要有以下几类：（1）“走资本主义道路的当权派”，即是全省各级党委政府的掌权者。一大批人被扣上“叛徒”、“内奸”、“工贼”、“特务”、“走资派”、“反革命修正主义分子”等各种罪名而被打倒，其中不少人被迫害致死，还有一批人被剥夺职务和权力。（2）文教领域被认为执行了资产阶级文艺路线和教育路线的人，主要是一些有成就的学者、专家、文学家、艺术家、出版家，他们通常被戴上各种“反动权威”的帽子。（3）与上述两类被打倒者有牵连或者为他们鸣不平的人，受到株连。（4）在土改、反右派斗争等运动中被划为地富反坏右分子，他们不可避免地要再次受到冲击，他们的子女在运动中普遍受到歧视和打击。在城市，他们中许多人被取消市民身份，驱逐下乡。这些受害者的政治地位和社会地位在这一时期经历了向下的社会流动。当然，在这场运动中，也有一大批人通过“造反”和整人获得了暂时向上流动的机会。

“文化大革命”对全省国民经济的破坏是空前严重的，工业停顿，大学关门，大批青年学生就业无门、升学无望，以致城市积压了大量等待就业安排的劳动力。1966 年至 1968 年三届高初中毕业生滞留学校，无事可做。他们成为“文化大革命”初期造反的基本队伍和红卫兵的主体。面对如此严重的就业问题，国家确定了中学生分配应该面向农村、边疆、工矿、基层，即“四个面向”（实际只能是两个“面向”，即面向农村和边疆）。安徽省的“上山下乡”运动从 1968 年开始，到 1978 年，全省下乡知识青年总数相当于当时城镇就业人口的 13% 左右，波及 1/3 以上的城镇家庭。在城市知识青年被大批安置到农村就业的同时，还有相当多的城市职工、干部也被动员下乡。知青下乡和城镇职工、干部下放农村，其结果导致这一时期安徽城镇化水平徘徊不前。

这一时期工业化仍在推进，尤其是“三线建设”的进行对安徽工业的提升起了较大促进作用。安徽处在“三线建设”的范围内，从上海等沿海地区陆续迁入一批企业，带动了安徽工业的快速发展。而“三线建设”也促进了农村工业化的复兴，推动了就业结构的初步转变，农民有了在不改变身份的条件下改变职业的机会。安徽工业化和乡村工业化的发展带来非农就业率的提高。“大跃进”时期是农村社队企业发展的第一个高潮时期，但由于“三年困难”时期过后的调整，社队企业受到极大压缩。1966 年，毛泽东在《五七指示》中提出，农村人民公社“在有条件的时候，也要集体办一些小工厂”，从而推动了社队企业的恢复发展。1970 年，国务院召开北方农业工作会议，提出 10 年后实现农业机械化的设想，推动安徽农村工业化进入第二个高潮时期。这些社队企业从业人员短期地实现了职业身份的转换，但没有实现城乡户籍身份的转换，这是一种没有城市化的农村工业化。1965 年，安徽第二产业的从业人员只有 54.6 万人，到 1978 年增加到 192.2 万人。

5. 社会阶级阶层流动模式的转换

从 1978 年起，中国社会进入第二次制度创新阶段，包括在政治上放弃阶级斗争并纠正以前的错误政策，在经济上开始体制改革，逐步引进市场机制，同时调整工业化模式等重大制度和政策变革。这次制度创新对安徽在社会分化与社会流动方面产生了重大的影响：原有的阶级阶层出现大规模分化，新的社会阶层逐渐形成；界定各阶级阶层之间关系的依据，不再是政治意识形态理论，而是现实的经济社会利益差别；人们在不同社会地位之间的流动，在制度安排和政策规定不断松动和改革的过程中，变得越来越依赖于他们自己所掌握的资源以及为了实现流动而付出的努力。在这一时期，安徽社会阶级阶层的流动模式产生了转换。主要有以下几种趋势：一是通过平反冤假错案以及“摘帽”等一系列政治举措，终结了依据政治标准判别人们阶级属性的做法，大批社会成员回归正常的政治经济社会生活轨道。二是率先在农村进行了经济体制改革，家庭联产承包责任制的全面推行，以及农产品价格的调整，促进了新的社会阶层的产生。三是劳动密集型的产业迅速恢复和发展，乡镇企业异军突起，城镇化进程加快，就业空间大规模扩张，职业结构日趋多样化。四是教育体制发生根本性的变革，高考制度恢复，各级各类教育事业迅速发展，大大地增加了全社会的教育机会。这一时期的制度安排和政策规定促进了社会分化和社会流动。

1978 年，中共安徽省委贯彻中共中央精神，在全省着手开展大规模平反和“摘帽”工作。主要是平反“文化大革命”及以前历次政治运动造成的冤假错案以及摘掉各种政治上受歧视的社会阶级阶层的帽子。平反工作于 1981 年前后完成，使全省十几万干部洗清历次政治运动加在他们身上的一切诬陷不实之词，重获干部身份，很多人恢复了职位。此外，在“文化大革命”中受到清查和迫害的其他数十万人，也都得到妥善安排，摘帽工作同时展开。1978 年，经过反复斟酌和讨论，安徽省委决定摘掉全部“右派分子”的帽子，摘帽以后，他们也不再像以往那样被叫做“摘帽右派”，在提职、提级、调整工资、奖励、授予职称等方面，都获得平等对待。同时，以1957年的中央规定为依据，安徽省对所有被错划的“右派分子”进行改正，恢复工作和原来的工资待遇。1979年1月，中共中央作出《关于地主、富农分子摘帽问题和地、富子女成分问题的决定》，安徽省对所有多年来遵守政府法令、老实劳动、不做坏事的地主、富农分子以及反革命分子、坏分子，一律予以摘帽，并给予农村人民公社社员待遇，其子女在入学、招工、参军、入团、入党和分配工作等方面不受歧视，与普通社员一样拥有选举权和被选举权。同时摘掉工商业者及其资本家代理人帽子，对原私营工商业者、小商小贩、小手工业者及其他劳动者恢复社会主义劳动者的身份。1978年，邓小平在全国科学大会开幕式上讲话，提出知识分子“绝大多数已经是工人阶级和劳动人民自己的知识分子，因此也可以说，已经是工人阶级自己的一部分”。从此，安徽知识分子的经济社会地位也逐步得到改善，一方面他们的经济待遇提高了，另一方面建立了正常的专业技术等级评定制度，从而确立了正常流动结构和机会空间。

1978年12月，中国共产党十一届三中全会的召开，启动了中国体制改革的进程。这次全会确定了党的工作重心转向经济工作的大方向，并提出了恢复和建设社会主义商品经济的初步思路和设想。与经济体制改革相配套，国家还进行了初步的政治管理体制改革。从社会变迁的角度来看，体制改革导致了若干新的社会分化、流动机制的出现。

经济体制改革首先从农村取得突破性进展，安徽凤阳小岗村率先实行家庭联产承包责任制，以后在全国得到推行。家庭联产承包责任制的实质，在广大农民眼里就是分田到户，农业生产不再以生产队为单位集体安排、组织，而是以农户为单位来安排和组织；收获物的分配，用农民的话说，就是“交足国家的（征购）、留够集体的（村提留乡统筹），剩下全是自己的”。家庭联产承包责任制使安徽几千万农民从集体劳动者转变为基本自主的家庭经营者，基本掌握了最主要的农业生产资料，即土地的使用权和收益权。同时，按照宪法，他们还作为村集体成员对土地享有集体所有权，这样，在某种程度上，他们的身份相当于以往的自耕农。另外，与家庭承包责任制改革相配套的农村经济体制改革还包括：缩小农副产品统购派购的范围并降低征购指标；逐步放开农副产品的价格，使其由市场来调节；

开放城乡农副产品集贸市场；调整农村经济结构，鼓励多种经营；允许一部分人先富起来，进而带动其他人共同富裕，从政治上解除禁锢人们的发家致富欲望的传统桎梏。

农村经济体制改革逐步形成了农村社会新的分化与流动机制。首先，农户和农民个人获得了对土地等农业生产资源的使用权和经营权，相应地，他们也获得了对完粮纳税后的剩余农产品的处置权。这样，决定农民的生存状况和生活水平的，便不再是集体的生产经营能力和水平，也不再是农户在生产队挣工分的能力，而是农户自身的生产经营能力和经营水平。无论他们曾经的阶级身份是什么，其发展起点和机会都是基本平等的。其次，由于家庭生产经营成果直接与农民的收入水平挂钩，生产积极性得到极大的调动，促进了农村经济的高速发展和农民收入的快速增长。越来越多的农户有了一定的积累能力。在此基础上，农村社会由于不同的农户生产经营水平的差异而开始出现收入与财富积累的分化。一部分农户由于有较强的生产经营能力，逐渐上升为专业经营大户或所谓“万元户”。这种分化在农村社会内部形成了新的流动空间和机会。再次，农民能够进入的生产经营领域不断拓展，农户获得了新的选择和发展机会。在改革开放的过程中，一部分农户的家庭副业生产经营范围，逐步从养殖业、种植业和简单的手工业发展到加工业、运输业和商业。这意味着，他们无须通过社队企业、城市招工或上学参军，就能自主实现职业转换。这一时期，农民分化和流动的机制具有充分的自主性，很少受制于国家的计划安排，具有较高的后致性，农户的生产经营能力和经营绩效是主要的决定因素，再分配机制率先在农村被市场机制取代。

在这一时期，安徽进行了扩大企业自主权改革以及企业分配制度的改革。扩大企业自主权的改革从1979年正式开始。按照国务院正式下达的《关于国有工业企业经营管理自主权的规定》等一系列改革文件，企业获得了多项权力，其中有三种权力至为重要，一是部分的资源配置权和利润、资产处置权，二是国家计划指标下的职工招收和奖惩权，三是国家定员定额范围内的机构设置与中下层干部任免权。这些权力被下放到企业后，实际上就被掌握在企业的主要经营管理人员（尤其是厂长）手中。扩大企业自主权的改革在社会分化与流动上也有三个重要结果：首先，国有企业开始形成自己独立的利益，从而开始成为具有内在利益驱动力的经济单位，同时也迫使企业重视市场调节对其生产经营的作用。相应地，国有企业的经营管理人员开始从传统计划经济体制下的国家经济管理干部向市场经济体制下的企业经理人员转变。其次，城镇劳动就业实现机制发生变化，从而导致企业管理者与普通职工之间的传统关系尤其是传统的权力—地位关系发生变化：以前主要由国家掌握的组织（权力）资源，越来越多地被转移到企业管理者手里，无论是招工还是奖惩决定，都将不再出自政府，而是主要出自企业管理者。组织资源的这种重新配置，无疑将在企业的管理者与被管理者之间形成愈益鲜明的阶层化差异。再次，企业内部流动机制发生相应变化。一方面，企业可以根据需要，设置新的机构，这就至少可以增加企业内部的中层管理职位数，从而增加企业内部的向上流动机会。另一方面，既然企业有权任免中层干部，企业负责人就可以根据自己的标准进行提拔或黜免。在这个变化过程中，能干的管理人员和技术人员将比普通员工获得更多的向上流动机会，因为他们对企业自身利益的实现作出贡献的能力大于普通员工。随后的国有企业改革，基本上是沿着这个方向演变的，企业内部的分化与流动机制的变化也沿着这个方向不断深化。国有企业内部的经营管理人员与普通职工分化为两个权力地位不同的阶层。

随着“文化大革命”的结束，1977 年恢复高等学校招生考试，安徽教育开始走上正轨，现代社会的主要社会流动机制重新发挥作用。1977 年 10 月 12 日，根据邓小平的意见，国务院批转了教育部《关于 1977 年高等学校招生工作的意见》。文件规定：工人、农民、上山下乡和回乡知识青年、复员军人、干部和应届毕业生，凡是符合条件者，不管其家庭出身如何，均可报考。考生要具有高中毕业或者与之相当的文化水平。恢复统一考试，录取原则是德智体全面衡量，择优录取。与“文化大革命”时期的大学招生制度相比，这一时期大学招生制度的突出特点是，考试分数几乎成为录取与否的唯一决定因素，既不考虑个人的家庭出身，也不需要工作单位（包括农村公社或大队）的推荐意见，而且当时的大学生可以获得一笔足以维持生活的助学金，这一时期的高等教育成为最公平的社会流动影响因素。

干部一直都是政治经济社会地位较高的群体。新中国成立以来，国家赋予干部身份、地位和待遇是全社会最好的。20 世纪 80 年代，邓小平为干部人事制度改革确立了基本指导思想和原则，这就是“打破老框框”，“大量培养、发现、提拔、使用坚持四项基本原则的、比较年轻的、有专业知识的社会主义现代化建设人才”。据此，从1982年起，安徽省对干部人事制度改革进行了大量探索，取得了积极成效。第一，确立新的干部人事工作指导思想和干部“四化”（革命化、知识化、专业化、年轻化）的方针；第二，建立老干部离退休制度，基本上实现了新老干部交替正常化；第三，改革干部人事管理体制，确立了干部分类管理制度，下放干部管理权限；第四，进行了改革各项管理制度的大量尝试，打破干部任用上的单一委任制模式，采用委任、选任、考任、聘任等多种形式；第五，干部人事管理观念和方式也发生了很大变化，公开、平等、竞争等新观念逐步深入人心，人事管理的封闭状态有了很大改变，开始向法制化、科学化发展。

20世纪80年代前后，尽管干部、非干部二元人事档案等级制度尚未被破除，干部本身仍然是一种身份而不仅仅是一种职业，但是，干部人事制度的改革毕竟在该制度范围内形成了一些新的流动机制。第一，年轻化和公开考试制度的确立，为不具有干部身份的人进入干部系列提供了机会或可能，亦即非干部身份与干部身份之间的等级界限是可以被跨越的。第二，离退休制度的确立废除了干部终身制，因而即使干部系列的职数不变，年轻一些的下级干部也有较多升迁机会。第三，知识化、专业化的要求使得具有干部身份的专业技术人员，有机会凭借自己掌握的文化资源（文凭），进入各级权力核心。正是在这一时期，有一大批来自学校和科研单位的专业技术人员进入了权力部门，担任领导职务，以后，文凭越来越成为决定人们能否进入干部系列以及能否升迁的重要约束条件。第四，“革命化”的要求实际上意味着能力—政绩标准，在以经济建设为工作中心的时代，干部创造政绩的关注重点，从阶级斗争转向经济发展和社会进步。

党的十一届三中全会以后，发展非公有制经济成为我国经济必要的和有益的补充。从20世纪80年代初期开始，安徽逐步改变了有关所有制的意识形态偏好、制度安排和政策规定，允许并鼓励非公有制经济发展。这对安徽社会分化产生了深远的影响，催生了两个新的社会阶层：个体工商户与私营企业主。私营企业的发展所面临的制度与政策环境复杂得多，因而其发展也更加曲折和隐蔽。但是，一旦个体工商户得到发展，有关的政策界线就会被不断突破，从而终将使私营企业的发展形成水到渠成的必然趋势。从1983年起，雇工超过8人这一政策界线的私营企业，以各种隐蔽的形式迅速产生和发展起来。在安徽乡镇企业中，有相当多的企业实际上是私营性质的，即使是乡村集体企业，也具有不同于纯粹公有制的集体企业的混合经济特征，这些企业中的个人投资占了相当的比例。1988 年，《宪法修正案》获得通过，私营企业获得合法地位。生产性经济资源的私人占有获得合法性，并成为除组织资源和文化资源以外人们可以利用来实现社会流动的第三种资源，逐步造就了相对独立的经济精英。

6. 现代社会结构雏形逐步呈现

从 1992 年起，在邓小平南方谈话的推动下，中国改革开放的主题，被正式明确地确立为建立社会主义市场经济体制。1993 年党的十四届三中全会通过了《中共中央关于建立社会主义市场经济体制若干问题的决定》，确定了社会主义市场经济体制的基本框架。此后，市场经济体制建设取得重大突破性进展，逐步形成了以公有制为主体、多种经济成分共同发展的格局，对建立现代企业制度和公有制的多种实现形式进行了大量探索，实行股份制、股份合作制的企业改制在不同所有制层面上获得程度不同的进展，市场机制在资源配置和经济生活中的调节作用越来越大，经济领域的市场化程度不断提高。到 1997 年党的第十五次全国代表大会召开，中国经济体制从计划到市场的转轨在宏观制度层面上初步完成。随着市场经济体制的最终建立，安徽这一时期的社会分化愈益加快。在各种因素的影响下，社会各阶层的职业地位（权力、收入和声望等）发生了程度不同的升降变化，相互之间的关系也经历了较为明显的调整，逐步形成了新的阶层结构。在这种结构中，不同阶层所处的等级位序也初步被确立起来。而这种阶层结构与现代社会阶层结构之间存在一定程度的类似性，将其称为现代社会阶层结构的雏形。与此同时，在政治制度和相关政策不再直接规定人们的阶级阶层属性和地位的情况下，在强调市场主体的相对独立性的社会主义市场经济体制被确立为国家基本经济制度的基础上，一种新的社会流动模式正在形成，宏观结构性流动和微观个体性流动的结合，逐步成为这种新的社会流动模式的主要内涵。

到 1998 年底，全省国内生产总值 2805 亿元，按可比价格计算，比 1978 年增长 6.8 倍，平均年递增 10.8%。1979 年到 1998 年的 20 年间，城镇化率由 1979 年的 12.97% 上升到 1998 年的 22.33%，累计上升 9.36 个百分点。进入新世纪，安徽经济社会发展水平进一步加快，全省人民在省委、省政府的坚强领导下，认真贯彻党的十六大、十七大精神，全面落实科学发展观，团结拼搏，开拓奋进，国民经济保持了平稳较快发展的良好势头，各项社会事业全面进步。2000年以来，安徽国内生产总值由2000年的3038亿元增加到2007年的7364.2亿元，年均增长11.3%；人均GDP由4779元增加到12015元，年均增长11.4%；财政收入由290.4亿元增加到1034.5亿元，年均增长19.9%。财政对社会事业的投入明显增加。财政性教育经费由2000年的72.3亿元增加到2007年的244.1亿元，年均增长19%；财政对医疗卫生事业的投入由7.9亿元增加到28.1亿元，年均增长19.9%；财政对社会保障和就业的投入由2006年的154.4亿元增加到2007年的206.4亿元，增长33.7%。全省城镇居民人均可支配收入由2000年的5294元增加到2007年的11474元，年均增长11.7%；农民人均纯收入由1934.5元增加到3556元，年均增长10.3%；居民人均消费额由2660元增加到5278元，年均增长10.7%。城镇居民家庭恩格尔系数由45.7%下降到39.7%，农村居民家庭恩格尔系数由52.5%下降到43.3%。全省全面小康社会建设进程明显加快，到2007年底实现程度已达到67.2%。2008年，全省国内生产总值8874.2亿元，分产业看，第一产业增加值为1418.1亿元，第二产业增加值为4137.4亿元，第三产业增加值为3318.7亿元。经济社会的快速发展，促进了安徽省城镇化水平不断提高。1999年到2008年的10年间，城镇化率由1999年的26%上升到2008年的40.5%，累计上升14.5个百分点，年均增长1.45个百分点，城市化水平进入快速发展时期。

在经济社会快速发展的带动下，安徽产业结构继续升级，工业化水平继续提高，全省非农产业就业规模也有较大幅度的扩张。2007年，全省第一产业就业人员1639.7万人，比2000年减少379.2万人；第二产业就业人员904.9万人，比2000年增加320.1万人；第三产业就业人员1273.4万人，比2000年增加426.4万人。从构成看，2007年，一、二、三产业就业人员的比重分别为42.9%、23.7%和33.4%，与2001年相比，一产就业人员比重下降14.6个百分点，二、三产就业人员比重分别上升6.4个百分点和8.2个百分点。随着农业劳动力向二、三产业转移，一产就业人员大幅度减少，三产就业人员增加较多。从1996年起开始实施的工业企业转变增长方式、减员增效以及抓大放小的改革，一方面提高了企业的技术水平，从而形成技术对劳动的替代，限制了第二产业就业份额的增长；另一方面使相当一部分城市下岗职工以及大量进城农民工转向第三产业就业，从而提高了第三产业的就业份额。这意味着安徽非农就业结构的重心在向高端行业移动，这种变化无疑将导致安徽以职业为基础形成的新阶层结构重心将出现同样的变化趋势。

这一时期的安徽教育事业获得大规模发展，这种趋势反映了国家教育政策调整的巨大影响。从1999年起，国家决定扩大高校招生规模，但20世纪90年代中后期，中等专业教育受到某种程度的忽视，随着国民经济的发展逐步从粗放转向集约，对生产工艺和产品质量的要求提高，对技工尤其是高级技工的需求日益增强，技工的短缺逐步成为一个不可忽视的问题，要求发展中等专业教育的呼声也随之而高涨。随着高校收费实行并轨，亦即实行计划内招生收费与计划外招生收费一致化。例如，1999年，大学本科收费大约为3000元，2003年涨至4500元左右，涨幅达50%左右，一些发达城市和重点院校的收费则在6000元以上。这意味着一个普通农户尽其一年的收入也不足以支付一个大学生一年的学费以及其他费用。这种制度变革的结果，显然将造成父母经济条件好子女上学容易、父母经济条件差子女上学艰难的状况，从而促使家庭经济状况这样的先赋性因素对子女通过上学实现社会流动发挥更大的影响。由于农村经济条件普遍较差，公共教育资源的配置又偏向教育条件已经比农村优越的城镇，农村居民将更多地承受教育机会不平等所造成的后果。

通过改革开放以来30年的分化与流动，安徽以职业为基础的阶层结构初步形成，各阶层在这一结构中的位序也趋于定型。安徽这一时期的阶级阶层结构中，农业劳动者、产业工人、个体工商户和私营企业主这几个主要社会阶层的经济社会地位最终得以确定。国家与社会管理者阶层、经理人员阶层、专业技术人员阶层成为新的阶层结构中的重要阶层，它们不仅获得了较高地位，而且这一地位格局在改革开放以来的30年中基本没有发生大的变化。

在改革开放以前，农民阶级作为一个整体享有较高的政治地位，他们是工人阶级的政治同盟军。改革开放以后，随着农村经济体制改革的推进和农村工业化的快速发展，农民最初获得了较大的收益，其经济地位有了较大的提高。2000年4月，安徽率先进行农村税费改革。2003年3月，《中华人民共和国农业法》正式实施。2004年到2008年，中央连续下发了

5个关于“农业、农村、农民”方面的“一号文件”。2004年5月，国家对农民实行粮食直补政策。2006年1月，在全国范围内取消农业税。2007年3月，全面实施农村义务教育。2007年7月，建立农村最低生活保障制度，同月颁布《中华人民共和国农民专业合作社法》。2008年10月，中国共产党十七届三中全会通过的《中共中央关于推进农村改革发展若干重大问题的决定》中指出：“把加快形成城乡经济社会发展一体化新格局作为根本要求，坚持工业反哺农业、城市支持农村和多予少取放活方针，创新体制机制，加强农业基础，增加农民收入，保障农民权益，促进农村和谐，充分调动广大农民的积极性、主动性、创造性，推动农村经济社会又好又快发展。”这些法规政策的实施，必将促进安徽农业劳动者阶层经济地位及社会地位的提升。在努力缩小城乡二元社会结构方面，早在2000年7月，中共中央、国务院出台了《关于促进小城镇健康发展的若干意见》，允许农民进入小城镇，加快了安徽城镇化进程，为农业劳动者阶层的向上发展提供了机会。安徽省第一产业就业人员比重从2001年的57.5%下降到2007年的42.9%。

安徽省国有企业改革从20世纪90年代初期起步、1996年前后全面铺开的，其基本路径就是把原来的国有小型企业以及集体企业改变成非公有制企业。被改制企业的职工，或者被业主接收，成为私营企业雇工；或者下岗回家，进入失业人员阶层。这样，对工人而言，无论是减员增效的改革还是抓大放小的改革，都同样意味着他们的经济社会地位的下沉。在国有企业和城镇集体实行上述改革的同时，乡镇集体企业也从1996年起开始改制，并于1998年前后基本完成。乡镇集体企业改制的主要方式为拍卖、股份制、股份合作制三种。在拍卖的情况下，乡镇集体企业完全转变为私营企业；在股份制或股份合作制的情况下，由于各地鼓励原企业管理层持大股、最大限度地降低集体持股额的做法，大多数实际上也成为私营企业。其结果是，原来作为集体企业职工的大量乡镇企业从业人员成为业主的雇工，相应地，他们原来享有的许多集体企业待遇，在改制以后有所失去，其社会经济地位也呈现下沉。

1992年以后，国家和各地政府先后出台了一系列鼓励、推动非公有制经济发展的政策规定。安徽非公有制经济发展的政策与制度环境发生重大转变，逐步形成了公有制为主体、多种所有制经济共同发展的基本经济制度。非公有制经济发展速度大大加快，造就了一个庞大的个体工商户阶层。

而私营企业的发展，也造就了一个私营企业主阶层。外商投资企业的发展造就了一个外资企业中方经营管理人员和工程技术人员群体，他们属于高收入的“白领”，是中产阶层中的新生组成部分。所有这些非公有制企业的发展，造就了一个规模巨大的雇工群体。非公有制企业的雇工大多数属于“农民工”，尽管他们在这些企业处于雇佣地位，但相比于他们原来的农业劳动者职业而言，收入水平有成倍的提高，其中的第二产业雇工在经济社会地位上可被划入城镇产业工人阶层。据统计，全省城镇私营个体劳动者在 1991 年底有 33.6 万人，到 1998 年底已达 151.2 万人。

关于现代化社会阶层结构或者工业化社会阶层结构，学术界有比较形象的说法：即两头小、中间大的橄榄型等级结构，它有庞大的社会中间层。与现代社会阶层结构相反的是传统社会阶层结构：即顶尖底宽的金字塔结构，在这种结构中，极少数人居于社会的上层，而绝大部分人则处于社会的下层。这种等级结构一般包括两个方面的等级排列，一方面是以职业的技术分化为基础的社会声望或社会地位等级序列，另一方面是按经济地位（收入或财富）排列的等级序列。也就是说，拥有庞大社会中间层的橄榄型社会阶层结构指的是这样一种阶层结构：社会中的大多数人从事着有较高社会地位的职业（如白领职业），并享有中等或中等以上的收入。从全省的就业人员分布情况看，2007 年，第二、第三产业的就业人数已达到 2178.3 万人，已超过了第一产业的 1639.7 万人。而在第二、第三产业就业的人群中，职业的趋高级化趋势日益加快，社会中间层发展迅速，安徽社会阶层结构呈现出现代社会结构的雏形。

60 年来，安徽的社会结构变迁是在中国社会政治经济制度重大的变革背景下发生的。在 1978 年前，阶级、阶层、群体、家庭、个人的社会地位，主要由国家的政治制度、经济体制、社会政策的变化所影响所决定，上下升降，起伏不定。改革开放以后，随着社会主义市场经济体制的逐步建立，社会流动才逐渐显现出类似工业化国家常有的社会流动轨迹。社会阶级阶层的变迁，无论是后致性因素还是先赋性因素，都要通过制度与结构的因素而发挥作用。在改革开放前，国内的政治运动不断，国家实行计划经济体制，控制政治、经济、文化资源，垄断资源配置权，国家的政治经济制度和政策安排，直接影响着每个社会成员乃至一个阶层的社会位置和社会流动机会，个人社会地位的升降、阶层的兴衰，主要系于国家、政府、制度和社会政策的变化。这一时期的社会流动的模式，亦称为政治主导型的模式。1978 年改革开放以后，工作重心转到经济建设的轨道上，开始以市场经济为导向的一系列改革，计划经济体制逐步向社会主义市场经济体制转变，大大加快了经济发展的步伐，推进了农业社会向工业社会的转变。工业化、城市化、市场化的力量，推动着经济的发展和经济结构的改变，也推动着社会结构的分化，促使后致性因素对社会流动机制的影响逐渐扩大，社会流动渠道越来越多元化，能力主义原则在社会经济地位方面的作用日益显著。尽管国家的制度安排和政策规定对个人、阶层的社会地位获得仍然起着相当大的作用。但现代社会流动机制、现代社会流动模式正在逐步形成。

安徽是传统农业大省，1978 年以后又是农民工输出大省。1978 年以来，安徽的非农业就业增加、农业就业减少，整个社会呈现出从农业社会向工业社会转变的状况。带动安徽职业结构趋高级化的主要力量有两种：一是工业化、城市化进程所推动的第三产业大发展，尤其是一些新兴第三产业的发展，使第三产业的就业空间大为扩张；二是经济体制市场化进程所推动的体制外部门尤其是非公有制经济的迅速扩张，导致体制外非农就业空间的扩大，大量的农民工就业于非公有制经济部门，同时还催生了个体工商户以及私营企业主等新社会阶层的兴起。随着较高等级职业的数量和比重大幅增加，为越来越多的人提供了向上流动的机会。在这个过程中，越来越多的人的职业地位得到改善，经济收入也有所增加。由经济的持续高速增长所推动的职业结构趋高级化，不仅使相当多的人实现了向上流动，还产生了影响更大的社会效益。一方面，更多的人在这个过程中看到了希望，对前途有了更多的信心，有向上流动改善地位的机会；另一方面，正因为人们的希望和信心的增加，他们在心理上将更多地倾向认可这个社会结构，社会主流价值日趋成熟。

二 人们思想观念深刻变化

1. 社会价值观的嬗变历程

新中国成立后，安徽人民在经济社会地位上翻身得解放的同时，思想观念也得到相应的转变。20 世纪 50 年代、60 年代，安徽人民思想观念经历了“左倾”及“文化大革命”的洗礼，人们的价值取向具有明显政治化倾向，主要形式是国家、民族、集体利益高于一切的集体主义价值观。

中国共产党十一届三中全会以来，特别是 1978 年的真理标准问题大讨论重新确立了实践的权威，为社会价值观的变革创造了思想条件。随之而来的改革开放更是以思想解放、观念更新、理论创新引领中国走进了新时代，有力地促进了人们社会价值观的变革。一方面，它带来了主体自我意识的日益觉醒，人们的价值目标、价值标准、价值选择、价值实现手段等等都发生了向着更加关注主体人的生存和发展方向的变化。另一方面，人们逐渐认识到努力促进人的全面发展是建设社会主义新社会的本质要求，开启了促进人的全面发展这一现实关切和理想追求、始终关怀统一于实践的历史进程。标志着社会价值观开始向其本真复归的征途，也预示着安徽社会主导价值与主流价值观渐趋和谐。1979 年 2 月 6 日，时任安徽省委第一书记的万里同志在中共安徽省委常委会上指出：“包产到户问题，过去批了十几年，许多干部批怕了，一讲包产到户，就心有余悸，谈‘包’色变。但是，过去批判过的东西，有的可能是批对了，有的可能本来是正确的东西，却被当作错误的东西来批判。必须在实践中加以检验。”正是有了这一主导价值观的变化，才有安徽率先在全国实行家庭联产承包责任制。

中共十一届三中全会确立了实践是检验真理的唯一标准，从根本上看，就是用发展生产力这一尺度去认识和评价经济建设中的一切方针、政策与观念。在生产力标准指导下的改革开放，实际上是一场新的社会革命，必然引发思想观念方面的激烈冲突。实践证明，市场经济是能够比单一的计划经济更有效地推动生产力发展的手段。在对改革开放一系列具体做法的认识上，党内外产生了姓“资”还是姓“社”的激烈争论。1992 年，邓小平在南方谈话中明确提出了判断姓“资”、姓“社”、判断改革开放和其他各项工作成败得失的“三个有利于”标准，即主要看它是否有利于发展社会主义社会的生产力，是否有利于增强社会主义国家的综合国力，是否有利于提高人民的生活水平。邓小平的“三个有利于”标准是对生产力标准的肯定、完善和进一步发展。这一标准的提出，标志着生产力彻底取代了意识形态作为判断是非的依据，为改革开放进一步扫清了障碍，表明中国的改革开放事业进入新的阶段。

随着市场经济的深入发展，安徽社会出现了民营科技企业的创业人员和技术人员、受聘于外资企业的管理技术人员、个体户、私营企业主、中介组织的从业人员、自由职业人员等新的社会阶层。这些新的社会阶层，是在改革开放中得到发展的新的生产力的重要代表。这些变化要求中国共产党对立党之本、执政之基、力量之源有新的认识。能否妥善处理各方面的利益关系，把一切积极因素充分调动和凝聚起来，关乎中国的社会稳定和整个改革开放事业的方向与命运。现实社会在呼唤新的思想解放，呼唤理论的与时俱进。中国共产党第十六次全国代表大会决议中指出："我们一定要适应实践的发展，以实践来检验一切，自觉地把思想认识从那些不合时宜的概念、做法和体制的束缚中解放出来，从对马克思主义的错误的和教条式的理解中解放出来，从主观主义和形而上学的桎梏中解放出来"。新的思想解放和理论创新的集中体现在江泽民提出的"三个代表"重要思想中，即中国共产党一定要代表先进生产力的发展要求，代表中国先进文化的前进方向，代表中国最广大人民的根本利益。江泽民在十六大报告中把"三个代表"重要思想提出的依据概括为"两个转变"：第一个转变是党从领导革命的党转变为领导建设的党；第二个转变是党从进行传统建设的党转变为进行现代建设的党。第一个转变意味着党的工作重心的转移，第二个转变意味着党的执政环境的改变，以及由此决定的领导方式和执政方式的改变。中国共产党第十六次全国代表大会提出全面建设小康社会的目标，把政治文明与物质文明、精神文明并提，作为今后改革发展的新方向。

改革开放30年来，中国社会主义现代化建设取得了巨大成就，但在发展过程中也出现了很多矛盾和问题，譬如，社会两极分化日渐明显，社会不公引人注目，生态环境遭到严重的破坏，失业增加，人们在生活中失去稳定感、安全感。这些矛盾和问题的产生，与不科学的价值观有密切的关系，传统价值观总体而言还是坚持以物为本，更关注的是生产效率和经济效益，把发展等同于经济增长。在这种发展价值尺度中，人仅仅被当作经济发展的工具、手段，在经济发展中只见"物"，不见"人"，人的价值和意义不被重视。为了纠正传统价值观的偏误，解决经济发展中的深层次矛盾和问题，胡锦涛在中国共产党第十七次代表大会上明确提出了科学发展观的主导价值观，即"科学发展观，第一要义是发展，核心是以人为本，基本要求是全面协调可持续，根本方法是统筹兼顾。"胡锦涛强调"要通过发展增加社会物质财富、不断改善人民生活，又要通过发展保障社会公平正义、不断促进社会和谐。要按照民主法治、公平正义、诚信友爱、充满活力、安定有序、人与自然和谐相处的总要求和共同建设、共同享有的原则，着力解决人民最关心、最直接、最现实的利益问题，努力形成全体人民各尽其能、各得其所而又和谐相处的局面，为发展提供良好社会环境。”科学发展观的价值理念是中国共产党在新的世纪关于建设社会主义社会的本质要求，也是改革开放以来安徽社会主导价值观嬗变发展的基本走向。

2. 精神文明建设活动的开展

改革开放以来，安徽人民认真贯彻党中央关于坚持两手抓，两手都要硬的一系列方针，紧紧围绕改革开放和经济建设，围绕党和国家的工作大局，从多方面加强精神文明建设，努力提高城乡文明程度，提高全体公民的思想道德素质和科学文化素质，有力地推动了全省的两个文明建设协调发展。

安徽省的群众性精神文明建设活动，从20世纪80年代初的“五讲四美三热爱”开始。这项活动以每年3月份开展的全民文明礼貌月活动为载体，动员和组织广大群众积极治理脏乱差活动，为提高广大群众的社会公德意识，提高城乡的文明程度打下了基础。随着活动的不断深入，到20世纪80年代中期已经成为经常性的工作，在内容上也开始由“五讲四美三热爱”活动向创建文明城市、文明村镇和文明单位以及培育四有公民方面拓展，将治城、治村与育人有机地结合起来，在全省范围内出现了你追我赶、积极向上的发展态势，使群众性精神文明创建活动出现了勃勃生机。

1995年11月，安徽贯彻全国创建文明城市经验交流会会议精神，紧密联系安徽实际，以“振奋精神，提高素质，改善环境”为工作重点，把创建文明城市作为全省精神文明建设的突破口，把治理“脏乱差”作为创建文明城市工作的突破口，提出了抓好“把马路让出来，把垃圾装起来，把门前包起来”三件事，打好“净化、绿化、美化”三大战役，实现“半年初见成效，一年大见成效，三年大变样”的目标，并以省会合肥为龙头，带动16个地市、再由16个地市辐射到67个县市，67个县市继续辐射到村镇，掀起了安徽省创建文明城市的热潮。治脏是群众关心的热点，也是难点，按照把垃圾装起来的要求，首先解决“垃圾围城”的问题，在全省范围内重点在城市中广泛发动群众“向垃圾宣战”，清理了一大批“有年头，过墙头”的卫生死角，整治了一批多年未能解决的环城河、泄洪道、垃圾山。仅在1996年3月组织的“春季战役”中，各省辖市清理的垃圾总量均在万吨以上。为使创建要求进一步落实，各个城市同沿街单位、门点、住户签订“门前三包”（包卫生、包秩序、包绿化）责任书。单位和住户管点，城建、工商、公安、卫生等部门系统管“线”，城管专业队伍管“面”。积极推行垃圾袋装化，要求居民将生活垃圾装入塑料袋中，扎紧袋口，投放垃圾车内，由环卫部门定时定点收集转运，并且首先在省级领导机关宿舍大院试点，继而在全省推开。按照“把马路让出来”的要求，大力整顿商贸秩序和交通秩序。拆除违章建筑和临时搭建，取缔占道经营摊点，禁止“店外店”和“伸舌头”现象，还道路于交通。对群众生活必需的摊点重新定点定位，加强管理，做到不脏不乱。对农贸市场划行分类，定点经营，要求做到坐商归店，行商归市，摊点归群。城区严禁各种车辆乱停、乱放；主要街道及大商场门前自行车划线停放，出租车定点停靠，交通秩序得到了有效治理。

在城市“净化”的基础上，组织了以“黄土不见天”为标准的“绿化战役”，要求能绿化的绿化，不能绿化的硬化，为城市增绿添美，提高城市的品位和档次。建成了一批多层次、多品种、不同风格的绿化带；建成了一批公共绿地和品位较高的街头景点；建成了一批花园式机关、工厂、学校、小区。合肥市和马鞍山市还跨入国家园林城市的行列。

全省各地还对城区有碍观瞻的建筑物进行了适度刷新，强化了沿街门面的整治，美化了环境。对户外广告统一规范管理，城区基本上无乱贴、乱画、乱挂现象。主要街道的较大建筑物安装了霓虹灯和彩灯，使城市的夜晚亮了起来。

创建工作在城市重点部位取得初步成效后，安徽又不失时机提出了要把创建工作向四个方面延伸，即向居民小区延伸、向集贸市场延伸、向小街小巷延伸、向单位内部延伸，并向县城、农村辐射。与此同时，注意大力培养和宣传先进典型，涌现了像刘桥一矿、淮北运管处、琥珀山庄、珍珠园、美菱集团公司、荣事达集团公司等创建工作的先进典型，合肥、马鞍山、淮北、舒城、桐城、涡阳等被评为创建工作先进市县。

党的十四届六中全会以后，安徽又及时提出了“一个坚持，两个拓展”

的任务，即坚持不懈地开展群众性精神文明创建活动，并向思想道德领域和精神文化领域拓展，努力实现公民素质、文化生活质量、城乡文明程度的显著提高。在创建文明城市活动方面，进一步提出了“三个覆盖全市”的要求，即“四个延伸”要覆盖全市，垃圾袋装化要覆盖全市，环境绿化要覆盖全市。并组建全省职工职业道德建设委员会，加强对行业职业道德建设的领导，组织开展由商务、交通、公安、卫生、建设、邮电、电力、铁路、民航、金融十大窗口行业参加的以“为人民服务、树行业新风”为主题的职业道德竞赛，十大窗口行业领导签订参赛责任书。各地市也在窗口行业广泛开展创建文明行业活动，各地根据自身特点，采取多种形式，普遍对职工进行职业责任、职业道德、职业纪律教育，加强岗位培训，规范行业行为，树立行业新风。

在广泛开展创建文明城市、文明行业活动的同时，安徽还围绕发展农村经济，引导农民奔小康、建设社会主义新农村，开展以“改水、改厕、改善居住环境”，“文化、科技、卫生三下乡”为主要内容的创建文明村镇活动，反对封建迷信、反对赌博、反对大操大办婚丧喜事，提倡文明健康的生活方式。经过坚持不懈的努力，这些活动丰富了农村群众的文化生活，提高了农民的致富能力。在改善村民生存环境，提高农民生活质量，密切党群关系，带动农村社会风气的好转等方面起到了积极的作用。

群众性精神文明创建活动改变了城镇脏乱差面貌，净化、绿化、美化了城市和村镇，改善了人们的生存环境和生活质量，增强了人们的公德意识，受到了广大人民群众的普遍欢迎、热情支持和高度赞扬，在全国产生广泛影响。1997 年，合肥市长江路一条街、琥珀山庄居民生活小区、马鞍山珍珠园居民生活小区、舒城县、桐城市、宣州市水阳镇、肥西县三河镇、合肥市郊区城东乡、滁州市琅琊区清流办事处八里村、巢湖市环城乡灯塔村、颍上县小张庄村等 11 个单位被中宣部命名为“全国精神文明创建活动示范点”。同年 11 月，合肥市被作为重大典型推向全国，中央 13 家新闻单位以“一级宣传”的方式对合肥进行了宣传，在全国以至海外产生广泛的影响。

在思想道德建设领域，安徽分三个层次组织开展了一系列教育活动。一是组织县以上领导干部学习邓小平理论，开展“讲学习、讲政治、讲正气”教育；二是组织全省党员干部学习关于树立马克思主义的世界观、人生观、价值观并在全省党员干部中开展了“双学双促”和百题作业等活动。三是对全省广大群众进行社会主义道德教育，围绕社会公德、职业道德、家庭美德建设，组织代表安徽精神的黄山松精神宣传、实践活动；组织两届全省范围的评选精神文明“十佳人物”活动和月评精神文明“十佳事迹”活动，组织编写《中华三德歌》，并将其作为全省公民社会主义道德教育的教材；为规范广大公民的言行，全省各地、市、县都普遍制定了公民行为规范，省文明委还重点推广了合肥市的公民文明行为“三管好”，即“管好自己的口，不随地吐痰，不说不文明的话；管好自己的手，不乱画乱扔乱倒垃圾；管好自己的腿，不违反交通规则，不践踏花木草地，不走不文明的路”。

进入21世纪，安徽人民精神文明建设继续向纵深发展。2003年，安徽省精神文明建设工作围绕“加快发展、富民强省，全面建设小康社会”主题，以落实《公民道德建设实施纲要》和省委《贯彻意见》为主线，以提高广大群众思想道德素质和城乡文明程度为目标，以推进体制改革和机制创新为重点，抓教育、强实践，攻难点、打基础，群众性三大创建活动扎实推进，思想道德建设和文化建设不断加强，全省群众性精神文明创建活动继续保持积极进取、奋发有为的态势。安徽省贯彻《纲要》突出抓诚信教育，印发了《加强诚信教育与实践工作方案》，集中开展“共铸诚信”、“创诚信机关，做诚信干部”、“百企万家讲诚信”、“讲诚信”大学生演讲比赛等活动。坚持不懈地开展月评“精神文明十佳事迹”活动，并组织开展了三年一届的全省第四届精神文明“十佳人物”评选。在抗击非典、抗洪抢险斗争中，部署开展了“改陋习、树新风”活动，使广大群众的道德修养、诚信观念有了进一步增强。全省各地采取措施，加强城市基础设施建设，完善城市功能，提高市民生活质量和城市文明程度。省文明委印发了《安徽省创建文明社区三年规划》，组织开展了一系列科教、文体、法律、卫生“四进社区”活动，夯实城市创建基础。督促省公安厅、交通厅等省文明委成员单位狠抓交通治乱工作，规范交通秩序，畅通工程建设取得阶段性成效。省文明委组织有关职能部门对全省创建工作先进城市、先进县（市）进行复查，对新申报的市、县（市）进行考评，命名一批“全省创建文明城市工作先进城市”和“全省创建文明县城工作先进县（市）”。省文明委召开省暨合肥市创建工作新闻发布会，在铜陵市召开全省创建文明城市工作经验交流会。文明城市创建为全省改革发展稳定创造了良好环境，在集中治理脏乱差、狠抓市民基本素质的同时，安徽省文明委督促各地加快改革步伐，创新工作机制。推广铜陵市建立文明委办公会议制度、完善领导体制的经验；推广霍山、桐城、芜湖等县（市）环卫体制改革经验，部分市、县环卫工作市场化改革取得新进展，扩大了保洁范围，提高了清扫保洁质量；推广淮南市实施相对集中行政处罚权经验，解决多头执法、重复执法、执法扰民等问题；推广淮北、宿州等市的摊群点自治管理经验，引导摊点入室经营。

2003 年 12 月，安徽省人大常委会颁布《安徽省城市市容和环境卫生管理条例》，为加强城市市容管理提供法律依据。安徽省文明委狠抓优质规范服务，全省 65 个系统、行业制定了优质规范服务标准，公开接受群众、企业和投资者监督；精心组织全省第二次“万人评行风”活动，表彰先进，批评落后，对群众不满意的行业和部门责令限期整改，促进了行风建设。围绕优化经济发展环境，积极推进“创建人民满意的基层站所”活动。为巩固文明单位的创建和管理，省文明委重新修订了《安徽省文明单位创建和管理办法》，组织第六届“省级文明单位”评选工作。按照中央文明委连片创建的要求，省委和省政府办公厅印发了《关于创建“八百里皖江文明长廊”的意见》，对皖江地区城乡文明创建作出规划和部署。省改水改厕领导小组召开了“改水改厕”推进会，推广先进经验，全省“改水改厕”普及率进一步提高。安徽省建设厅、省文明办制定了《安徽省省级文明小城镇创建标准》，加强城镇的建设、管理和居民教育。省妇联等省文明委成员单位深入开展创建“五好文明家庭”、“十星级文明户”活动，在提高活动的覆盖面和实效性上取得新进展。为落实中央文明办关于“百县千乡宣传文化工程”的有关要求，省召开乡镇宣传文化站现场观摩会，加强管理，发挥好乡镇宣传文化站的应有作用。省文明委争取专项资金，改造基层宣传文化设施，支持受特大洪涝灾害的淮河流域进行灾后重建。各地加强城乡环境整治，加强基层宣传文化设施建设，加强对困难群众的帮扶，改善群众生产生活条件，把党和政府的温暖送进千家万户。

2004 年，安徽围绕树立和落实科学发展观，以优化经济发展环境、提升城乡文明程度、提高群众文明素质为目标，以创建文明城市、文明村镇、文明行业、文明单位和“八百里皖江文明长廊”为载体，以公民道德建设特别是未成年人思想道德建设为抓手，坚持思想道德教育和诚信教育不放松，坚持体制机制创新不放松，坚持城乡同创共进不放松，努力促进经济社会和人的全面发展，为加快发展、富民强省、全面建设小康社会创造了良好环境，发挥了积极作用。省委召开全省加强和改进未成年人思想道德建设工作会议。省委、省政府研究制定了相关《实施意见》，建立未成年人思想道德建设工作联席会议制度，省文明委制定相关的《目标任务分工》。各地各部门积极行动，抓调研、定规划、增力量、建机制，推动重点工作任务的落实。省文化厅、省公安厅等部门针对群众普遍关心的网吧问题，加强网吧专项整治。省文明办会同有关方面，对文明城市创建工作加强分类指导，督促已获得“全国创建文明城市工作先进城市”称号的合肥、马鞍山、铜陵、淮北、芜湖5市进一步提高创建水平，积极争创全国文明城市；已获得“全省创建文明城市工作先进城市”称号的蚌埠、黄山等7市加大升级进位力度，努力争创“全国创建文明城市工作先进城市”。各地对照《全国文明城市测评体系》，分解细化目标任务，找准薄弱环节，集中开展攻坚活动。省领导带队对合肥等市暗访、督查，推动整改和提高。省直机关文明委召开动员大会，发动省直各部门、中央驻皖单位积极参与、全力支持合肥市的争创工作。合肥、马鞍山、淮北、芜湖、铜陵等市先后召开争创全国文明城市动员大会，开展系列宣传活动，营造浓厚的争创氛围。各地注重夯实基础工作，加强文明社区创建，命名表彰“省级文明社区”47家。广泛开展科教、文体、法律、卫生“四进社区”活动，合肥市组织50场“走向文明”社区文艺专场演出，引导市民告别陋习、共育文明。根据省委、省政府《关于创建“八百里皖江文明长廊”的意见》，省文明委制订了工作方案，并在安庆召开创建“八百里皖江文明长廊”工作会议。省工商局、省环保局、省旅游局等21家省直厅局制订实施方案，呼应“八百里皖江文明长廊”创建工作。沿江各县（市）统一思想认识，加强工作领导，制订工作方案，落实工作安排。铜陵市发动省级文明单位与行政村开展“结对子”活动，帮助群众解决看病难、行路难、孩子上学难等问题。池州市实施生态家园富民工程，发展循环经济，既改善了农村环境，促进了生态保护，也提高了农民收入。亳州、巢湖等地围绕争创全国文明村镇目标，召开现场会，进行广泛动员和部署。淮北、淮南等地立足实际，开展矿镇共建、城乡互促活动，实现优势互补、资源共享。为督促已获得

“全省创建文明县城工作先进县（市）”称号的27个县（市）巩固创建成果，提高创建水平，省文明委组织力量进行明察暗访，到创建一线抓指导、促落实。

2004年，安徽省建设厅、省文明办制定《安徽省文明小城镇标准》，推进小城镇创建，命名表彰了肥西县三河镇等19个小城镇为安徽省第一批“文明小城镇”。各地着眼城乡联动，把创建成果向农村拓展，开展文化、科技、卫生“三下乡”，推进农村“改水、改厕、改善居住环境”。创建“五好文明家庭”和“十星级文明户”活动覆盖面不断扩大。省委、省政府命名表彰825家“省级文明单位”。围绕优化经济发展环境，省文明委引导全省65个窗口行业、执法部门开展文明行业创建活动，制定规范服务标准，公开接受群众监督；命名表彰3个文明行业、49家创建文明行业工作先进单位、99个文明窗口和20名模范文明职工。省委宣传部、省人事厅、省文明办等部门积极推进“创建人民满意的基层站所”活动，全省有5712个基层站所被命名为“人民满意的基层站所”。各地各部门广泛开展“创建学习型组织，争做知识型职工”、“百企万家讲诚信”等教育实践活动。省总工会会同有关方面开展全省职工“共铸诚信”主题征文、演讲赛、辩论赛等系列活动。各级组织部门把精神文明建设的实绩纳入领导班子和领导干部的考核内容；财政厅、发改委部门加大农村社会事业建设力度，加强基层基础设施建设；政法部门加强社会治安综合治理、努力推进“平安安徽”建设；省直新闻媒体加大精神文明建设宣传力度，宣传报道各地好经验、好典型、新举措、新办法；省委宣传部组织百名新闻工作者、百名文艺工作者“走进基层看安徽”，既让新闻文艺工作者体验基层干部群众的生产实践和劳动创造，也丰富了城乡群众文化生活；省地税局开展“纳税服务车”活动，实行办事时限制和首问负责制等便民、利民措施；省卫生部门积极开展新型农村合作医疗试点；省体育局组织农村体育年系列活动，努力提高群众健康素质。军警民共建活动蓬勃开展，全省仅武警部队就有478个共建点。省文明办积极落实中央文明委“百县千乡宣传文化工程”建设项目，加强乡镇宣传文化站的建设、管理；实施“西部开发助学工程”，资助家境困难、品学兼优的学生走进校门。

2009年1月，全国精神文明建设工作表彰大会召开，安徽省精神文明建设中涌现出的一大批先进典型受到表彰。其中，马鞍山市荣获“全国文明城市”称号，成为中部地区唯一获此殊荣的城市；合肥、淮北两市蝉联“全国创建工作先进城市”，铜陵县、繁昌县、歙县荣获“全国文明县城”称号，24个村镇荣获“全国文明村镇”称号，41个单位荣获“全国文明单位”称号，3人荣获“全国精神文明建设先进工作者”称号。

3. 思想道德建设的开展

新中国成立后，中共安徽省委根据中央的部署，不断地组织全省广大干部、党员学习马列著作和毛泽东著作。1955年，在干部和知识分子中普遍开展唯物主义世界观和革命人生观的教育，在省直机关和省辖市组织宣传唯物主义思想的专题讲演，同时组织县以上干部收听中央人民广播电台举办的《辩证唯物主义和历史唯物主义讲座》，在广大群众中普及科学知识和无神论的宣传教育。从1956年开始，实施《安徽省1956—1962年干部理论教育规划》，普遍开展正规的理论学习。省委对全省近21万名干部、10万名大、中、小学教职员，25万多名工商业者的马列主义基本理论教育，提出目标和主要措施，到1956年底，全省县以上机关参加理论学习的各级干部共有88000多人。1957年反右派斗争开始以后，由于政治运动不断，致使系统的理论教育未能善始善终地进行。

1958年，安徽广大工农群众破除迷信，解放思想，兴起了学习马列主义、毛泽东思想的热潮。这次学习对在工农群众中普及马列主义基本知识、破除对哲学的神秘感，起到了一些作用。1964年，在学习解放军和石油工业部思想政治工作经验的推动下，安徽学习毛泽东思想的群众运动再次兴起，在一定程度上促进了机关革命化和干部、职工的思想革命化，在各条战线上涌现出一批学习毛泽东著作的积极分子和先进生产者、先进工作者。

改革开放以来，中共安徽省委贯彻执行中央的决定，继续在全省开展马列主义基本理论的正规化教育。1985年，省委批转省委宣传部《关于全省干部马列主义理论教育正规化的规划》，对不同工作性质、文化程度的干部，提出了不同的要求，其中对具有高中以上文化程度的县级以上领导干部和县级以上机关单位从事政治工作和意识形态工作的专业人员，应系统学习马克思主义哲学、政治经济学、科学社会主义和中国革命与建设的基本问题，达到大学文科公共政治课的水平。要求各级党委加强领导，统筹安排，用5年时间完成学习任务。经过近5年坚持不懈的教育工作，到

1989 年上半年基本完成了学习任务。党的十二大特别是党的十四大提出用邓小平建设有中国特色社会主义理论武装全党、教育干部和群众，中共安徽省委在全省干部、党员中逐步深入地开展邓小平建设有中国特色社会主义理论教育，先后学习《邓小平文选》一、二、三卷，学习中共历次全国代表大会和中央工作会议有关文件，学习《邓小平同志建设有中国特色社会主义理论学习纲要》和《建设有中国特色社会主义若干理论问题学习纲要》。在学习邓小平理论中，省委结合安徽实际，从 1996 年下半年起，对全省广大党员、干部进行马克思主义世界观、人生观、价值观的教育，开展“做新时期合格共产党员”的大讨论。1998 年以来，在全省广泛开展以改革为重点的社会主义初级阶段基本理论，基本纲领教育。经过多年广泛深入的学习教育，邓小平理论日益深入人心，在全省广大干部、党员中逐步树立了建设有中国特色社会主义的共同理想和坚持党的基本路线不动摇的信念，成为振兴中华、建设安徽的强大精神力量。

在当代中国，爱国主义同社会主义有机地统一于建设有中国特色社会主义的伟大实践，是鼓舞全国人民实现民族振兴的强大动力。60 年来，中共安徽省委一直坚持对全省广大群众特别是青少年进行爱国主义教育，在抗美援朝运动中进行了爱国主义、国际主义的教育，激发了全省人民热爱共产党、热爱新中国的政治热情。1956 年秋季，由于受波兰、匈牙利事件的影响，有些青年学生对社会主义制度的优越性发生怀疑，省委书记亲自向合肥高、中等学校师生作形势报告，澄清波、匈事件引起的一些思想混乱。改革开放以后，针对一度出现的资产阶级自由化思潮，各级党委逐步加强坚持四项基本原则、反对资产阶级自由化的教育，坚定广大干部、党员和群众建设有中国特色社会主义的信念。

1995 年，中共安徽省委贯彻中央颁发的《爱国主义教育实施纲要》，先后制定印发《安徽省爱国主义教育实施方案》和《关于进一步加强和改进学校德育工作的实施意见》，在青少年学生中普遍开展升国旗、唱国歌活动，播映百部爱国主义优秀影视片，建立首批 51 个省级爱国主义教育基地（其中陶行知纪念馆入选中央宣传部命名的 100 个全国爱国主义教育示范基地），开展“百万学生看安徽”活动，组织大、中学生参加以爱国主义为主题的演讲、征文比赛，参观爱国主义教育基地等丰富多彩的活动。为进一步落实以青少年为重点的爱国主义教育工作，从 1994 年 10 月起，安徽省委宣传部会同省委高教工委、省教委、省新闻出版局、团省委、省妇联组成安徽省青少年爱国主义读书教育活动组织委员会，以读书活动为载体，开展了规模宏大的全省青少年爱国主义读书教育活动，每学年一届，到1999年已连续举办五届。每届活动都以爱国主义教育为中心，每年选择一个主题和几次竞赛活动，5年先后开展了“热爱祖国，做‘四有’新人”、“热爱祖国，立志成才”、“爱祖国、爱科学”、“爱祖国，讲文明”和“光辉的50年”为主题的爱国主义读书教育活动，组织演讲比赛、讲故事比赛、歌咏比赛、征文比赛、知识竞赛，以及每年一次的夏令营活动。省青少年爱国主义读书教育活动组委会还在全省灾区和贫困地区捐建100所中小学的爱国主义图书库，在霍邱县临水镇新建了洪圩希望小学。青少年爱国主义读书教育活动得到了全省各级领导、教育部门和学校的大力支持配合，参加读书活动和接受教育的学生逐年增加，5年累计达2760多万人次，多次受到全国青少年爱国主义教育读书活动组织委员会的表彰。1997年上半年，省委宣传部与省委对外宣传办公室、安徽电视台联合举办了“迎接香港回归”知识竞赛，全省有14个地市、400多万各界人士参加了这项活动。

在工矿企业，围绕经济建设和改革开放，各级党组织对广大职工进行爱国主义、社会主义和共产主义教育。50年代，安徽在职工中开展了社会主义劳动竞赛和先进生产者运动。1962年，又在全省职工中开展社会主义教育，向广大职工宣传对国民经济实行调整、巩固、充实、提高的方针，进行独立自主、自力更生、艰苦奋斗、勤俭建国的教育，增强战胜困难的信心。从1985年起，在全省开展“振兴中华，建设安徽”为主题的职工读书自学活动，从省到县建立了职工读书自学指导委员会，到1998年，全省参加读书自学活动的职工达85万人，建立各种读书自学小组5.8万多个，岗位自学成才者近万名。读书自学活动的广泛开展，提高了职工队伍的思想政治素质和科学文化素质，促进了企业的改革与发展。1987年下半年，在城市企业开展了建设有中国特色社会主义的教育，组织企业干部学习中央选编的《坚持四项基本原则，反对资产阶级自由化》和《建设有中国特色的社会主义》两本书。1996年在企业开展以“百万职工爱岗建功”为主要内容的爱国主义教育活动，有些大型企业把爱国主义教育同生产经营紧密结合起来，组织职工立足岗位建功奉献，取得显著成效。1998年，省委宣传部与省经贸委在全省企业中开展“我与企业改革共命运”主题教育活动，1000多家国有企业、100多万职工参加了这项活动。

在农村，早在土地改革完成后，安徽各级党组织就对广大农民进行了集体主义、社会主义教育，引导农民组织起来，走农业合作化的道路。从1957年至1965年，各级党委围绕党在农村的中心工作，继续对农村基层干部、党员和社员群众进行社会主义教育。1982年以后，安徽把爱国主义、集体主义、社会主义教育作为农村思想政治教育的基本内容，把农村基层干部和党员作为教育的重点，把办好农村基层党校作为教育阵地，恢复宣传员、报告员和党课教育制度，采取包村联户、订立乡规民约、开展创建文明村镇等办法，切实加强农村的思想教育工作。1990年至1993年，省委决定用3年时间在农村进行社会主义思想教育，在经过试点取得经验的基础上，从省、地（市）、县三级抽调干部8万人，深入全省31469个行政村进行了集中教育，基本上达到省委提出的促进经济发展、努力实现小康目标、促进精神文明建设、进一步巩固农村社会主义阵地的预期目的。

“文化大革命”以前，安徽在广大干部、群众和青少年中进行爱祖国、爱人民、爱劳动、爱科学、爱护公共财物的社会公德教育，广泛开展学习雷锋和南京路上好八连、学习党的好干部焦裕禄的群众性活动，学习宣传大庆、大寨的艰苦创业精神，进行自力更生、艰苦奋斗、全心全意为人民服务的教育，调动广大干部、群众的社会主义积极性。“文化大革命”期间，林彪、四人帮煽动无政府主义和极端个人主义，严重败坏了社会风气。改革开放以后，经过拨乱反正，中共安徽省委逐步加强社会主义道德建设，特别是中共十四届六中全会以来，安徽省委坚持以为人民服务为核心，以集体主义为原则，以爱祖国、爱人民、爱劳动、爱科学、爱社会主义为基本要求，在全省广泛开展社会主义道德教育。1997年，全省各级工会配合全省十大窗口行业职业道德竞赛，以参加全国班组职工职业道德知识竞赛为契机，组织近200万职工学习《职工职业道德知识读本》和《中华三德歌》，使广大职工受到了一次职业道德知识普及教育，取得了在全国获奖总数近百、位居全国第一的好成绩。全省商业系统按照中央宣传部和国内贸易部的要求，开展“百城万店无假货”活动，已命名“购物放心店”57家，其中合肥市长江中路被命名为全国示范街。

20世纪90年代，安徽各级党委宣传部门和各新闻媒体突出宣传先进典型，除了宣传全国的先进典型外，着重地宣传了安徽一大批英雄模范人物和先进群体，其中有战斗英雄，劳动模范，舍己救人的人民武装部干部，在抗洪抢险和扑灭大火中光荣献身的战士和群众，见义勇为，与持刀歹徒搏斗牺牲的武警官兵、职工和农民，焦裕禄式的好干部、雷锋式的好青年和各条战线的先进工作者和先进群体。1996 年至 1998 年，省委宣传部向中央宣传部推荐列为全国典型，并在中央新闻单位作重点宣传报道的先进集体皖北矿务局刘桥一矿，被誉为“中国的脊梁”的先进个人阜阳乡镇企业中专学校校长张贺林。1991 年和 1998 年安徽遭受特大洪涝灾害时，中共驻皖和安徽各新闻单位派出大批记者深入抗洪抢险第一线采访报道，省委宣传部先后组织抗洪抢险先进事迹报告团，到首都北京和安徽各地市巡回报告，有力地弘扬了伟大的抗洪精神，加深了全省人民对党对社会主义对解放军的热爱，鼓舞了灾区人民战胜灾害，重建家园的斗志。通过对先进典型的学习和宣传，英雄模范人物的先进事迹和高尚品德，使广大群众受到感染和启迪，带动着全社会思想道德水平的提高，社会风气发生可喜的变化，广大干部、党员和群众踊跃参加抗洪救灾、扶危济困、捐助希望工程、解决特困职工生活困难，用自己的行动和爱心，在精神文明园地耕耘希望，播种文明。

进入 21 世纪，安徽坚持以邓小平理论和“三个代表”重要思想为指导，全面贯彻落实科学发展观，坚定不移地“两手抓、两手都要硬”，继续大力推进群众性精神文明创建工作。以思想道德建设特别是社会公德、职业道德、家庭美德、个人品德教育为主线，以创建文明城市、文明行业、文明村镇、文明单位为主要载体，在全省形成围绕中心抓创建、抓好创建促发展的共识，形成党委统一领导、党政齐抓共管、文明委组织协调、有关部门各负其责、人民群众积极参与的领导体制和运行机制，形成重点突出、整体推进的良好发展态势，全面提升公民文明素质和城乡文明程度，为加速安徽崛起营造良好环境。

全省思想道德建设扎实开展，取得累累硕果。在中央文明办举行的“中国好人榜”上榜 700 人中，安徽省有 92 人入选，居全国第一；未成年人思想道德建设“百千万工程”在全国形成品牌，芜湖市被中央文明委命名为“全国未成年人思想道德建设先进城市”；周世友、王康文、孙晓春、万四海和怀远刘氏兄弟等先进典型，在省内外产生良好影响；组织开展首届安徽省道德模范评选活动，突出群众评、评群众和群众学、学群众，近

700 万干部群众以信函和网上投票等方式推荐心目中的平民英雄；组织全省思想道德建设先进典型巡讲团深入基层宣讲，组织“江淮百万志愿者和谐行动”，围绕抗震救灾、手足口病防治等重点工作，涌现出一批志愿服务先进集体和个人。群众性精神文明创建活动深化拓展，人民群众在创建活动中的主体作用不断增强。创建文明城市工作在保持工作常态、创新体制机制上下功夫，对照文明城市测评体系，评选表彰了首届安徽省文明城市、文明县城。在创建文明城市的过程中，一大批城市提高了素质，改善了民生，城市面貌发生巨大的改变。

展　望

60年风雨兼程，60年沧桑巨变。新中国建立以来，勤劳勇敢的江淮儿女，与新中国一起踏上谋求发展、改革创新的伟大征程，冲破了重重险阻，渡过了道道难关，创造了累累硕果。安徽人民以自己的智慧和勇气，在社会主义现代化建设的宏伟蓝图上谱写了一部划时代的壮美诗篇。从淮海战役的主战场，到渡江战役第一船的出发地；从刘邓大军挺进大别山的红土地，到热气沸腾的开发区；从郁郁葱葱的皖南山区，到辽阔壮观的淮北平原……昔日贫穷落后的面貌发生了翻天覆地的变化。今日的安徽，物质文明、精神文明、政治文明、生态文明同步推进；农村经济与城市建设统筹发展；“轻工大省”、“汽车大省”、“旅游大省”、“农业强省”……正悄然崛起，把江淮大地装扮得越发精彩动人。

辉煌成就，来之不易！这是安徽人民在党的坚强领导下，开拓进取夺得的光辉业绩，锐意创新描绘的生动画卷。在改革开放的历史大潮中，敢为人先的江淮儿女解放思想，与时俱进，科学发展，敢走新路，率先实行“大包干”，开中国农村改革先河；扩大开放、勇于实践，皖江开发、融入泛长三角，大大提升了经济发展水平；走出家门，自主创业，靠自己的双手改变面貌；走进市场，放眼全球，凭自己的实力纵横天下……安徽，正站在新的起点上，在科学发展观的引领下，扬帆远航！

立足新的起点，安徽正处于改革发展的关键时期，迈入了厚积薄发、加速崛起的新阶段，全省人民正满怀信心地奔向全面小康社会。预计到2020年，国内生产总值比2000年翻两番半。2003—2020年国内生产总值年均增长9.2%，2020年达到17500亿元，人均3000美元以上。人民生活更加富足，到2020年，城镇居民人均可支配收入1.8万元，农民人均纯收入7300元；城镇和农村居民的恩格尔系数分别为25%和35%；城镇人均住房面积30平方米，人均预期寿命75岁。社会就业比较充分，城镇社会保障体系较为完善，农村社会保障体系基本建立。可持续发展能力明显增强，到2020年末，全省总人口控制在7100万人以内，城镇化率50%以上；基层民主更加健全，社会秩序良好；基本普及高中阶段教育，高等教育毛入学率达30%；人人享有卫生保健服务；森林覆盖率30%以上。

目标远大，催人奋进。但应当看到，由于受多种因素的影响，安徽经济发展尤其是人均水平与全国相比还有不小的差距，经济增长的资源环境代价仍然较大，结构性矛盾还比较突出，节能减排任务仍很艰巨，城乡、区域发展还不够平衡，社会建设相对滞后。总之，全面建设小康社会依然任重而道远。

抚今追昔，展望未来。站在新的历史起点上，开启安徽崛起新征程，既面临前所未有的挑战，又欣逢千载难得的机遇。1992年春，邓小平在视察南方时说："中国改革是从农村开始的，农村改革是从安徽开始的"。全省6700万江淮儿女应当以更坚定的决心和信心推动改革，以更宽广的视野和胸怀扩大开放，坚定不移地把中国特色社会主义伟大事业继续推向前进。

解放思想是改革开放的源头活水，是创造性实践的先导。解放60年特别是改革开放以来，安徽的经济、社会、文化等各项建设事业之所以取得如此骄人的成绩，源于坚持不懈地解放思想。解放思想不仅让安徽人民告别了僵化体制和陈腐观念，而且拓展了安徽人民改革开放的思路和加快发展的手段。思想解放的程度，决定改革的深度、开放的力度和崛起的速度。一句话，解放思想是发展中国特色社会主义、加快安徽崛起进程的一大法宝。解放思想的根本目的，就在于通过深化改革来不断促进发展。当前，发展不足是安徽最突出的问题。解放思想就是要着力解决这个最突出的问题，破除一切不利于科学发展、和谐发展的思维定式和行为方式，进一步转变观念，更新思路，狠抓落实，以更大的气魄加快发展，以改革创新的举措推动发展，在坚持不懈地解放思想中不断把安徽崛起大业推向前进。

发展是硬道理，是党执政兴国的第一要务，是解决一切问题的"总钥匙"。回顾60年光辉历程，安徽之所以取得巨大成就，关键就在于不论宏观环境如何变化，都咬定发展不放松，坚持发展不动摇，加快发展不停步。在顺境中，安徽紧紧抓住机遇，乘势而上；在逆境中，安徽努力创造条件，迎难而进。面对日趋激烈的竞争压力，面对百年不遇的金融危机，全省人民更要清醒认识欠发达这个最大的省情，清醒认识金融危机这个最大的挑战，清醒认识不进则退这个最大的危险，坚定信心，砥砺勇气，一心一意抓发展，千方百计保增长，不断开创安徽经济社会又好又快发展的新局面。

改革创新是富民之基、强省之路。解放60年尤其是改革开放以来，得改革风气之先的安徽人民，勇立潮头，搏击风浪，从农村到城市，从经济到社会，改革的铿锵脚步一路向前，冲破了体制桎梏，克服了前进障碍，极大地解放和发展了社会生产力。实践充分证明，改革是一切进步的活力源泉，是推动发展的永恒动力。今后，安徽仍要毫不动摇地坚持市场化改革方向，加快推进重要领域和关键环节的改革，革除一切影响科学发展的体制机制障碍，为加速崛起提供重要制度保障。2008年初，胡锦涛总书记在视察安徽时明确指出："安徽是农村大包干的发源地，更应坚定改革的信心和决心，坚持通过改革解决发展中的深层次矛盾和问题，积极构建充满活力、富有效率、更加开放、有利于科学发展的体制机制。"

当今世界是一个交融的世界，当今时代是一个开放的时代。60年来，安徽对外开放从无到有，从单一开放向全方位、多层次、宽领域发展，由少量引进外资向大规模利用外资、广泛利用国外先进技术和管理经验发展，内外联动、整体推进的对外开放格局正在加速形成。站在全球的角度，安徽确立了21世纪扩大开放的新目标，也就是要充分发挥居中靠东优势，做好左右逢源文章，不断拓展对外开放的广度和深度，真正实现全方位的开放。特别要把参与泛长三角发展分工，作为对外开放的重要取向，融入苏浙沪，接轨长三角，在积极主动承接东部地区产业转移中，加快安徽崛起步伐。

推进改革开放、加快发展的根本出发点和落脚点是要切实维护全省人民的权利和利益，不断满足人民日益增长的物质和文化生活需要。在加快安徽崛起的新征程上，落实科学发展，必须始终坚持以人为本，顺应民意，改善民生，发展民主，充分发挥人民群众的积极性和创造力，切实做到发展为了人民、发展依靠人民、发展成果由人民共享；要着力解决广大群众最关心、最直接、最现实的利益问题，真正把增进人民福祉、提高人民生活水平，作为落实科学发展的重要内容，不断增强人民的幸福感和社会的和谐度；要把群众呼声作为第一信号、把群众需要作为第一选择、把群众满意作为第一标准，大力实施民生工程，推进社会体制改革，扩大公共服务，完善社会管理，促进社会公平正义，努力使全体人民学有所教、劳有所得、病有所医、老有所养、住有所居，让支持改革、拥护发展的人民群众更多更好地享受改革发展成果。

60 年发展波澜壮阔，60 载成就流芳史册。我们正处在改革开放、民族振兴的伟大时代。全面建设小康社会的艰巨任务摆在面前，加速安徽崛起的历史责任落在肩上。八百里皖江风樯动，六千万儿女意气扬。今天，安徽人民正雄心勃发，锐意进取，团结拼搏，努力在大江南北、淮河两岸，描绘一幅经济繁荣、人民富足、生态良好的锦绣画卷，谱写一部推进科学发展、加速安徽崛起的壮丽诗篇！